中国教育的
百年记忆

翟 博 /著

教育科学出版社
·北 京·

谨以此书献给中国共产党成立100周年

序　言

2021 年，在中国共产党成立 100 周年之际，我国实现第一个百年奋斗目标，全面建成了小康社会，开启全面建设社会主义现代化国家、向着第二个百年奋斗目标进军的新征程。随着中国特色社会主义的发展，一个充斥着文盲的国家已成为全面普及教育的大国。截至 2020 年底，我国义务教育的巩固率已达到 95.2%，高中阶段毛入学率达到 91.2%，高等教育毛入学率达到 54.4%。教育的普及为社会主义建设提供了大量人力资源的支撑。在一个有 14 亿人口的发展中大国，短短几丨年取得这样人的教育成就，真是一件了不起的事情。

中国教育的发展是怎样走过来的？是中国共产党领导全国人民创造出来的。其中既有中央的顶层设计，又有全国人民对教育的热诚。中国是一个崇尚文化、崇尚教育的国家，但在清朝末年受到帝国主义列强的侵略和压迫，广大民众连温饱都难保，更得不到享受教育的权利。新中国成立以后，特别是改革开放以来，随着社会经济的发展，广大民众爆发了接受教育的热情。自 1985 年《中共中央关于教育体制改革的决定》颁布，提出普及九年义务教育以后，全国各地掀起了办学的热潮。党中央确立了优先发展教育的战略，我国的教育事业得到蓬勃的发展。记住这段历史，可以使我们更加满怀信心地奔向新时代，开启新征程，谱写教育的新篇章。

翟博博士担任过《中国教育报》记者、总编辑，现任中国教育报刊社党委书记、社长，他多年来参加各种会议，奔波于教育第一线，以记者的敏锐眼光，记录了我国教育发生的变化，报道了我国教育发展的重大事件。他既熟娴于教育的方针政策，又了解教育发展的实际情况。现在他把多年来撰写的教育报告汇集成册，内容分决策篇、攻坚篇、发展篇、求实篇。本书阐发了党和国家对教育发展的顶层设计，报道了各级政府、广大学校、教师和人民大众对教育事业的热情，以及大中小学的教育改革经验，展望了未来教育的发展，特别是全面展现了我国义务教育、高等教育发展的百年历程，还记述了教育在扶智扶贫中所起到的作用。可以说，本书是关于我国教育改革和发展的一部报告文学，能使我们更清晰地了解我国教育发展的历史，亦可以向世界展示中国教育改革和发展的故事和经验。本书内容既具有政策性、思想性、历史性，又具有故事性、艺术性、时代性，是一份重要的国家记忆、教育记忆。

我祝贺本书的出版。

2021 年 12 月 3 日

目录

决策篇

攻坚篇

求实篇

决策篇

贵州省雷山县苗族学生高高兴兴去上学（《中国教育报》资料图片）

中国教育发展的历史转折

改革开放之初的中国百废待兴、百乱待治。在历史转折的关键时刻，中国改革开放的总设计师邓小平力挽狂澜，以科教领域拨乱反正为突破口，以恢复高考为开端，开启了中国波澜壮阔的改革开放新时代。中国教育事业由此开始了历史性大变革，国家逐步确立了教育优先发展的战略地位。这是国家、民族和人民在历史紧要关头作出的战略抉择，教育成为国家复兴的支柱和民族振兴的基石。

——题记

1977 年，是中国现代教育史上具有重大历史意义的年份。这年秋天，在中国改革开放总设计师邓小平的倡导下，国家决定恢复高考。春雷一声震天响，因“文化大革命”一度中止了的高等学校招生考试制度终于恢复，中国教育重新迎来了阳光明媚的春天。自此，一个国家的光明前途仿佛在一夜之间被重新点亮，一代青年在那个火热年代的奋发意气仿佛顷刻间被熊熊点燃，人们奔走相告，欣喜若狂。当年全国 570 万名青年纷纷从田间地头、工厂车间、军营哨所等祖国的四面八方走进考场。亿万青年沉积多年的强烈求知愿望和热情仿佛火山喷发，宛如江河奔流，激情万丈、热烈欢腾、汹涌澎湃。

变换的是时间，不变的是记忆。恢复高等学校招生考试制度，是 1977 年邓小平重新走上党和国家领导岗位之后作出的一个具有划时代意义的重大决策，它是“‘文化大革命’后科教领域拨乱反正的开端，也是实行全面拨乱反正的突破口”①。恢复高考制度 30 年来，我国共有数千万名高中毕业生和社会青年参加高考，3600 多万人被录取。教育不仅改变了一代又一代人的人生命运，教育培养的数以千万计的人才也深刻地改变了中国的命运。恢复高考是新的历史时期中国教育事业改革与发展的开端，也是 20 世纪 80 年代中国波澜壮阔的改革开放的前奏。从此，中国改革开放事业踏上了日新月异的新征程，中国教育事业进入了改革与发展的新阶段。

一、改变国家命运的战略抉择

1978 年是中国改革开放元年。具有历史转折意义的中国共产党第十一届三中全会，作出了将党的工作重点转移到社会主义现代化建设上来的决定。从此，中国这条航船驶入了改革、振兴、发展的新航程。这一年也成为中国教育改革与发展的重大转折点。

---

① 中共中央文献研究室. 邓小平决策恢复高考讲话谈话批示集（一九七七年五月——十二月）[M]. 北京：中央文献出版社，2007：出版说明.

（一）拨乱反正——以教育为突破口

20 世纪 70 年代末，经过十年“文化大革命”的中国百废待兴，中国社会主义建设事业处在十分重要的历史转折关头，中国向何处去？十年内乱，中国的教育事业遭到严重破坏，学校教学秩序混乱，广大教师受到摧残，青年一代丧失了接受科学文化教育的机会，教育发展的路在何方？中国走在了十字路口。

1976 年 10 月那个金色的秋天，党中央一举粉碎了“四人帮”，“文化大革命”结束，人民渴望教育振兴，国家建设呼唤人才，教育事业的发展被提上了党和国家的重要议事日程。教育改革怎么搞、大学怎么办，成为社会关注的焦点之一。而此时各条战线专门人才短缺，人才匮乏已成为实现“四个现代化”奋斗目标的最大制约因素。

1977 年 5 月 12 日和 5 月 24 日，即将复出的邓小平在和中央有关领导同志的谈话中就强调，实现现代化的关键是科学技术，发展科技必须抓教育，一定要在党内营造尊重知识、尊重人才的氛围。他敏锐地指出：“靠空讲不能实现现代化，必须有知识，有人才。”①

1977 年 7 月，中共十届三中全会通过了恢复邓小平党、政、军领导职务的决议。邓小平一恢复工作，就以一个政治家、战略家的气魄和勇气深刻地思考着中国的前途命运和发展道路问题。中国的道路如何走，走向何方？应当从何处入手？以哪里为突破口？邓小平主动请缨，郑重地向中央提出分管科技、教育工作的请求。邓小平认为，中国要走现代化建设之路，要改革，就必须寻找突破口，这个突破口就是科技和教育。他敏锐地认识到教育是关系着国家和民族生死存亡的重大问题，并亲自指挥和领导了教育界的拨乱反正和全面恢复教学秩序的工作。

教育作为“文化大革命”的“重灾区”，当时面临许多困难和障碍，

① 邓小平．尊重知识，尊重人才［M］//邓小平文选：第二卷. 2 版. 北京：人民出版社，1994：40.

“两个估计”[①] 就像一个巨大的精神枷锁，仍压得知识分子喘不过气来。邓小平首先选择把推翻“两个估计”作为拨乱反正和解放思想的突破口。在当时政治形势还没有得到根本扭转的情况下，1977 年 8 月 8 日，他以政治家的智慧和胆略，在科学和教育座谈会上发表的重要讲话中，旗帜鲜明地指出：“对全国教育战线十七年的工作怎样估计？我看，主导方面是红线。”[②] 同年 9 月，他在与教育部主要负责同志谈话时再一次尖锐地指出：“‘两个估计’是不符合实际的。怎么能把几百万、上千万知识分子一棍子打死呢？我们现在的人才，大部分还不是十七年培养出来的？”[③] 他充分肯定了“文化大革命”前 17 年教育工作的成绩和知识分子的作用，为落实党的知识分子政策，为教育战线全面拨乱反正、整顿教育教学秩序奠定了思想和理论基础，为此后的思想解放、改革开放开辟了先河。

在邓小平的倡导和领导下，教育战线打破徘徊局面，开始了全面恢复和整顿，被“文化大革命”搞乱了的教育教学秩序开始得到治理。很快，随着学制的恢复与重建，全国教育迅速摆脱了混乱局面，逐步走上了健康发展的轨道；随着全国教育界知识分子成千上万的冤假错案被平反，广大教育工作者在政治上获得了新生。

中国教育的春天来到了！坚冰初破，思想解放的曙光依稀可见。

1977 年，在人们的思想还没有从“左”的束缚下解放出来的情况下，邓小平首先以遭受严重破坏的教育战线作为突破口，开启了中国社会的拨乱反正和解放思想的伟大航程。以此为开端，在中国改革开放的总设计师邓小平的主导下，国家部署和启动了恢复高考制度工作，并进一步扩大派

---

① “两个估计”是“四人帮”一伙 1971 年炮制的《全国教育工作会议纪要》中提出的，指“文化大革命”前 17 年教育战线是资产阶级专了无产阶级的政，是“黑线专政”；知识分子的大多数世界观基本上是资产阶级的，是资产阶级知识分子。

② 邓小平．关于科学和教育工作的几点意见［M］//邓小平文选：第二卷．2 版．北京：人民出版社，1994：49.

③ 中华人民共和国教育部，中共中央文献研究室．教育战线的拨乱反正问题［M］//毛泽东 邓小平 江泽民论教育．北京：中央文献出版社，人民教育出版社，北京师范大学出版社，2002：124.

遗留学生。邓小平决策的教育领域的改革“为帮助全党全社会解放思想，冲破‘两个凡是’①思想束缚，纠正‘文化大革命’‘左’的错误，摒弃‘以阶级斗争为纲’，起到了开风气之先的作用。从这个意义上讲，邓小平决策恢复高考，绝不仅仅是教育领域的事情，它是全面拨乱反正，开辟中国特色社会主义新道路的一个突破口”②。这些具有划时代意义的战略决策，历史地成为中国改革开放的重要组成部分，成为中国改革开放的先声和前奏。

（二）恢复高考——中国改革的先声

在“文化大革命”的动荡岁月里，新中国成立以来逐步建立起来的全国普通高等学校统一招生制度被彻底否定，学校教育秩序混乱，学生停课闹革命，全社会没有了学习知识的动力和活力，国家出现了严重的人才断档。改革高校招生制度成为当时加快人才培养的迫切需要，也成为广大人民群众的强烈愿望。

1972 年，周恩来总理和一位美籍华裔科学家谈话时，以极大的勇气提出要恢复从应届高中毕业生中招收部分大学生的意见。然而在“文化大革命”动荡期间，周总理的意见根本不可能实现。

虽然 1970 年北京大学、清华大学开始试招“新生”，但招生对象仅限于具有两年以上实践经验的初中以上文化程度的工人、农民、解放军官兵（简称“工农兵大学生”）。招生办法是自愿报名，群众推荐，领导批准，学校复审。这一做法一直实行到 1976 年。

1975 年，邓小平领导开展全面整顿时，在多次谈话中对改变当时的大学招生方法和提高教学质量问题发表过意见。他说：“大学究竟起什么作用？培养什么人？有些大学只是中等技术学校水平，何必办成大学？”“一点外语知识、数理化知识也没有，还攀什么高峰？中峰也不行，低峰

---

① “两个凡是”指 1977 年 2 月 7 日《人民日报》、《红旗》杂志、《解放军报》社论《学好文件抓住纲》中提出的“凡是毛主席作出的决策，我们都坚决维护，凡是毛主席的指示，我们都始终不渝地遵循”。

② 中共中央文献研究室. 邓小平决策恢复高考讲话谈话批示集（一九七七年五月——十二月）[M]. 北京：中央文献出版社，2007：58-59.

还有问题。我们有个危机，可能发生在教育部门，把整个现代化水平拖住了。”① 他要求教育部搞一个教育工作汇报提纲，他当时主张搞一些试点，通过考试直接从高中生中选拔一批优秀学生到大学深造。遗憾的是，由于“四人帮”的干扰破坏和很快发生的“批邓、反击右倾翻案风”运动，邓小平的这些正确主张没能得到实施。

1976 年粉碎“四人帮”后，我国教育事业的发展迎来了新的春天，教育真正被提上了党和国家的重要议事日程。1977 年 6 月 29 日，由教育部在太原组织召开全国高等学校招生工作会议。但在当时“两个凡是”的束缚下，会议基本上维持了前几年的招生规定。8 月 4 日，教育部向国务院报送了《关于全国高等学校招生工作座谈会的情况报告》（以下简称《报告》）。就在教育部报送《报告》的同一天，邓小平在北京饭店召开了科学和教育工作座谈会。

1977 年，在正式决策恢复高考前夕，邓小平在关于科技和教育问题的多次谈话中，就尽快改变“文化大革命”中实行的高等学校招收工农兵学员制度和恢复高等学校招生考试制度问题，提出了两点重要意见：第一，高等学校招生要恢复文化考试制度。第二，提倡高等学校招生“两条腿”走路（大学要从工农兵中招生，重点学校可以从应届高中毕业生中招生），允许高中毕业生直接上大学。关于恢复高等学校招生考试制度，邓小平最初的设想是，1977 年用一年时间做准备，1978 年正式恢复高考，生源一半是应届高中毕业生，一半来自社会，然后逐步走向正规。然而，随着形势的变化，在邓小平复出后主持召开的科学和教育工作座谈会期间，恢复高考的决策提前确定和实施了。

1977 年 8 月 4 日至 8 日，邓小平主持召开的科学和教育工作座谈会在北京饭店举行。按照邓小平的要求，中国科学院和教育部分别在科学院系统和高等院校确定了 33 位与会代表。这是邓小平再次复出后抓科学和教

---

① 邓小平．科研工作要走在前面［M］//邓小平文选：第二卷．2 版．北京：人民出版社，1994：33-34.

育工作的一个大动作，也是一个畅所欲言的座谈会。邓小平在会前的一段真诚的讲话，深情地感动了与会代表，启发了大家的思路。在邓小平的引导下，大家的议题很快从揭批“四人帮”破坏科学和教育的罪行转到为振兴科学和教育献计献策方面来，而提高教学质量、改革招生制度，成为其中的主要话题之一。会上，代表们建议党中央、国务院下大决心，对现行招生制度来一个大的改革，宁可当年招生晚两个月。代表们说，如果不实行高考，当年又要按推荐的方法招 20 万人，好多不合适的，浪费就大了。代表们的一致意见使邓小平受到很大震动。他问坐在身边的时任教育部部长刘西尧：“今年就恢复高考还来得及吗？”刘西尧说：“推迟招生，还来得及。”邓小平听了，当场决断：“既然今年还有时间，那就坚决改嘛。”①

1977 年 8 月 8 日，是一个值得铭记的日子。就在这一天，邓小平在科学和教育工作座谈会上发表了重要讲话。在谈到关于教育制度和教育质量问题时，他大胆提出：“今年就要下决心恢复从高中毕业生中直接招考学生，不要再搞群众推荐。从高中直接招生，我看可能是早出人才、早出成果的一个好办法。”②

一个重大的决策就这样确定了。1977 年 8 月，具有历史意义的科学和教育工作座谈会的召开，成为一个时代的转折点。

“忽如一夜春风来，千树万树梨花开。”中国的教育工作由此出现了重大转机。

1977 年 8 月 13 日，根据邓小平关于改革高等学校招生制度的指示精神，教育部即刻在北京再次召开了高等学校招生工作会议。会议首先传达了邓小平“八八”讲话及其他一系列谈话精神，代表们深受鼓舞。经过代表们讨论的招生工作意见，及时地报告给了邓小平，他对文件详细审阅，并亲自修改。在邓小平的亲自指导下，恢复高等学校招生工作取得了拨乱

① 中共中央文献研究室. 邓小平决策恢复高考讲话谈话批示集（一九七七年五月——十二月）[M]. 北京：中央文献出版社，2007：53.

② 邓小平. 关于科学和教育工作的几点意见 [M] //邓小平文选：第二卷. 2 版. 北京：人民出版社，1994：55.

反正的重大成果，新中国成立以来我国逐步建立起来的符合中国国情和社会主义建设需要的高等学校招生考试制度得以全面恢复。10月5日，中央政治局讨论并原则通过了教育部《关于1977年高等学校招生工作的意见》。华国锋、叶剑英、邓小平等中央领导接见了出席招生工作会议的全体代表。10月12日，国务院批转了教育部《关于1977年高等学校招生工作的意见》，规定从1977年起，对高等学校招生制度进行改革，恢复统一考试制度。凡是工人、农民、“上山下乡”和回乡知识青年、复员军人、干部和应届毕业生，符合条件者均可报考。招生办法是自愿报名，统一考试，地（市）初选，学校录取。录取原则是德智体全面衡量，择优录取。招生考试于当年冬季进行，新生春季入学。这次会议是新中国成立以来教育史上的一次重要会议，它实现了两项重大的拨乱反正：一是推翻了“文化大革命”中压在上千万中国知识分子头上的“两个估计”；二是决定恢复高校招生统一考试制度。这次会议也是时间最长的一次招生工作会议，历时44天。会议召开时，京城酷暑难耐，蝉鸣如涛，散会时已经是金风送爽，月明中秋。

据当时参加招生文件起草工作的教育部原学生司有关人员回忆：

当时“文化大革命”刚过，大家很怕再犯“只专不红”的错误，强调考试了，会不会冲淡政治？会不会让人说只重视智育，不重视德育？怕人扣这个帽子，所以对政审的规定都写得非常详细，拥护中国共产党、走社会主义道路、参加集体劳动……，把能想到的都写上了。这个稿子当时送给小平同志，受到了严肃批评。小平同志看了非常不满，连说了三个“烦琐”，而且把我们起草的这一段全删掉了。后来我们招生文件上写的政审条件基本上就是小平同志起草的。我们觉得如果要考试，比方要印卷子，要评卷子，总要一部分钱，全靠国家拿也是很困难的。我们希望报名费能够定在一块钱。当时中央政治局讨论说，不要增加群众的负担，收五毛钱就行了，这都是中央政治局决定的。①

---

① 根据2007年3月1日至2日在教育部召开的专家座谈会上对有关同志的访谈整理。

1977 年，在邓小平的倡导和支持下，国家作出恢复高等学校招生统一考试制度的决定后，面临着许多现实的困难。首先，恢复高考动摇了“两个凡是”原则，一些人还有不同意见。其次，1977 年的全国高校招生工作会议已经开过了，当年组织统一考试，时间很紧。再次，试题出来后，却缺少印试卷的纸张。这么多人要考试，上哪儿弄纸呀？当时纸张很缺。为这件事还请示了中央，中央当机立断，把印刷《毛泽东选集》（第五卷）的计划暂时搁置，用印刷《毛泽东选集》（第五卷）的纸张先行印刷考生试卷。这才使当年的恢复高考工作得以顺利进行。

在邓小平的亲自主持下，教育界冲破重重障碍，在 1977 年冬天恢复了中断 10 年之久的高考制度。恢复高考的消息传开后，从农村到城市、从内地到边疆，一代青年奔走相告，笑逐颜开，对于他们来说，真正改变命运的时刻到了。

恢复高考宛如冬天里的一把火，顷刻间点燃了广大青年的读书热潮，全国上下读书学习蔚然成风。图书馆、新华书店里人头攒动，成为最拥挤、最热闹的地方。蒙满了灰尘的旧课本，一时间洛阳纸贵，人们到处寻找。在全国拨乱反正的大潮下，高考成为当时社会最大的关注点，积压了整整 10 年的考生拥进考场。这一年，全国有 570 万人报考，全国高等学校录取新生 27.3 万人；半年后，1978 年的夏天，610 万人报考，录取了 40.2 万人，同时还有 6.35 万人报考研究生，1.07 万人获得了深造机会。冬夏两季，全国共有约 1180 万名青年参加了考试，这是迄今为止世界考试史上人数最多的考试，堪称一项“世界之最”。

当春雷震荡大地的时候，人们感受到了春天的气息，而春天的万紫千红，却是在春雷滚过大地之后到来的。高等学校招生考试制度的改革是“文化大革命”后拨乱反正的重要标志之一，是我国教育改革中较早进行的一项重大改革，强烈地震撼了教育界乃至全社会。恢复高等学校招生考试制度不仅是高等教育领域的一件大事，而且是对整个教育事业、整个社会发展具有重大影响的大事。高考制度的恢复极大地改变了当时年青一代沉闷的精神状态，激发了亿万青少年学习科学文化知识的热情，广大教师精神振奋，教育界重新焕发了生机和活力，全国教育风气为之一新；高考制度的恢复也激活了整个社会，社会风气和人们的生活方式为之一变。中国教育和人才培养由此走上了健康的轨道。

（三）出国留学——中国开放的前奏

历史将永远铭记这个非同寻常的日子：1978 年 6 月 23 日。这一天，时任中共中央副主席的邓小平作出了关于扩大派遣留学生的重要指示，由此掀起了中国改革开放新的历史时期留学工作的热潮，中国的留学工作从此进入了一个全新的发展阶段。国门开启，中国长达 10 年的封闭局面被打破，扩大派遣留学生成为中国开放的前奏曲。

“文化大革命”刚结束不久，当时的清华大学新领导班子遵照邓小平关于拨乱反正的指示对学校各项工作进行了清查，提出了整顿计划，写出了书面报告，对学校自身难以解决的某些问题，请求中央帮助解决。邓小平对这个报告非常重视，于 1978 年 6 月 23 日下午专门安排时间听取当时的清华大学校长兼党委书记刘达的当面汇报。这天下午，邓小平同当时的国务院副总理方毅，教育部领导蒋南翔、刘西尧等人，一道听取了刘达的工作汇报。在听取汇报过程中，邓小平对留学工作作出了重要指示：“我赞成留学生的数量增大，主要搞自然科学。要成千成万地派，不是只派十个八个……。这是五年内快见成效，提高我国科教水平的重要方法之一。现在我们迈的步子太小，要千方百计加快步伐，路子要越走越宽，我们一方面要努力提高自己的大学水平，一方面派人出去学习，这样可以有一个比较，看看我们自己的大学究竟办得如何。”① 针对一些人的担忧，邓小平当时就指出：“不要怕出一点问题，中国留学生绝大多数是好的，个别人出一点问题也没什么了不起，即使一千人跑掉一百个，也只占十分之一，还剩九百个。”邓小平还要求：“我们要从外语基础好的高中毕业生中

---

① 中华人民共和国教育部，中共中央文献研究室．增大派遣留学生的数量［M］//毛泽东　邓小平　江泽民论教育．北京：中央文献出版社，人民教育出版社，北京师范大学出版社，2002：148.

选派一批到外国进大学。今年三四千，明年万把人。这是加快速度的办法。”① 由此可见邓小平加快留学生派遣步伐的急切心情。在历史的抉择面前，中国没有走封闭的道路。邓小平的这一讲话被称为“扩大派遣出国留学人员的重要讲话”，对于开创改革开放时期中国的出国留学工作具有划时代的指导意义。在中国发展的关键时刻，邓小平高瞻远瞩，从国家和民族未来生存与发展的全局高度，作出了扩大派遣出国留学人员的战略决策，从而翻开了新时期我国出国留学工作崭新的一页。

冰河初开，航路多艰。当时中国的大环境是，一方面，经过长期的封闭，人们的思想很不解放，真正懂得出国留学意义、价值的人不多，相反，人们对出国留学，特别是把人派到资本主义国家去留学，还难以接受；另一方面，当时国家刚从“十年内乱”的废墟上站起，经济受到了严重摧残，国家财政非常紧张，于是就有人问，在这种形势下，花很多钱派人出国留学，有这个必要吗？还有一些人把派人出国留学和发挥国内现有人才的作用对立起来。即使是那些渴望了解外部世界的知识分子，当机遇来临时，他们也不是没有顾虑。

据时任教育部副部长李琦回忆：

当时我作为教育部分管外事的副部长，既受到极大鼓舞，又清醒地意识到我国长期被封锁，特别是“文革”十年同外边几乎隔绝，同西方文化交流不多，对他们学校的情况，以至如何派遣留学生等，十分缺乏了解，我们只有建国初期向苏联、东欧派遣留学生的经验，要想一下子向西方国家派遣这么多留学生，许多工作确实很棘手。教育部拟方案时，多方向国内了解情况的学者请教。我们当时商定先向美国、日本、加拿大以及西欧派遣留学生。②

熟悉中国教育对外交流史的人想必还记得，1966 年 6 月 30 日，由于“文化大革命”的影响，当时负责留学工作的高等教育部向全国下发了

---

① 教育部国际合作与交流司，《神州学人》编辑部，国家留学基金管理委员会秘书处. 出国留学工作 20 年［M］. 北京：高等教育出版社，1999：203.

② 同① 203-204.

《关于推迟选拔、派遣留学生工作的通知》，提出为使拟留学出国人员“在无产阶级‘文化大革命’的斗争中进一步得到锻炼和提高，经请示中央批准，今年选拔、派遣留学生的工作决定推迟半年进行”①。虽然在1973年和1974年，当时的外交部、国务院科教组先后向有关方面呈递了《关于1973年接收来华留学生计划与留学生工作若干问题的请示报告》及《关于改进和加强出国留学生选派、管理工作的请示报告》，但是整个“文化大革命”期间，中国这个当时拥有近十亿人口的泱泱大国，也仅仅向海外21个国家派出了337名留学生而已，而同时期世界上很多国家，包括一些中小国家一年派出的出国留学人员都远远超出这个数量。

这种现象引起了邓小平等党的第二代中央领导集体的高度关注。1978年10月10日，邓小平在会见来华访问的德意志联邦共和国新闻代表团时痛心地说：“由于受林彪、‘四人帮’的干扰，我们国家的发展耽误了十年。六十年代前期我们同国际上科学技术水平有差距，但不很大，而这十几年来，世界有了突飞猛进的发展，差距就拉得很大了。同发达国家相比较，经济上的差距不止是十年了，可能是二十年、三十年，有的方面甚至可能是五十年。到本世纪末还有二十二年，二十二年以后，世界是什么面貌？包括你们在内的发达国家，在七十年代的基础上再向前发展二十二年，将是什么面貌？我们的四个现代化，要在本世纪末达到你们现在的水平已不容易，要达到你们二十二年后的水平就更难了。所以，要实现四个现代化，就要善于学习，大量取得国际上的帮助。要引进国际上的先进技术、先进装备，作为我们发展的起点。”②

邓小平的倡导，旋即化为中国政府的决策，由此可见，扩大派遣留学人员是邓小平为中国改革开放事业设计的宏伟蓝图的一个重要组成部分。就在邓小平发表著名的“扩大派遣出国留学人员的重要讲话”后不到20

① 何东昌. 中华人民共和国重要教育文献（1949—1975）［M］. 海口：海南出版社，1998：1403.

② 邓小平. 实行开放政策，学习世界先进科学技术［M］//邓小平文选：第二卷. 2版. 北京：人民出版社，1994：132-133.

天，教育部就提交了《关于加大选派留学生数量的报告》，确定了选派计划。但是，在国家交往尤其是国际教育交往中，没有政治自信心是不行的，光有政治自信心又是不够的。

1978 年 7 月，时任国务院副总理兼国家科委主任、中国科学院副院长的方毅在会见来华访问的美国科技代表团时，与对方商定，我国派团赴美直接商谈双方互派留学生事宜。当时中美还未正式建立外交关系，这自然是一个有力措施，双方也希望能借此打开局面。不久，美国卡特总统的科技顾问弗兰克·普雷斯向方毅副总理发出邀请，请中国政府派代表团去美商谈其后几年中国向美国派遣留学生的有关事宜。

谈判之门似乎已经开启，却遇到了一个非常大的困难，因为中国和美国当时并没有建立正式的外交关系，所以中国赴美谈判代表团只能以民间团体的身份出现。选谁做团长成为当时中央和教育部考虑的一个重要问题。这个团长既要在国外科技和教育界有影响，知名度较高，有外事活动经验，又要对国内教育情况相当熟悉。国务院有关部门最后选定了当时担任中国科协代主席、中国科学院副院长、北京大学校长的周培源。从 1924 年起，周培源曾经多次往来于中国与美国，先是以学生的身份，然后是以学者的身份，这一次，他是以团长的身份赴美，要商讨的问题可能并不比 1936—1937 年他在美国普林斯顿高等学术研究院参加爱因斯坦亲自领导的广义相对论讨论班简单。因此，时任全国政协副主席的周培源对外只能用中国科协代主席、北京大学校长的名义出任代表团团长，时任教育部副部长的李琦也只能用中国教育协会副会长的名义出任代表团的顾问。这段历史现在回忆起来，令人感慨良多。中国代表团于 1978 年 10 月 7 日抵美，先在西部的旧金山、洛杉矶地区参观访问，11 日抵达华盛顿，从 12 日起正式开始与美方谈判。美方派出了包括白宫、国务院、国家科学基金会等方面有关人员在内的阵容强大的代表团。

周培源在首次谈判时，作了基调发言。他说：“从本学年开始，我们将派遣大批科技人员和留学生出国进修和学习。派我们所需，学你们所长。派遣来美国的学生是以进修人员和研究生为主，还有部分大学本科生。学习专业以自然科学为主，还有少量学习社会科学和语言的。……1978—1979 年派遣的总数 500 名”，“1979—1980 学年派遣的人数将大于 1978—1979 学年，如果两国关系正常化，派遣人数将会有更大的增长”。①

由于种种原因，虽然当时的中美两国还处于“蜜月”阶段，但由于隔绝已久以及意识形态差异等方面原因，双方难免有较大分歧，谈判甚至一度出现僵持局面。经过反复协商，最后双方达成了 11 项口头谅解。为保证准确无误，双方还逐字逐句，共同核对了文字记录。下面是当年的 11 项口头谅解的部分内容：“在 1978—1979 学年美方接受中方 500—700 名留学生、研究生和访问学者，中方接受美方 60 名留学生、访问学者”；“学习费用由派出一方支付，但对于可能提供的奖学金，双方均可充分利用”；“派出人员应遵守接受国的法律和规定，并尊重其风俗习惯”；“为了每年确定交换的学生和学者数及讨论计划的进展，双方将在必要时会晤。重要问题也可通过两国政府协商”；“双方鼓励两国的大学、研究机构和学者之间进行直接接触”；等等。

当年 12 月 26 日，中国第一批派赴美国的 52 名留学人员启程了。② 他们到达后还赶上了参加中国驻美使馆 1979 年元旦举行的中美建交庆祝活动。同时，我国在 1979 年也热情接待了美国的第一批来华留学生、访问学者。中国此举引起当时国外舆论的广泛关注，“使北京的外交官感到震惊”。他们认为，这“迄今在共产主义世界中尚无先例”，“令人信服地表明中国的政治自信心”。

1979 年初，邓小平访问美国，并于 1 月 31 日与美国总统卡特签署了

---

① 教育部国际合作与交流司，《神州学人》编辑部，国家留学基金管理委员会秘书处. 出国留学工作 20 年［M］. 北京：高等教育出版社，1999：205-206.

② 这 52 位学者是：沈显杰、朱幼兰、裴定一、戴宗铎、王靖华、朱锡兴、施雁旸、石双惠、龚祖埙、沈绿萍、吴葆桢、吴宁、童坦君、冀复生、龚荣枢、陈俊亮、吴德炎、许谨诚、李祝霞、吴源陶、刘志武、檀中维、王以铭、郑庸、许卓群、黄永念、应隆安、马季铭、岳曾元、王志美、林宗涵、潘惟钧、戴远东、杨威生、颜大椿、赵南明、柳百成、崔国文、张楚汉、曹小平、彭吉虎、郑衍衡、张育曼、李衍达、许锡恩、王序昆、程路、陈伟朱、金汉平、吴如山、张恭庆、姜伯驹。

有关协议，将以周培源为团长的中国代表团与美方谈判达成的关于派遣留学生的口头谅解，作为正式协议加以签署，从而使其被载入了史册。

在邓小平的大力倡导下，中国出国留学的大门终于打开，通过派遣留学生的方式，中国教育在与世界隔绝了多年之后正式开启了对外合作与交流的新征途，出国留学很快从细流小溪演变成巨大洪流。与美国达成协议后，教育部（国家教委）陆续与英国（1979 年）、埃及（1979 年）、加拿大（1979 年）、荷兰（1979 年）、意大利（1980 年）、日本（1981 年）、联邦德国（1981 年）、法国（1981 年）、比利时（1981 年）、澳大利亚（1986 年）等国政府达成交换留学生协议。

历史的可贵在于它留给人们的深刻记忆。据当年第一批 52 名赴美留学人员之一，现为北京邮电大学教授的陈俊亮回忆：

作为首批留学生，我当时没有任何心理准备，觉得一切都很突然。那是 1978 年暑假，当时我在北京邮电学院（现北京邮电大学）任职，第一次通知考外语我没有报名，不久，学校第二次动员，我才报了名，报名后 10 天就参加了考试，到 10 月份就接到了录取通知，紧接着就是集中学习，那个紧张程度让人有点火烧眉毛的感觉。12 月下旬，在邓小平访美前夕，我们一行 52 人便搭乘当时先进的波音 707 飞机，绕道巴黎，飞往美国。邓小平对我们这些留学人员非常关心，1979 年 1 月，邓小平第一次访美时，在中国驻美大使馆亲切接见留学生，并同我们分批合影。①

这段历史同样留在第一批 52 名赴美留学人员之一，现为中国原子能科学研究院研究员的许谨诚的记忆中：

邓小平访美期间，我和一些留美同学参加了卡特总统夫人在子午线饭店为小平夫人卓琳举办的招待会。招待会后，卓琳把留学生叫到一起，嘱咐我们说，国家派你们来不容易，你们学成后要回国，你们要是不回去的话，小平同志要着急的。当时我们感到，小平同志为了派人出国留学，承

① 教育部国际合作与交流司，《神州学人》编辑部，国家留学基金管理委员会秘书处. 出国留学工作 20 年［M］. 北京：高等教育出版社，1999：227.

受着很大的压力。现在来看，小平同志作出的扩大派遣留学生的决策是很有远见的。[①]

扩大派遣留学生是思想解放的标志性成果，也是中国封闭多年后大开放的开端，它打开了人们的眼界，激发了中国改革开放的活力。它给中国，也给世界一个重要信号——中国的国门已经开放，中国正在走向世界，满腔热情地学习别人，追赶先进。因此，扩大派遣留学生也历史地成为中国对外开放的前奏。

（四）尊师重教——百废待兴中的重大举措

1978 年，是中国改革开放的历史拐点，百废待兴的中国大地上掀起了“真理标准讨论”的思想解放热潮。在邓小平的主导和推动下，中国改革开放的历史大幕在思想解放的大讨论中徐徐拉开。

1978 年 5 月 10 日，中央党校《理论动态》刊登了题为《实践是检验真理的唯一标准》的文章。5 月 11 日的《光明日报》和 5 月 12 日的《人民日报》《解放军报》分别转载了这篇文章。文章论述了马克思主义的实践第一的观点，指出检验真理的唯一标准只能是社会实践；理论与实践相统一是马克思主义的最基本原则。文章发表后，立即引起了热烈的反响。截至 1978 年底，中央及省级报刊登载关于“实践是检验真理的唯一标准”的专文共 650 余篇。这次真理标准的讨论，实际上是 20 世纪 70 年代末发生在中国大地上的第一次马克思列宁主义、毛泽东思想教育和思想解放运动，它为大规模拨乱反正、正本清源和解决历史遗留问题创造了条件，也为党的十一届三中全会的召开做了思想理论准备。

1978 年 12 月 18 日至 22 日，具有重大历史意义的中国共产党第十一届中央委员会第三次全体会议在北京举行。会议高度评价了关于真理标准问题的讨论，重新确立了党的马克思主义的思想路线、政治路线和组织路线。把“一切从实际出发，解放思想、实事求是”的思想路线作为中国共

① 教育部国际合作与交流司，《神州学人》编辑部，国家留学基金管理委员会秘书处. 出国留学工作 20 年［M］. 北京：高等教育出版社，1999：227-228.

产党的指导方针，停止使用“以阶级斗争为纲”和“无产阶级专政下继续革命”的口号，作出“把工作重点转移到社会主义现代化建设上来”的重大战略决策。由此，如同遵义会议一样，十一届三中全会也成为党的历史上具有深远意义的重要会议，它从根本上冲破了长期“左”倾错误的严重束缚，端正了党的指导思想，重新确立了党的马克思主义的正确路线。

改革开放初期，刚刚从“文化大革命”中走出来的中国社会，百废待兴，国家建设呼唤着千百万人才，各行各业都需要人才，人民渴望知识和教育振兴。由于“文化大革命”期间正常的教育教学秩序被破坏，社会上知识人才奇缺，尤其是专业人才不足成为当时的最大问题。恢复高等教育事业的发展，尽快培养社会主义现代化建设所需要的各类专业人才，是当时教育领域的头等大事。刚刚恢复领导职务的邓小平对此事十分重视，他一复出就自告奋勇抓教育，审时度势，围绕着我国经济建设的发展，深刻地思考着中国的教育问题。

1977 年，邓小平在复出前夕与中央两位领导同志的谈话中就敏锐地指出：“我们要实现现代化，关键是科学技术要能上去。发展科学技术，不抓教育不行。”也就是在这次谈话中，邓小平第一次提出了要“尊重知识，尊重人才”的思想。① 同年 8 月，邓小平在科学和教育工作座谈会上的讲话中再次提出：“就今天的现状来说，要特别注意调动教育工作者的积极性，要强调尊重教师。”② 1978 年 3 月，邓小平在全国科学大会上强调指出：“科学技术人才的培养，基础在教育。”③ 他还强调指出：“我们要千方百计，在别的方面忍耐一些，甚至于牺牲一点速度，把教育问题解

---

① 中华人民共和国教育部，中共中央文献研究室．教育战线的拨乱反正问题［M］//毛泽东 邓小平 江泽民论教育. 北京：中央文献出版社，人民教育出版社，北京师范大学出版社，2002：98.

② 邓小平．关于科学和教育工作的几点意见［M］//邓小平文选：第二卷. 2 版. 北京：人民出版社，1994：49-50.

③ 邓小平．在全国科学大会开幕式上的讲话［M］//邓小平文选：第二卷. 2 版. 北京：人民出版社，1994：95.

决好。”[①] 这掷地有声的话语使得神州大地掀起了学习科学、重视教育的阵阵热潮，全国涌现出一大批像陈景润一样刻苦学习、用心钻研业务的楷模。

邓小平大力倡导全党全社会尊师重教。根据邓小平关于教师工资、奖励和职称制度的指示精神，从1977年10月起，全国近60%的教职工不同程度地增加了工资。在高等学校恢复教师职务的同时，教育部从批准北京市3名小学教师为特级教师开始，建立了中小学教师可以评高级教师的制度。全国陆续授予一大批教师“特级教师”“优秀教师”等荣誉称号，教师越来越受到全社会的重视。1985年，国家规定每年的9月10日为教师节，教师的社会地位和经济待遇获得了普遍的提高，尊师重教逐步形成风气，极大地激发了广大教师的工作积极性。

1985年5月，全国教育工作会议在北京隆重召开，邓小平发表了《把教育工作认真抓起来》的著名讲话。讲话虽然只有短短的13分钟，但字字千钧。邓小平指出：“我们国家，国力的强弱，经济发展后劲的大小，越来越取决于劳动者的素质，取决于知识分子的数量和质量。一个十亿人口的大国，教育搞上去了，人才资源的巨大优势是任何国家比不了的。”

这是一次在中国教育史上具有历史意义和深远影响的会议。会前，《中共中央关于教育体制改革的决定》颁布。这是继《中共中央关于经济体制改革的决定》和《中共中央关于科学技术体制改革的决定》后，中共中央颁布的又一重大纲领性文件。《中共中央关于教育体制改革的决定》提出：“必须从教育体制入手，有系统地进行改革。”该决定是我国教育发展史上一个重要里程碑，总结了我国教育发展正反两方面的经验，指明了我国教育体制改革的正确方向，提出了“教育必须为社会主义建设服务，社会主义建设必须依靠教育”的根本指导思想和新的历史时期教育事业的

---

① 邓小平. 科学技术是第一生产力［M］//邓小平文选：第三卷. 北京：人民出版社，1993：275.

战略目标，将教育改革纳入改革开放和现代化建设的总体设计之中。由此，国家决策层下决心强力狠抓教育。

从党的十一届三中全会到1985年改革开放后第一次全国教育工作会议召开，这一时期我国教育工作的重点是推动恢复教育秩序，进行教育改革的探索，大规模派遣留学生，为国家建设培养了大批急需人才。在党中央的重视下，在邓小平大力倡导全党全社会尊师重教的思想指引下，尊师重教的思想很快成为全社会一致的共识，教育事业成为全社会共同关心的事业，把教育摆在优先发展的战略地位的思想日益深入人心。

这一时期，中国教育在以邓小平为核心的党的第二代中央领导集体的领导下，率先冲破了“两个凡是”的桎梏，从恢复高考开始，到大规模地向国外派遣留学生，开启了改革发展的新历程，作为解放思想、改革开放的重要领域，迎来了发展的春天。教育优先发展的思想深入人心，尊重知识、尊重人才成为时代最强音。

二、确立教育优先发展的战略地位

进入20世纪90年代以来，世界发生了许多重要的历史性事件，科技进步日新月异，知识经济方兴未艾，国际竞争日趋激烈。面对前所未有的挑战和重大的战略机遇，中国政府冷静观察、从容应对，坚定不移地坚持把教育摆在优先发展的战略地位，实施“科教兴国”和“人才强国”战略，作出了攸关国家前途和民族命运的重大历史抉择，这是国家意志与人民意愿的集中体现。

（一）世界风云变幻与教育的重大使命

在中国的改革史上，1992年邓小平“南方谈话”是一个重大事件，推动了中国由计划经济向社会主义市场经济的历史性转折，推进了改革开放以来中国第二次思想解放运动。

1992年1月18日至2月21日，邓小平在武昌、深圳、珠海、上海等城市发表了“南方谈话”，他洞察全球政治风云变化和经济发展，对“苏东剧变”作了深刻剖析，阐述了剧变之后国际共产主义运动的现状和趋势，指明了中国特色社会主义的发展走向。这是在改革开放的关键时刻对中国的发展方向作出的重大抉择——中国仍然要坚定不移地走中国特色社会主义道路。

当人们的思想再一次出现困惑时，邓小平在武昌、深圳、珠海、上海等地的谈话又一次极大地解放了全党和全国人民的思想，在全国引发市场经济改革的新浪潮。这标志着我国开始实现从计划经济体制向社会主义市场经济体制的重大转变，推动改革开放和现代化建设进入以建设社会主义市场经济体制为重要目标的历史新阶段。中国开始了社会主义市场经济的征程。市场经济与社会主义制度的结合是人类社会实践的伟大尝试。

知识经济对中国优先发展教育的重大启示。世纪之交，知识经济悄然兴起，发达国家开始从后工业化时代进入知识经济时代，党中央和国务院一直在研究思考知识经济对中国社会和跨世纪教育发展的影响。在知识经济社会，知识代替物质资源成为最重要的资源。美国著名未来学家阿尔文·托夫勒（Alvin Toffler）指出：知识正在成为一切有形资源的“最终替代”，知识的极端重要性，已经或正在改变工业组织、公司结构、商业竞争的形式和内容，以及创造财富的途径，甚至战争的方式。他在《创造一个新的文明——第三次浪潮的政治》中提出，我们正快速迈向一个迥然不同的权力结构，这一权力结构造成的将不是一个分成两种文明的世界，而是一个为三种截然对立和相互竞争的文明所分割的世界——锄头象征着第一种文明，流水线象征着第二种文明，电脑象征着第三种文明。知识经济最突出的特征是知识经济一体化，它是指知识与经济相互渗透、相互交融、相互包含的过程。随着知识的经济功能日益增大，经济的知识取向也日益强烈。作为结果，知识经济一体化是“知识的经济化”和“经济的知识化”这两种趋势的合流，是当代世界经济和知识发展的新现象、新趋势。

世界上可开发利用的资源有四种，即物力资源、资本资源、信息资源和人力资源，而人力资源是唯一可连续开发、深层次开发和无止境开发的战略资源。知识经济社会中，人力资源成为一个国家或地区经济社会可持续发展的战略资源。发达国家将构建知识社会作为国家战略，将高层次人力资源开发，特别是第三级教育，作为知识社会建设总体战略的一个重要支柱。2000年，全世界高等教育毛入学率达到50%以上的国家或地区已经有27个，2003年有33个国家或地区，2004年有36个国家或地区，这就是说世界有近五分之一的国家或地区进入了高等教育普及化阶段。

世界银行提出知识经济的四个支柱是：（1）能够为有效应用现有知识、创造新知识以及企业家精神提供激励的经济激励机制和制度；（2）能够创造和应用知识的受过良好教育并掌握一定技能的公民；（3）能够促进信息的有效交流、传播和加工的动态的信息基础设施；（4）由企业、研究中心、大学、思想库、咨询机构以及其他组织组成的高效的创新系统，它有利于利用不断增长的全球知识，吸收并使之本土化，并在此基础上创造新的知识和技术。

知识经济是以知识为基础，以人力资本和技术为重要推动力，以高新技术产品和服务部门为支柱，以强大的科学系统和教育培训系统为坚强后盾的新型经济形态，这种新型经济形态需要坚实的教育基础。因此，知识经济的兴起不仅给中国教育发展带来了机遇，还提出了挑战，它给中国高层决策者作出教育优先发展战略决策以重大启示。

世界科学技术进步日新月异，中国科学技术发展呼唤高层次人才。进入21世纪，科学技术发展不断加快，以知识为基础的社会将引发社会组织形态和人类活动方式的深刻变革，全球化的国际环境使科技创新能力日益成为决定国家竞争力的关键因素，以科技创新为支撑的可持续发展的增长方式已经成为人类面临的共同任务。

从历史发展观察，自唐、宋直至鸦片战争以前，中国是世界上最强大的国家，经济总量占世界四分之一。到1895年，中国的GDP排名世界第一的地位才被美国取代。① 世界经济、社会和科技发展格局，对人才的规

① 肯尼迪．大国的兴衰［M］．陈景彪，等译．北京：国际文化出版公司，2006：推荐序二16.

模与质量提出了更高要求，全民科学文化水平决定着未来。从 19 世纪中期开始，中国逐渐由一个科学、科技“输出国”沦落为科学技术的纯“输入国”。

科技落后的根本原因是人才培养落后。在中国科学技术水平相对落后的同时，中国高层次人才培养也落后于发达国家。自 1898 年京师大学堂创立后的 100 年时间里，中国高等教育发展缓慢，1993 年毛入学率为 5%，与世界 18%的平均毛入学率差距较大。全国人口中接受高等教育的比例仅为 1. 44%，受教育水平整体偏低。低层次的人才结构既难以适应工业化大生产的要求，更不能适应知识经济时代的要求。中国必须把握 21 世纪的机遇——利用知识重获在世界经济中的地位。

经济全球化和世界多极化趋势并行发展，对中国社会主义的发展提出了严峻挑战和考验。21 世纪头一二十年之所以是我国的重要战略机遇期，首先是这一时期国际格局的基本走向继续向多极化方向发展，将为我国的建设和发展提供和平稳定的外部环境。

经济全球化带来了双重可能。经济全球化和产业结构调整促进了生产要素的跨国流动，世界各国的经济联系越来越密切，为各国发展提供了重要机遇。经济全球化已经成为推动世界经济发展的重要动力。经济全球化也是当今世界大转折中最突出的特征。自 20 世纪 80 年代末 90 年代初以来，经济全球化成为世界经济发展不可逆转的大趋势。它对世界各国的经济和社会生活产生了深刻的影响，也深刻地影响着国际关系和世界格局的变迁。世纪之交，经济全球化既为中国教育发展提供了重要的战略机遇，也对中国教育的可持续发展提出了挑战。

中国是经济全球化的积极参与者。20 世纪 70 年代末以来，中国坚持深化改革，扩大开放，经济社会发展取得了举世瞩目的成就：通过积极参与经济全球化、吸纳外资和利用国外资源，弥补国内建设资金和资源的不足；引进先进的技术装备和管理经验，实现技术和管理现代化上的超越；发挥比较优势，开拓国际市场；学习和借鉴世界各国、各民族的高新科技知识和优秀文化，培养各方面高素质的专业人才。中国积极参与经济全球化，使中国的发展更具开放性，中国发展迎来了新的机遇。2002 年 5 月 10 日，江泽民在亚洲开发银行理事会第三十五届年会上的讲话中指出："经济全球化在带来发展机遇的同时，也增加了国际经济环境的不确定性，增加了本地区内发展中经济体结构调整的难度和遭遇外部冲击的风险。"① 全球化是一个不以人们的意志为转移的、不可逆转的、历史的、客观的进程。不同意识形态、不同发展程度的国家，都或早或迟、或主动或被动地卷入。全球化浪潮席卷全球，对中国社会主义的发展提出了严峻挑战和考验。

中国作为坚持社会主义制度的国家，在自己的现代化进程中既要直面知识经济、科技革命、经济全球化等的挑战，也要在实行社会主义市场经济的同时坚持走社会主义道路，坚持社会主义制度不动摇，坚持把教育摆在优先发展的战略地位，这就是面对风云变幻的世界，中国领导人思考的战略问题，也是中国教育所肩负的重大使命。

（二）教育优先发展战略的确立

中国经济和社会主义现代化曾经错失三次历史性机遇。第一次是 1793 年错失第一次工业革命扩散的机遇；第二次是 1842 年至 1860 年错失第二次工业革命起步的机遇；第三次是 1957 年至 1976 年错失第三次产业革命技术转移的机遇。1976 年，中国结束了"文化大革命"，中共十一届三中全会的召开，开启了改革开放的新航程。从此之后的 100 年，将是中国经济现代化奋起直追并迎头赶上的 100 年。中国的现代化道路具有双重赶超的特点，既要追赶先进的工业化国家，到 2050 年基本实现现代化，又要在实现工业化和城镇化的同时，为知识经济奠定基础。中国经济和社会发展面临第一次现代化和第二次现代化的双重任务，中国教育也面临着为现代化培养高素质人才的重要职责。

1949 年 10 月 1 日，毛泽东庄严宣告中华人民共和国成立，标志着中国进入社会主义革命和建设时期。经过 40 多年的建设和发展，中国虽然

① 江泽民. 加强亚洲团结合作　促进世界和平发展［N］. 人民日报，2002-05-11（1）.

已经从一个半殖民地半封建的旧中国发展成为一个社会主义的新中国，但是由于人口多、底子薄，到 1992 年末全国 6 岁以上人口人均受教育年限仅为 6.26 年，与发达国家同期相差 4.5 年左右。1990 年的第四次全国人口普查数据显示，每 10 万人中具有大学文化程度的仅为 1422 人，具有高中文化程度的仅为 8039 人，具有初中文化程度的仅为 23344 人，具有小学文化程度的为 37057 人。31 个省、自治区、直辖市的人口和现役军人中，文盲、半文盲人口（15 岁及 15 岁以上不识字或识字很少的人）约为 18003 万人，比日本的总人口还要多。文盲、半文盲人口占总人口的比例为 15.88%。人民文化素质低是中国社会发展和经济建设面临的最大压力。

国家统计局《1992 年国民经济和社会发展统计公报》数据显示，1992 年，中国国内生产总值 23938 亿元，人均 2042 元，按 1990 年可比价格计算仅相当于 300 美元左右，排在当年世界一百名以后。国家经济发展和运行面临固定资产投资规模偏大、货币投放增长过猛、交通运输更加紧张、城市物价和部分生产资料价格涨幅偏高等问题。上述情况表明，虽然经过多年的改革开放，中国整体上仍很落后，不把教育摆在优先发展的战略地位，促进经济增长方式的转变，将巨大的人口负担转变为人力资源优势，就会错过难得的战略机遇期。

党和政府坚持走社会主义道路，主动应对知识经济时代的到来和高新技术革命的挑战，顺应传统经济增长方式的革命性变革，依靠科技进步，提高劳动者素质，促进现代化，建设小康社会。党中央、国务院审时度势作出了改变国家命运的战略抉择——优先发展教育。教育是发展科学技术和培养人才的基础，在现代化建设中具有先导性、全局性作用，必须摆在优先发展的战略地位。站在增强综合国力和国际竞争力的高度，从中国现代化进程的全局出发来认识和把握教育，将教育发展与人力资源开发作为首要任务，作为经济和社会发展的优先领域，优先规划、优先投资、优先保障和优先发展，只有这样，我们才能抓住新机遇，勇敢面对并战胜新挑战。

21 世纪中国将实现现代化，中华民族将实现伟大复兴。实现这一战略的关键就是要优先发展教育，这是党和政府一贯的指导思想，也是中国最高领导层一以贯之的战略思想。

1982 年，党的十二大报告提出："必须大力普及初等教育，加强中等职业教育和高等教育，发展包括干部教育、职工教育、农民教育、扫除文盲在内的城乡各级各类教育事业，培养各种专业人才，提高全民族的科学文化水平。"教育作为实现 20 年国民生产总值翻两番的重要保证，第一次被提高到现代化建设战略重点之一的地位。

1987 年，党的十三大报告提出，把发展科学技术和教育事业放在首要位置，使经济建设转到依靠科技进步和提高劳动者素质的轨道上来，必须坚持把发展教育事业放在突出的战略位置。

1992 年 10 月 12 日至 18 日，中国共产党第十四次全国代表大会在北京召开。江泽民在大会上向全党、全国人民发出号召："我们必须把教育摆在优先发展的战略地位，努力提高全民族的思想道德和科学文化水平，这是实现我国现代化的根本大计。"此次会议是在中国经济社会发展处于一个特殊的历史关键时刻召开的会议，关系到中国的改革开放是否要继续进行下去，怎样进行下去；关系到中国的社会主义制度是否要坚持下去，怎样坚持下去；关系到是否能应对知识经济、科技革命、经济全球化带来的挑战以及怎样应对挑战。这次大会成为中国现代化历史上一个重大的转折，在中国共产党历史上第一次明确提出了建立社会主义市场经济体制的目标，作出了"建立和完善社会主义市场经济体制"的战略决策，在中国共产党的执政历史上第一次明确提出要把教育摆在优先发展的战略地位。

1997 年，党的十五大报告提出："要切实把教育摆在优先发展的战略地位"，"发展教育和科学，是文化建设的基础工程"。

2002 年，党的十六大报告提出："教育是发展科学技术和培养人才的基础，在现代化建设中具有先导性全局性作用，必须摆在优先发展的战略地位。"

把教育摆在优先发展的战略地位，建设富强、民主、文明的社会主义国家，是我们党的一贯追求，也是我们党顺应人民群众的愿望和时代发展趋势的体现。由提出把教育事业放在“首要位置”到“突出的战略位置”，再到“优先发展的战略地位”，可以看出，我们党对教育优先发展的战略认识在不断深化。

沧海横流，方显英雄本色。面对世界风云变幻以及中国社会进步和经济建设的实际，在紧要的历史关头，中国政府顺应人民的意志，直面时代潮流，内在和外在的要求使得中国共产党和中国政府在艰难中作出了将教育摆在优先发展战略地位的战略抉择。

（三）教育改革发展的世纪蓝图

《中共中央关于教育体制改革的决定》是我国教育发展史上一个重要的里程碑。早在1985年，邓小平在全国教育工作会议上的讲话中就指出：“教育体制改革的决定草案，我看是个好文件。现在，纲领有了，蓝图有了，关键是要真正重视，扎扎实实地抓，组织好施工。”①

为了确保将教育优先发展这一战略抉择落到实处，1988年5月起，中共中央决定研究起草一份有关教育改革和发展的纲领性文件，这份文件就是《中国教育改革和发展纲要》（以下简称《纲要》）。

中央领导和国家教委领导都非常重视这份纲领性文件的研究制定。为确保《纲要》的起草顺利进行，中央不仅专门决策成立了国务院教育工作研讨小组，而且特别强调研究，在研究的基础上提出思路。《纲要》方案的研究和初稿的起草都由研讨小组完成，然后由国家教委领导进行讨论，再报送中央，各种征求意见的座谈会、研讨会都由国家教委领导主持，由研讨小组撰写报告。

《纲要》的研究起草，始终与对我国教育发展许多重大问题的思考紧密结合。关系到2000年和21世纪初的战略思想与战略选择，《纲要》提出了三个重要的意见：在教育事业发展上，不仅教育的规模要有较大发

---

① 邓小平．把教育工作认真抓起来［M］//邓小平文选：第三卷．北京：人民出版社，1993：120.

展，而且要把教育质量和办学效益提高到一个新的水平；在结构选择上，以九年义务教育为基础，大力加强基础教育，积极发展职业技术教育、成人教育和高等教育，把提高劳动者素质，培养初、中级人才摆到突出的位置；在地区发展格局上，从各地经济、文化发展不平衡的实际出发，因地制宜，分类指导；鼓励经济、文化发达地区率先达到中等发达国家 20 世纪 80 年代末的教育发展水平，积极支持贫困地区和民族地区发展教育。当时国家还组织了各方面的力量加强调查研究，中央许多部门，包括国家统计局都曾参与，2000 多个县的调查都是由国家统计局进行的。

为确保《纲要》更具科学性，教育工作研讨小组先后召开了各种研讨会、座谈会，包括人大、政协，特别是与教育有关的部门，还有经济界、大中小学校等领域的相关人员都参与了研讨。此外，教育工作研讨小组还专门到美国等国家开了三个会议，以研讨小组的名义听取了包括著名美籍华裔专家田长霖教授在内的共 26 位专家的意见。另外，研讨小组还专门组织在教育研究方面最有影响的专家就《纲要》的许多方面的内容进行研究，充分地听取了专家意见。

在近五年时间里，研讨小组广泛听取社会各界专家学者近千人的意见。中央高度重视《纲要》的制定，中央政治局常委先后 4 次讨论，中央政治局全体会议 2 次讨论，国务院常务会议和办公会议 5 次讨论研究，首先在党和政府高层进一步明确了优先发展教育的战略思想。1993 年，党中央、国务院正式发布《中国教育改革和发展纲要》，这是适应 20 世纪 90 年代中国经济社会发展和建立社会主义市场经济体制要求的一个纲领性教育文件。

据当时参加《纲要》研讨小组的人员回忆：

《纲要》调研起草可用一句话来加以概括，就是“五年磨一剑”，在改革开放 30 年中，用长达五年时间制定出这样一份有重要影响的文件实属罕见。其实《纲要》原定于 1989 年出台，中央原定于 1989 年 5 月召开党的十三届四中全会，专门讨论教育问题，然后再召开全国各省、自治区、直辖市一把手会议，布置贯彻落实四中全会就教育问题作出的决定。

后来为了迎接当时的苏联领导人戈尔巴乔夫 5 月 15 日的访问，会议决定 6 月举行。再后来，《纲要》的出台又被推迟了。1989 年底，国务院教育工作研讨小组重新恢复了工作，这也为《纲要》的进一步完善提供了难得的机遇。邓小平“南方谈话”、党的十四大政治报告为《纲要》起草提供了重要的思想源泉。①

《纲要》的总字数虽然不多，但是其中的有些提法经过了千推万敲，反复斟酌，既解放思想，又实事求是。比如，《纲要》提出了中国教育的“低重心”发展战略，提出把提高劳动者素质和培养初、中级人才摆在突出位置，同时确立了“分区规划，分类指导”的教育事业发展策略。

据参与《纲要》研讨起草的人士回忆：

在提“把教育摆在重要发展的战略地位”还是“把教育摆在优先发展的战略地位”上，当时在研讨小组内部就有不同的看法，而当向社会各界征求意见时，也确实有教育界以外的人士曾经提出疑问说，把教育摆在优先发展的战略位置，那其他领域怎么办，要不要优先发展？所以，千万不要小看“把教育摆在优先发展的战略地位”这十四个字，这十四个字确实来之不易。②

的确，当时的中国虽然经过十多年的改革，较以往有了很大进步，但经济运行中仍存在着诸如积压增多、经济效益下降、财政困难加剧、潜在的通货膨胀压力加大等问题。不仅是教育，社会的各个方面都仍然处在百废待兴的状态。1986 年 6 月 10 日，邓小平在听取当时中共中央负责同志汇报经济情况时，曾经不无担心地指出，农业问题、外汇问题“如果解决得不好，将会影响我们经济的发展”③。1988 年 12 月 30 日，当时的国务院总理李鹏主持召开国务院第四次全体会议，提出“明年我国财政和金融

---

① 根据 2007 年 3 月 1 日至 2 日在教育部召开的专家座谈会上对有关同志的访谈整理。

② 同①。

③ 邓小平．在听取经济情况汇报时的谈话［M］//邓小平文选：第三卷．北京：人民出版社，1993：159.

都比较困难，为了治理整顿的顺利进行，必须实行金融和财政双紧方针”①。

当时，国家的日子并不那么好过！国家统计局《1990 年国民经济和社会发展统计公报》数据显示，1990 年全年国民生产总值仅为 17400 亿元，而 1990 年末全国总人口为 114333 万人。国家不仅要快马加鞭搞建设，还要以不到美国 GDP 总量二十分之一的收入养活超过当时美国十倍的人口，这不能不说是件非常困难的事情。1991 年，我国全年国民生产总值为 19580 亿元，而同年末全国总人口已经达到 115823 万人，比上年末增加 1490 万人，人均国民生产总值不到 1700 元。经济运行中仍然问题成堆，主要问题是：结构调整进展较慢，经济效益不高，财政困难大。1992 年中国的日子也不太好过。全年国内生产总值为 23938 亿元，年末全国总人口达到 117171 万人，比上年末增加 1348 万人，人均国内生产总值不到 2100 元。经济运行中存在的主要问题是：固定资产投资规模偏大，货币投放增长过猛，交通运输更加紧张，城市物价和部分生产资料价格涨幅偏高。

当时，中国老百姓的日子也不怎么好过。据媒体记载，20 世纪 90 年代初，中国的老百姓都有着多重的担忧，既担心自己的手里没“票子”，又担心面对短缺经济，手里的“票子”买不到想买的东西，但是他们最大的焦虑还是对未来的不确定性的焦虑。

当时的中国，需要优先发展的地方实在是太多太多了！在诸多需要优先发展的选项中，中国政府毅然选择了教育。这是非常具有远见的战略决策。

邓小平的“南方谈话”不仅催生了党的十四大报告中建立社会主义市场经济体制的思想，而且为酝酿了达五年之久的《纲要》的最后出台提供了强大的思想指导和助推力。完全可以这样说，《纲要》最终是在以

① 李鹏. 市场与调控：李鹏经济日记：上［M］. 北京：新华出版社，中国电力出版社，2007：603.

江泽民为核心的党的第三代中央领导集体登上中国政治舞台之初出台的，但它的主要思想、基本精神无不凝聚着党的第二代中央领导集体的睿智思考和准确判断。

回溯历史，抚今追昔，我们更加深切地体会到中国领导人对于优先发展教育事业的深谋远虑，体会到中国政府和人民优先发展教育事业的坚定决心。正如党的十七大报告中所说，“我们要永远铭记，改革开放伟大事业，是以邓小平同志为核心的党的第二代中央领导集体带领全党全国各族人民开创的”，“改革开放伟大事业，是以江泽民同志为核心的党的第三代中央领导集体带领全党全国各族人民继承、发展并成功推向二十一世纪的”。[①] 因此，可以说，把教育摆在优先发展的战略地位的思想和行动是中国政府和人民在推进中国特色社会主义事业大发展过程中的世纪接力。

《纲要》是我国改革开放时期最具指导意义的教育改革与发展的决策性文件，进一步确立了教育优先发展的战略地位，指明了教育改革与发展方向。正如《纲要》出台时《人民日报》发表社论所指出的，《纲要》对党的十四大报告中有关教育的论述加以进一步阐释，乃是指导中国教育未来的改革与发展的一份纲领性文件。

如果将《纲要》与15年后中国教育改革与发展的现实进行对比性的研究，我们会发现，假如将现在的中国教育事业比作一座大厦的话，那么这座“大厦”的设计蓝图早在15年前的《纲要》里就有了非常准确的描摹（见表1）。

表1　《中国教育改革和发展纲要》提出的教育发展目标及2007年实现情况

教育发展目标	提出时间	2007年实现情况
全国基本普及九年义务教育	1993年	已实现
全国基本扫除青壮年文盲	1993年	已实现

① 胡锦涛. 高举中国特色社会主义伟大旗帜　为夺取全面建设小康社会新胜利而奋斗：在中国共产党第十七次全国代表大会上的报告［M］. 北京：人民出版社，2007：7-8.

续表

教育发展目标	提出时间	2007 年实现情况
集中中央和地方等各方面的力量办好 100 所左右重点大学和一批重点学科、专业	1993 年	已实现
支持留学人员在外学习研究，鼓励他们学成归来	1993 年	已实现
设立贷学金，对家庭经济有困难的学生提供帮助	1993 年	已实现
改革高等学校毕业生“统包统分”和“包当干部”的就业制度	1993 年	已实现
学校的后勤工作应通过改革逐步实现社会化	1993 年	已实现
在住房和其他社会福利方面实行优待教师的政策，各级政府要制订切实可行的计划，尽快使城市教职工家庭人均住房面积达到当地居民的平均水平	1993 年	已实现

总的看来，《纲要》最突出的贡献就是在世界政治风云变幻，国际竞争日趋激烈，科学技术日新月异，知识经济风起云涌，我国国民经济和社会发展面临重大转型，人民群众充满对教育的渴望与追求的情况下，延续了党的十四大报告提出的“优先发展教育”的战略思想，并且用“教育是社会主义现代化建设的基础，必须坚持把教育摆在优先发展的战略地位”的话语加以表述。这就从根本上明确了中国教育的地位，为以后教育的改革与发展寻找到了一个新的起点和支点，为党和国家尊师重教、全体人民热心兴教提供了新的思想指导和行动指南。

《纲要》的一些判断即使到了 21 世纪初的今天也不能不让人赞叹其睿智与前瞻，比如，“世界范围的经济竞争、综合国力竞争，实质上是科学技术的竞争和民族素质的竞争。从这个意义上说，谁掌握了面向 21 世纪的教育，谁就能在 21 世纪的国际竞争中处于战略主动地位。为此，必须高瞻远瞩，及早筹划我国教育事业的大计，迎接 21 世纪的挑战”。教育大计方针的确立将影响几代人，这就是要确立教育优先发展战略地位及认识其重要意义的缘故。

因此，可以说，1993 年出台的《纲要》不仅开启了中国教育改革与发展的一个新的历史时代，而且使中国教育的改革与发展进入了一个新阶段。《纲要》不仅提出了与党的十四大目标相匹配的有关教育的新目标，而且在全社会逐渐树立了发展经济、实现国家和民族复兴的新理念。《纲要》的出台，不仅功在教育，而且利在国家；不仅功在当代，而且利在千秋；不仅是教育界的共同期盼，而且是党、政府和全体人民的共识。高楼万丈平地起，中国的教育能有今天，1993 年颁布的《中国教育改革和发展纲要》功不可没。

（四）把实施科教兴国作为基本国策

中国是一个人口大国，也是一个教育大国，教育人口占总人口的 24% 以上。中国是世界上人口最多的发展中国家，在我国经济快速发展的同时，人口、资源、环境的承载力趋向极限。在自然资源、物质资源和人力资源的比较中，唯有人力资源可能形成比较优势。

1998 年 3 月 19 日，九届全国人大一次会议刚落下帷幕，600 多名中外记者纷纷涌向人民大会堂三楼新闻发布厅抢占“有利地形”，新任国务院总理朱镕基和四位副总理在这里与中外记者见面。上午 10 时 30 分，上百台摄像机、照相机镜头转向入口处。身着西装的朱镕基、李岚清、钱其琛、吴邦国、温家宝步入大厅，在如闪电交织般的镁光灯中落座，沸腾的大厅立刻变得鸦雀无声。记者们的目光聚焦在朱镕基等人身上。

刚当选的国务院总理朱镕基语气凝重地说：“科教兴国是本届政府最大的任务。江泽民主席非常重视这个问题，多次阐明科教兴国的重要性。但是我们因为没有资金，贯彻得不好”，“中央的财政和银行都拿不出钱来支持科教兴国的方针”，“中央已经决定，成立国家科技教育工作领导小组，我担任组长，李岚清副总理任副组长。这个决定已经江泽民主席批准。我们有决心进一步把科教兴国方针贯彻到底”。①

科教兴国不仅是“本届政府最大的任务”，更是可以影响乃至决定中国未来前途与命运的重大国策。

---

① 九届全国人大一次会议举行记者招待会　朱镕基总理等答中外记者问［N］. 人民日报，1998-03-20（1）.

新中国成立后到“文化大革命”结束，由于种种原因，发展科技与教育在当时尚未被提升到国家发展的战略层面。改革开放，拨乱反正，党的第二代中央领导集体，特别是邓小平从以往的经验和教训中，悟出如果不把对科技和教育的重视提升到国家战略的层面，可能会严重制约中国的超常规赶超和跨越式发展。所以，从 1978 年开始，邓小平就开始思考如何从战略的层面理解科技和教育在国家现代化进程中的地位和作用。

早在 1977 年“文化大革命”刚结束，邓小平就提出：“我们国家要赶上世界先进水平，从何着手呢？我想，要从科学和教育着手。”① 1982 年，邓小平在论述 20 年内我国发展战略的重点时强调：“搞好教育和科学工作，我看这是关键。没有人才不行，没有知识不行。”② 1985 年，在全国科技大会上，邓小平重申：“改革经济体制，最重要的、我最关心的，是人才。改革科技体制，我最关心的，还是人才。”③ 同年，在全国教育工作会议上，邓小平指出：“我们国家，国力的强弱，经济发展后劲的大小，越来越取决于劳动者的素质，取决于知识分子的数量和质量。”④ 1988 年，邓小平深刻指出：“马克思说过，科学技术是生产力，事实证明这话讲得很对。依我看，科学技术是第一生产力。”⑤ 1992 年，邓小平在视察南方时的重要谈话中再次指出：“经济发展得快一点，必须依靠科技和教育。”⑥ 邓小平的一系列重要论述为我国实施科教兴国战略奠定了重要的思想基础和坚实的理论基础。

---

① 邓小平 . 关于科学和教育工作的几点意见［M］//邓小平文选：第二卷. 2 版. 北京：人民出版社，1994：48.

② 邓小平 . 一心一意搞建设［M］//邓小平文选：第三卷. 北京：人民出版社，1993：9.

③ 邓小平 . 改革科技体制是为了解放生产力［M］//邓小平文选：第三卷. 北京：人民出版社，1993：108.

④ 邓小平 . 把教育工作认真抓起来［M］//邓小平文选：第三卷. 北京：人民出版社，1993：120.

⑤ 邓小平 . 科学技术是第一生产力［M］//邓小平文选：第三卷. 北京：人民出版社，1993：274.

⑥ 邓小平 . 在武昌、深圳、珠海、上海等地的谈话要点［M］//邓小平文选：第三卷. 北京：人民出版社，1993：377.

党的十四大不仅确立了中国的社会主义市场经济道路，而且使党的第三代中央领导集体正式登上历史舞台。正是在全党以及全体中国人民的不懈探索和孜孜追求的基础上，以江泽民为核心的党的第三代中央领导集体针对新情况，研究新问题，把优先发展教育的思想由党的文件上升到国家战略，提出了把科教兴国作为基本国策。

1995 年，江泽民在全国科技大会上的讲话中首次正式提出要“实施科教兴国战略”。他指出：“科教兴国，是指全面落实科学技术是第一生产力的思想，坚持教育为本，把科技和教育摆在经济、社会发展的重要位置，增强国家的科技实力及向现实生产力转化的能力，提高全民族的科技文化素质。”[①] 他重申要把经济建设转移到依靠科技进步和提高劳动者素质的轨道上来，加速实现国家的繁荣强盛。《中共中央、国务院关于加速科学技术进步的决定》首次以中央文件形式提出在全国实施科教兴国战略。同年，党的十四届五中全会在关于国民经济和社会发展“九五”计划和 2010 年远景目标的建议中，把实施科教兴国战略列为今后 15 年乃至整个 21 世纪加速我国社会主义现代化建设的重要方针之一。1996 年，八届全国人大四次会议以具有法律效力的形式，正式提出了国民经济和社会发展“九五”计划和 2010 年远景目标，将“科教兴国”确定为基本国策。

1997 年，党的十五大确定了 21 世纪我国社会主义现代化建设的宏伟目标，明确提出：“培养同现代化要求相适应的数以亿计高素质的劳动者和数以千万计的专门人才，发挥我国巨大人力资源的优势，关系 21 世纪社会主义事业的全局。要切实把教育摆在优先发展的战略地位。”1998 年，经中央批准，国家科技教育领导小组成立，以推动科教兴国战略的实施。1999 年，江泽民在第三次全国教育工作会议上的讲话中指出：“教育是知识创新、传播和应用的主要基地，也是培育创新精神和创新人才的摇篮”，“各级党委和政府，要将教育纳入战略发展重点和现代化建设的整体

---

① 江泽民同志在全国科学技术大会上的讲话［N］. 人民日报，1995-06-05（1）.

布局之中，切实把教育作为先导性、全局性、基础性的工作，摆到优先发展的战略重点地位”。[①]

教育在经济社会发展中的基础地位主要体现在三个方面：第一，教育是人类生存与发展的一项基本活动；第二，教育投资是现代经济和社会发展的基础性投资；第三，教育是培养创新人才和社会主义劳动者的基地。

时任国务院副总理李岚清在谈到“科教兴国”时曾经说过一句话：“科教兴国，一字千金。”[②] 在面临多种抉择的情况下，把“科教兴国”作为国家战略，奠定了国家和民族可持续发展的基础。

以前人们经常说，中国“地大物博，人口众多”，这句话其实值得推敲。“人口众多”是事实，但是“地大物博”就要打上一个引号乃至问号了。不错，中国国土面积确实有960万平方公里，但可利用的耕地面积却不到美国的三分之一；中国确实有比较多的自然资源，但这些资源若除以10多亿人口，人均资源占有率就会极低。新中国成立之后及改革开放之初，中国曾经走过一条竭泽而渔的发展道路，但自然资源总有枯竭的一天，要想依靠竭泽而渔的方式实现国家的可持续发展，确实是难而又难。在这样的背景下，人口众多从某种意义上来说就是一种劣势，把这种劣势变为优势，这就必须依靠教育和科技，把科教兴国作为国家的基本国策和一种新的发展战略，因此，实施科教兴国战略是党中央立足我国国情作出的重大决策，是中华民族在历史的紧要关头作出的世纪性重大抉择。

从世界各国，尤其是美国、日本、德国等主要发达国家的大国崛起之路来看，没有哪一个国家不是依靠科技和教育发展起来的，这其中尤以日本最为典型。日本在某种意义上与中国有相近之处。日本国土面积仅有30多万平方公里，人口却超过1亿，而且是一个地震频发、自然资源相对匮乏的国家。日本前首相吉田茂在《激荡的百年史》一书中总结日本明治维

① 江泽民．国运兴衰系于教育　教育振兴全民有责［N］．人民日报，1999-06-16（1）．
② 李岚清．李岚清教育访谈录［M］．北京：人民教育出版社，2004：23．

新后百年来的发展历程时说：“教育在现代化中发挥了主要作用，这大概可以说是日本现代化的最大特点。”所以，日本虽然经过第二次世界大战失败后的国际制裁，但仍能在不到20年的时间里重新成为世界上的经济发达国家。

实施科教兴国战略可以为改革开放以后党中央、国务院实行的一系列促进国民经济和社会发展的政策和措施找到一个有力的统摄，提供一个“元依据”。

正是因为实行了科教兴国战略，中国科学家完成了人类基因组计划的1%基因绘制图，在世界上首次成功构建水稻基因组物理全图；当今世界最大的水利枢纽工程——长江三峡水利枢纽工程的许多指标都突破了世界水利工程的纪录；中国在国际上首次定位和克隆了神经性高频耳聋、乳光牙本质Ⅱ型、汗孔角化症等遗传病的致病基因；量子信息领域避错码被国际公认为量子信息领域“最令人激动的成果”；神舟五号、六号载人飞船发射成功并顺利返回；“嫦娥奔月计划”顺利进行。

正是因为实行了科教兴国战略，中国在不到三分之一个世纪中基本普及了九年义务教育，基本扫除了青壮年文盲，高等教育毛入学率突破了24%，全体国民的平均受教育年限由改革开放之初的不足5年上升到8.49年。

三、从“兴国”战略到“强国”战略

20世纪末到21世纪初，教育优先发展的战略思想，逐步成为全党和全国各族人民的统一认识和自觉行动。面对21世纪初知识经济带来的机遇与挑战，根据国际国内形势的发展变化，以胡锦涛为总书记的新一届中央领导集体提出了科学发展观的思想，站在推进改革开放和社会主义现代化的战略高度，作出了人才资源是第一资源的科学判断，提出了人才强国战略，作出了优先发展教育、建设人力资源强国的战略决策。这是党中央高瞻远瞩，审时度势，对教育优先发展思想和行动的新的战略提升。在科学发展观的指导下，我们对教育优先发展战略的认识进入了一个新的发展阶段。

（一）实施人才强国战略

综观世界各国的大国崛起之路，人才的因素同样是至关重要的因素。进入 21 世纪，随着全球经济一体化进程的进一步加快，中国所面临的国际环境出现了数千年未有之变局，而中国的基本国情中的人口要素与改革开放之初相比，并没有太大的改善。与日俱增的人口数量使得逐年增长的 GDP 被一个庞大的“分母”均分，如何将这个庞大的“分母”负担变为动力，可以有几种选择：一种是加大“分子”（将 GDP 的数量做大），另一种是找到一种新的东西作为“乘数”。

中国的 GDP 在近 20 年来基本保持了近两位数的增长速度，在这种情况下，期望 GDP 以几何级数的方式增长近乎天方夜谭，寻找一种新的“乘数”乃是唯一的选择。这种“乘数”可以通过某种方式提高人口素质，使得每一个个体所创造的价值成倍增长，这样就等于无形之中减少了单位人口的成本而提升了单位人口创造的价值。从某种意义上来说，这也是把“分母”变小了的重要手段。对于中国这样一个实行社会主义制度，处于 21 世纪的人口大国来说，别无选择，只能采用通过提升人口素质的方式走上一条健康的全面协调可持续发展之路。

2003 年 5 月，中国大地还没有从“非典”肆虐中完全恢复，5 月 23 日，中共中央政治局就在北京召开会议，专门研究和部署加强人才工作等问题。就在这次会议上，以胡锦涛为总书记的新一代中央领导集体审时度势提出了人才强国战略，制定并实施了加强和改进人才工作的一系列重大方针政策，逐步确立了人才工作的基本思路和宏观布局，推动人才工作发展。会议指出，人才问题是关系党和国家事业发展的关键问题。现在，我国人才工作既面临良好的机遇，也面临严峻的挑战。我们要紧紧抓住机遇，正确应对挑战，努力使我国的人才工作迈上一个新的台阶。会议强调，我们党在新世纪新阶段人才工作的紧迫任务是：适应全面建设小康社会的需要，抓住培养、吸引、使用人才三个环节，着力建设党政人才、企业经营管理人才和专业技术人才三支队伍，重点培养一批适应社会主义现代化建设和改革开放要求的高层次人才，创新人才工作机制，努力创造人才辈出、人尽其才的良好局面，把各类优秀人才聚集到党和国家的各项事业中来。

实施人才强国战略是落实科教兴国战略的重大举措。实现从人口大国迈向人才强国，体现了我党“科学技术是第一生产力”“人力资源是第一资源”的一贯思想，更加强调以人为本，强调尊重劳动、尊重知识、尊重人才和尊重创新的思想，体现了从“兴国”战略到“强国”战略的转变。随着社会生产力水平的提高和科学技术的进步，人类经济发展正从以依赖物质资源为主转向以依赖智力和人才资源为主。在知识和技术成为经济社会发展的决定性因素的今天，人才资源已上升为十分重要的战略资源，人才已经成为越来越重要的财富和资本，成为推动经济社会发展的主要力量和直接的动力源泉。树立“人才资源是第一资源”的观念，对于我国从人口大国迈向人力资源强国具有重要的意义。

2006 年 8 月 29 日，胡锦涛主持中共中央政治局第三十四次集体学习时强调指出：“当今世界，知识越来越成为提高综合国力和国际竞争力的决定性因素，人力资源越来越成为推动经济社会发展的战略性资源。要不断满足人民日益增长的物质文化需要，实现国家现代化的目标，必须全面提高全体人民的科学文化素质和思想道德素质，大力推进教育普及和发展，着力培养造就大批高素质人才。”① 2008 年 8 月，温家宝在中南海与全国教师和教育工作者代表座谈时强调指出：“我们有一流的教育，才能有一流的国家实力，才能真正成为世界上一流的国家。”②

国以人立，业以人兴。有一位名叫莱斯特·布朗（Lester R. Brown）的美国人曾经于 1994 年 9 月在美国《世界观察》上发表过一篇题为《谁

① 胡锦涛在中共中央政治局第三十四次集体学习时强调　坚持把教育摆在优先发展战略地位　努力办好让人民群众满意的教育［N］. 人民日报，2006-08-31（1）.

② 温家宝主持召开教育工作座谈会强调　把教育摆在优先发展的战略地位［N］. 中国教育报，2006-11-22（1）.

来养活中国——来自一个小行星的醒世报告》的文章。布朗在那篇文章中指出，中国现有耕地所产粮食无法养活十几亿中国人口。而事实上，有一位中国人却靠着几十年锲而不舍的钻研与探索，使得中国主要粮食作物之一的水稻的产量成倍增长，这个人名叫袁隆平。从袁隆平的身上，很多中国人，包括许多有良知的外国人都悟出了什么是“人才强国”和中国为什么要实行“人才强国”战略。

其实，如果我们把目光稍微回调一下，回眸 20 世纪 60 年代以来中国的发展历史就不难看出，正是因为有了包括“两弹一星”在内的一大批“硬通货”，中国才能够自立于世界民族之林，取得了强国才有的话语权，而“两弹一星”问世之时正是国民经济发展相对困难的时代，“两弹一星”的成功，包括钱学森、邓稼先等在内的一大批人才功不可没。

无论是从历史还是从现在看，每一位中国人都会认同“家无才不富，国无才不强”的朴素真理。正是从人才强国的思想出发，党的十六大报告提出，要“造就数以亿计的高素质劳动者、数以千万计的专门人才和一大批拔尖创新人才”。《2002—2005 年全国人才队伍建设规划纲要》提出，把人才分成党政人才、企业经营管理人才、专业技术人才等。党的十七大报告提出：“进一步营造鼓励创新的环境，努力造就世界一流科学家和科技领军人才，注重培养一线的创新人才，使全社会创新智慧竞相迸发、各方面创新人才大量涌现。”① 上述党的报告和文件都给人们以深刻的启发，教育要在人才强国战略实施中发挥重要作用，就要与时俱进地完善人才培养观念，就要深刻地思考教育发展与今后 20 年我国经济、社会发展的关系，就要深刻地思考教育与人的全面发展的关系，就要深刻地思考教育与完善社会主义市场经济体制的关系。

适应我国经济社会的发展，党中央总揽全局提出了科教兴国和人才强国战略，进一步强化了教育优先发展战略。世纪之交，中国教育的历史性

① 胡锦涛．高举中国特色社会主义伟大旗帜　为夺取全面建设小康社会新胜利而奋斗：在中国共产党第十七次全国代表大会上的报告［M］．北京：人民出版社，2007：22.

跨越为中国国民经济和社会发展奠定了坚实的基础，取得了举世瞩目的成就。

（二）把人口大国建设成人力资源强国

2007 年 10 月 15 日，胡锦涛在中国共产党第十七次全国代表大会上的报告中响亮地提出："优先发展教育，建设人力资源强国。"这是党的新一代中央领导集体站在历史和时代的战略高度，审时度势，全面继承第二代、第三代中央领导集体一贯倡导的优先发展教育和科教兴国战略思想，对中国未来发展作出的重大战略部署。

我国是世界上人口最多的国家，也是世界上劳动力资源最丰富的国家。充分开发人力资源、普遍提高全民教育水平，是当今全球开发人力资源以增强综合国力的大趋势，也是基于我国基本国情全面建设小康社会的必然抉择。从现在到 2020 年是我国现代化建设的重大战略机遇期，也是教育与人力资源开发至关重要的战略机遇期。在全世界人口最多的中国，建设人力资源强国，是人类历史上一场伟大的实验，是中国政府和全体人民的历史使命。在这一伟大历史进程中，把教育大国发展成为教育强国，把人口大国建设成为人力资源强国，把中国建设成为世界上最大的学习型社会，是实现中华民族伟大复兴的关键所在，是 13 亿中国人民对全人类进步作出的伟大贡献。

人才资源是第一资源。随着 21 世纪的到来，国际竞争日益演变成为综合国力的激烈竞争，人力资源在综合国力和国际竞争力的增强方面发挥的作用越来越重要，而人力资源的状况归根结底取决于教育发展的整体水平。因此，各国都把竞争的焦点集中到人才的竞争上，继而把发展的战略目标集中到加速教育改革与发展上来。人才竞争成为我国面临的一个十分严峻的挑战。

20 世纪以来，世界经济发展史上先后出现过三次现代化后进国和地区追赶先行国的成功范例。每一次成功的经济追赶都同时伴随着人力资源的追赶。

第一次追赶：美国对英国的追赶。19 世纪与 20 世纪之交，美国经济起飞，花了大约 43 年的时间赶超英国。整个 19 世纪到 1913 年，英国的生产率水平都居于欧洲所有国家（乃至全世界所有国家）水平之上，这一时期英国的人均受教育年限也长于其他国家。而到 1913 年，英国经济在世界上的领先地位让位于美国。1871 年到 1913 年是美国迅速超过英国的重要时期。与此同时，从 1870 年到 1913 年也是美国人力资本对英国加速追赶的时期。美国在 1820 年人均受教育年限相当于英国的 87.5%，到 1870 年相当于英国的 88.3%，1913 年则相当于英国的 91.2%。

第二次追赶：日本对美国的追赶。第二次世界大战之后日本经济起飞，花了 40 年的时间追上美国，并成为迄今为止最为成功的“追赶者”。1950 年日本人均 GDP 只相当于美国人均 GDP 的 19.6%，1953 年日本 GDP 增长指数超过“二战”期间的最高水平，开始经济起飞。1953—1992 年，日本 GDP 年平均增长率为 6.5%，同期美国为 3.0%，到 1992 年日本人均 GDP 相当于美国人均 GDP 的 90.1%。日本创造了从 1820 年到 1992 年人均收入提高 28 倍的世界纪录。与此同时，日本也成功地实现了人力资本积累上的追赶。1913 年日本人均受教育年限相当于美国的 68.2%，到 1953 年就相当于美国的 80.8%，1973 年为 82.9%，1992 年为 82.4%。

第三次追赶：韩国对西欧国家的追赶。20 世纪 60 年代以来，以韩国为代表的亚洲“四小龙”花了 30 年时间追赶西欧国家。1965—1992 年，韩国 GDP 年平均增长率为 8.8%。1973 年韩国人均 GDP 相当于西欧国家（12 个国家）人均 GDP 的 24.3%，到 1992 年上升为 57.5%。韩国之所以能够在相当长的时间内保持经济增长，加速发展中等教育和高等教育起了非常重要的作用。①

中国是世界上最古老的文明国度之一，中国经济与人力资本经历了由盛变衰，到逐步崛起发展的历史。从公元元年以来的两千年中，90%的时

① 中国教育与人力资源问题报告课题组. 从人口大国迈向人力资源强国［M］. 北京：高等教育出版社，2003：160.

间里中国的经济总量居于世界首位。从公元元年到 19 世纪初，中国经济总量占世界经济总量的比重一直在 20%以上。其中，从公元元年到 1500 年，中国经济总量领先于其他经济体，占世界经济总量的比重大部分时间（公元元年—1000 年）在四分之一左右。在这一历史时期，中国不仅是世界经济总量最大的国家，还是综合国力最强的国家。1500 年以后的 300 年是世界工业化的起步阶段，由于经济与社会结构的内在特性，中国失去了与世界工业同时起步的战略机遇，这一阶段西欧国家追上中国并超过中国。学者们分析中国人力资本积累的历史过程后发现，同中国经济发展的脉络相一致，中国的人力资本积累大致分为 7 个历史时期：传统人力资本领先时期（公元元年—1700 年）、传统人力资本停滞时期（1701—1840 年）、传统人力资本积累方式向现代人力资本积累方式转型时期（1841—1949 年）、现代人力资本积累初期（1950—1978 年）、现代人力资本积累起飞期（1979—2000 年）、人力资本迅速追赶时期（2001—2020 年）和人力资本全面追赶时期（2021—2050 年）。分析中国经济发展轨迹和人力资本积累的历史轨迹，可以清楚地发现，中国两千年国运兴衰的历程，就是两千年的人力资本强弱的历程；两千年的人力资本的脉络也是两千年中国经济发展的脉络。国运兴衰系于人力资本强弱，人力资本兴衰取决于国力强弱。这是两千年来中国经济和人力资本积累的最基本的历史经验。①

全面开发人力资源是中国经济增长的重要源泉，是人民提高生活水平的基本目标和重要手段，是综合国力的第一支柱，是国际竞争力的重要基础，因而也是中国全面建设小康社会的首要目标，是中国从人口大国迈向人力资源强国的重要基础。因此，全面建设小康社会，全面开发世界最大、最丰富、最宝贵的人力资源，是我国社会主义现代化建设进程中的紧迫任务，是增强国家核心竞争力的根本所在。尽快把我国沉重的人口负担

① 中国教育与人力资源问题报告课题组．从人口大国迈向人力资源强国［M］．北京：高等教育出版社，2003：169-179.

转化为丰富的人力资源优势，就必须增强人力资源开发和教育制度创新的紧迫感和使命感。据中国教育与人力资源问题报告课题组组长袁贵仁回忆："教育部高度重视中国教育与人力资源问题的宏观战略研究。2002 年 7 月，时任教育部党组书记、部长陈至立提出，根据中央领导同志的指示，为在党的十六大召开之后学习贯彻十六大精神，教育部应立即组织专家、学者对我国教育与人力资源问题进行研究。为加强对研究工作的组织协调，教育部成立了专门的课题组，组织相关领域的近百名专家学者对这一重大问题进行了综合性、战略性研究。此后，课题组将研究成果出版为《从人口大国迈向人力资源强国》一书，专呈中央领导同志，这项研究后来产生了很大的影响。"

"从人口大国迈向人力资源强国"，使中国成为一个名副其实的人力资源大国和人才强国，这是 21 世纪中国经济发展、社会进步和民族振兴的根本大计。2006 年，党的十六届六中全会通过的《中共中央关于构建社会主义和谐社会若干重大问题的决定》指出："坚持教育优先发展，促进教育公平。"2006 年 8 月 29 日，中共中央政治局第三十四次集体学习时，中共中央总书记胡锦涛强调指出："必须坚定不移地实施科教兴国战略和人才强国战略，切实把教育摆在优先发展的战略地位，推动我国教育事业全面协调可持续发展，努力把我国建设成为人力资源强国，为全面建设小康社会、实现中华民族的伟大复兴提供强有力的人才和人力资源保证。"①

党的十七大明确提出要更好地实施科教兴国战略、人才强国战略、可持续发展战略，作出了"优先发展教育，建设人力资源强国"的重要战略决策。这是党中央在新的历史阶段站在新的历史起点上，着眼于我国经济社会发展的新要求，进一步实施科教兴国战略和人才强国战略作出的重大战略决策、提出的新的重大战略任务。建设人力资源强国和建设创新型国

---

① 胡锦涛在中共中央政治局第三十四次集体学习时强调　坚持把教育摆在优先发展战略地位　努力办好让人民群众满意的教育［N］. 人民日报，2006-08-31（1）.

家一起，构成了新世纪、新阶段我国贯彻落实科学发展观，推进科教兴国战略、人才强国战略的两个奋斗目标和两大战略支柱。坚持把教育摆在优先发展的战略地位，是我们党和国家提出并长期坚持的一项重大方针，也是发挥我国人力资源优势、建设创新型国家、加快推进社会主义现代化的必然选择。

2007 年 8 月 31 日，胡锦涛在全国优秀教师代表座谈会上讲话时指出，“中国的未来发展，中华民族的伟大复兴，归根结底靠人才，人才培养的基础在教育。教育是提高人民思想道德素质和科学文化素质的基本途径，是发展科学技术和培养人才的基础工程。大力发展教育事业，是发挥我国人力资源优势、建设创新型国家、加快推进社会主义现代化的必然选择”，“全面实施科教兴国战略和人才强国战略，继续坚持好、落实好把教育摆在优先发展的战略地位的方针”，“以更大的决心、更多的财力支持教育事业，经济社会发展规划要优先安排教育发展，财政资金要优先保障教育投入，公共资源要优先满足教育和人力资源开发需要”。在这里，胡锦涛首次提出了“三个优先”的重要思想，这是对教育优先发展战略思想的提升，也是对落实教育优先发展战略提出的重要措施。“三个优先”体现了党的新一代中央领导集体对教育优先发展的高度重视和对教育优先发展战略思想的继承和发展，充分体现了中国政府把教育摆在优先发展战略地位的持之以恒的决心。

（三）教育列为民生之首

2007 年 10 月，胡锦涛在党的十七大报告中，把优先发展教育列为改善民生六大任务之首。报告中提出了加快推进以改善民生为重点的社会建设的六大任务，其中第一项就是要优先发展教育，建设人力资源强国。不久，在党的十七届二中全会上，中央再次将优先发展教育的政策列在了扩大就业、完善社保体系和建立基本医疗保障制度等多项政策任务的前面。2008 年 3 月，在十一届全国人大一次会议上，温家宝在政府工作报告中提到如何注重社会建设、着力保障和改善民生时，将教育放在了第一位，并强调要坚持优先发展教育。

优先发展教育，促进教育公平，努力使全体人民“学有所教”，是以人为本的科学发展观的生动体现。把优先发展教育摆在改善民生之首，是中国经济社会协调发展的一个有力见证，这一战略思想和重大举措对于整个民族素质的提高和中华民族的复兴，对于实施科教兴国战略和人才强国战略，对于建设和谐社会和建设人力资源强国都具有极其重要而深远的意义。

21世纪初，顺应知识经济的发展，适应我国经济社会发展的需要，以科学发展观为指导，党和政府在教育领域实施了一系列重大举措。自2005年起，我国对贫困地区农村义务教育阶段贫困生实行“两免一补”①政策。2006年，我国对西部农村义务教育阶段的学生免除学杂费。2007年，中国教育领域发生了一系列里程碑式的事件。这一年春季，国家免除了农村义务教育阶段学生的学杂费；秋季开始向贫困家庭学生免费提供教科书和补助寄宿生生活费；将农村义务教育全面纳入国家财政保障范围，建立中央和地方分担的农村义务教育保障机制；从新学年开始，在普通本科高校、高等职业学校和中等职业学校建立健全国家奖学金、助学金制度，同时，进一步落实国家助学贷款政策，使家庭经济困难学生都能上得起大学、接受职业教育。这是继全部免除农村义务教育阶段学杂费之后，促进教育公平的又一件大事。新的资助政策体系，概括起来可以用一句话表述：“每年资助500亿，受助学生2000万。”具体地说，今后每年用于助学的中央和地方财政投入、学校安排的助学经费将达到500亿元，受助学生约2000万人，其中包括400万名大学生和1600万名中职学生。②2007年国家在教育领域的又一重大举措是1.2万名师范生享受到免费教育大餐。从2007年秋季开始，北京师范大学、华东师范大学、东北师范大学、华中师范大学、陕西师范大学和西南大学6所教育部部属师范大学实行师范生公费教育，约1.2万名学子享受公费师范生政策，大部分名额向

① “两免一补”即对义务教育阶段家庭经济困难学生免费提供教科书、免杂费和补助寄宿生生活费。

② 周济出席国新办新闻发布会介绍国家资助政策等情况［N］. 中国教育报，2007-09-13（2）.

中西部地区投放。这项政策结束了 1997 年以来我国大学招生并轨后师范生教育收费的历史，恢复了改革开放后一度实施过的师范生补助政策。2008 年，我国全面推进城市免费义务教育，使义务教育免费政策全面推进到城乡。由此，优先发展教育、促进教育公平已经成为中国改善民生的重中之重。

对于一个有着 13 亿人口的发展中国家，义务教育实现免费并非轻而易举。尽管我国早在 1986 年颁布《中华人民共和国义务教育法》时就规定国家对接受义务教育的学生免收学费，但由于政府财力不足，小学生、初中生仍需缴纳一定的杂费。2006 年 9 月 1 日起实施的新修订的《中华人民共和国义务教育法》将义务教育阶段不收学费、杂费作为一条重要原则予以确立。《国家教育事业发展“十一五”规划纲要》提出，国家将在“十一五”期间实现政府对义务教育“负全责”。2008 年 3 月，温家宝在十一届全国人大一次会议上的政府工作报告中指出，五年来全国财政用于教育支出累计达 2. 43 万亿元，比前五年增长 1. 26 倍。农村义务教育已全面纳入财政保障的范围，对全国农村义务教育阶段学生全部免除学杂费，全部免费提供教科书，对家庭经济困难寄宿生提供生活补助，使 1. 5 亿名学生和 780 万名家庭经济困难的寄宿生受益，这是我国教育史上的一个里程碑。

在我国改革开放的伟大实践中，教育优先发展的战略思想已经成为国家现代化建设全局的指导思想、重要政策和行动指南，从党的十四大、十五大、十六大到十七大，教育优先发展的国家战略和政策逐步形成与深化——从教育优先发展思想的萌发，到科教兴国与人才强国战略的提出，再到建设人力资源强国。可以看出，坚持教育优先发展战略思想是当代中国马克思主义最突出的理论贡献和最具实践意义的制度创新，是中国特色社会主义现代化建设成功经验的精辟总结。从人口大国迈向人力资源强国，我国教育事业的发展正站在一个新的历史起点上。

四、落实教育优先发展战略的重大措施

发展教育是政府最重要的公共职责，保障政府教育投入是落实教育优先发展、实施科教兴国战略的根本措施。改革开放以来，经费短缺成为中国面临的严峻问题。中国财政制度经历了从“吃饭财政”到“建设财政”，再到“公共财政”的战略转移。为落实教育优先发展的战略地位，实施科教兴国和人才强国战略，增加教育经费投入，国家制定并推行了一系列重大措施，党和国家领导人表现出了高度的政治智慧。

（一）确立政府教育经费占 GDP 4%的目标

中国是一个世界人口大国、教育大国，却是一个经济穷国，穷国办大教育的最大困难是教育经费问题。党中央、国务院以及分管教育的领导与部门殚精竭虑，想方设法，在筹措教育经费的过程中创造了许多富有政治智慧的办法。

依据我国宪法和教育法，教育属于社会公益性事业，这一基本属性决定了教育是公共财政主要的支出领域，或者说教育财政是公共财政的重要内容。落实教育优先发展的战略地位，就必须把增加财政性教育投入作为建设公共财政体制的重点，明确各级政府的财政支出责任，进而构建起与社会主义市场经济相适应的、满足公共教育需求的、稳定和可持续增长的教育投入体制。

建设现代化的社会主义强国是中国政府和人民的美好愿景。早在 1980 年 1 月 16 日，邓小平在中共中央召开的干部会议上谈到实现四个现代化必须具备的四个前提时指出：“经济发展和教育、科学、文化、卫生发展的比例失调，教科文卫的费用太少，不成比例。甚至有些第三世界的国家，在这方面也比我们重视得多。印度在教育方面花的钱就比我们多。像埃及这样的国家，人口只有四千万，按人口平均计算，他们在教育方面花

的钱，也比我们多几倍。总之，我们非要大力增加教科文卫的费用不可。”①

1983 年初，“两会”之前，人大代表、新闻媒体和社会各界高度关注教育经费短缺问题。中央政治局要求研究政府教育经费应在国民生产总值中占多大比例问题。于是，中央专门在国家社会科学基金规划研究项目中制定了一个“教育经费占国民生产总值合理比例研究”的重大课题，由北京大学厉以宁教授、北京师范大学王善迈教授等十多位资深教育经济学专家组成的课题组，采取客观、公正的态度，对教育经费问题进行研究。当时专家们选择了 39 个对象国进行比较研究，其中包括 15 个社会主义国家。专家们按照统一口径收集了有关国家 1983 年的大量数据，克服了许多技术性问题，耗费了大量时间，到 1985 年通过了专家组鉴定。研究得出的最后结论是：按照邓小平提出的 2000 年中国人均 GDP 达到 800 到 1000 美元标准和当时的实际汇率计算，到 2000 年中国政府教育支出占 GDP 的比例应该是 3.87%。这一研究报告被压缩成 1000 字分别报中央政治局委员和全国人大常委会副委员长以上的国家领导人。整个研究成果分别报送教育部、财政部和国家计委。经过有关部门研究，中央政治局决定将“逐步提高国家财政性教育经费支出占国民生产总值的比例，本世纪末达到 4%”写入了 1993 年的《中国教育改革和发展纲要》。

世界各国的公共教育投资比例在 1960—1975 年增长最快，公共教育投资比例的世界平均水平从 1960 年的 3.6%增长到 1975 年的 5.5%，发达国家的平均水平从 3.7%增长到 6.0%，发展中国家的平均水平从 2.3%增长到 3.5%。20 世纪 80 年代以后，不同发展水平国家公共教育投资水平大体保持平衡。

教育，特别是基础教育，作为一种准公共产品，它的外部性相对较强，投资回报周期相对较长，单纯依赖个人的投入，不足以支撑国家通过

① 中共中央文献研究室．实现四个现代化必须具备四个前提［M］//邓小平论教育．3 版．北京：人民教育出版社，2004：100.

教育手段提升全体国民素质的需求。在这样的情况下，政府应该而且必须为公共教育支出提供必要的经费保障。这一点在公共财政理论上是无可争议的，但回到现实生活中，由于国情国力等原因，事实上国家对公共教育的投入有一个历史的发展过程。

1986 年，全国人大颁布的《中华人民共和国义务教育法》规定："实施义务教育所需事业费和基本建设投资，由国务院和地方各级人民政府负责筹措，予以保证。国家用于义务教育的财政拨款的增长比例，应当高于财政经常性收入的增长比例，并使按在校学生人数平均的教育费用逐步增长。"《中华人民共和国教育法》规定了"三个增长"，即各级人民政府教育财政拨款的增长应当高于财政经常性收入的增长，并使按在校学生人数平均的教育费用逐步增长，保证教师工资和学生人均公用经费逐步增长。

曾经参与过"教育经费占国民生产总值合理比例研究"重大课题研究的王善迈教授在谈到政府对公共教育的投入占 GDP 的 4%的重大政策出台时回忆说：

1983 年，当时的中央政治局下达了一个任务，要研究政府教育经费在国民生产总值中占多大比例比较合适；大力发展教育，教育经费短缺，政府教育投入应该是多少才算合理。所以才提出这样一个课题。当时我们专家组做过一个表态：教育部、财政部和国家计委提出的观点我们都不采纳，作为专家，我们希望给出研究的客观结果。我们主要使用联合国教科文组织的统计数据。当时中国的经济水平相当于苏联 1955 年的水平和第一次世界大战前美国的水平。这个经济水平不好比，通过数学方法，能够找到同一个水平的来予以衡量，当时选择了 39 个国家，其中 15 个社会主义国家，然后建立数据库，用模型计算出来，得出结论。调研成果以三种形式体现。一是报给中央，包括政治局，包括全国人大常委会副委员长。由我起草一个一千字的报告，说明调研的方法和基本情况。二是报教育部、财政部和国家计委。三是将研究最后形成一本书。根据邓小平讲的 2000 年中国人均 GDP 达到 800 到 1000 美元，我们按照当时人民币与美元的实际汇率来换算，再给出一个公式来计算，最后得出结论是：中国政府的教育支出应占 GDP 的 3.87%。这个结论提交后，全国人大很重视，有关的部委包括教育部、国家计委负责人都专门听取了研究报告。①

以上所说的中国政府教育支出占 GDP 的 3.87%，后来经过上下反复的研究，许多部门共商，中央政治局决定，提出国家财政性教育经费支出占国内生产总值的比例到 2000 年末达到 4%，并将这一决定最终写入了 1993 年的《中国教育改革和发展纲要》。这就是在中国教育史乃至在中国公共财政决策史上都非常著名而有争议的教育经费占 GDP 的 4% 的由来。

作出“4%”的决策并不容易，实现“4%”的目标更不容易。

中国教育经费大体包括两个部分：一是政府公共财政教育支出投入，二是居民个人及社会对教育的投资投入。从表 2 中不难看出，一直到 1992 年，中国的 GDP 不过区区 23938 亿多元人民币，以当时的汇率计算，不到 2900 亿美元，和当时世界 500 强企业中的前 10 强一年的总营业额差不多。当时的人均 GDP 不到 2100 元，这些钱既要维持老百姓的吃饭问题，又要解决经济建设问题和国防保障等问题，提出要从中切出 4%，确实需要前瞻的战略眼光和集体共识。

表 2　1978—1992 年中国财政收入规模

年份	GDP（亿元）	财政收入（亿元）	财政收入占 GDP 比例（%）
1978	3645.20	1132.26	31.1
1979	4062.60	1146.38	28.2
1980	4545.60	1159.93	25.5
1981	4891.60	1175.79	24.0
1982	5323.40	1212.33	22.8
1983	5962.70	1366.95	22.9
1984	7208.10	1642.86	22.8
1985	9016.00	2004.82	22.2
1986	10275.20	2122.01	20.7

① 根据 2007 年 3 月 1 日至 2 日在教育部召开的专家座谈会上对有关同志的访谈整理。

续表

年份	GDP（亿元）	财政收入（亿元）	财政收入占 GDP 比例（%）
1987	12058.60	2199.35	18.2
1988	15042.80	2357.24	15.7
1989	16992.30	2664.90	15.7
1990	18667.80	2937.10	15.7
1991	21781.50	3149.48	14.5
1992	23938.00	3483.37	12.9

资料来源：《中国财政年鉴 2007》。

从表 3 中不难看出，1990 年，许多欠发达国家政府对公共教育的投入占 GDP 的比例为 3.8%，而最不发达国家政府对公共教育的投入占 GDP 的比例则为 2.3%，党和国家在当时确立国家财政性教育经费支出占国内生产总值的比例到 2000 年末达到 4%的目标，向全体人民作出庄严承诺，这实在是一个有意义和有价值的举措。

表 3　不同发展水平国家公共教育投资占 GDP 比例的基本情况（%）

	1980 年	1985 年	1990 年	1995 年	2000 年
发达国家	5.1	4.9	5.0	5.1	5.3
欠发达国家	3.8	3.9	3.8	3.9	4.1
转型国家	6.4	6.3	4.3	4.6	4.2
最不发达国家	2.8	2.7	2.3	2.1	—
所有国家	4.9	4.8	4.7	4.7	4.5

注：“—”表示无可用数据。

资料来源：刘泽云，袁连生，《公共教育投资比例国际比较研究》。

从表 4 中可以看出，中国教育总经费不断增长，其主要动力来自家庭、居民个人和社会对教育的投入。从 1992 年到 2005 年政府公共教育投入占 GDP 的比例一直低于 3%，2006 年达到 3.01%。从 1992 年到 2004 年的中国教育经费总体情况可以得出以下两点结论。一是《纲要》明确宣布在 20 世纪末达到占 GDP 的 4%的决定以后，国家和社会对教育的总体投入一直在增长。二是尽管到 20 世纪末没有实现 4%的目标，但财政性教育经费的绝对值一直呈逐年递增的趋势，并在 21 世纪初有了新的飞跃。当然，也有一些人认为，不管怎么说，《纲要》中所提出的 4%的目标到 20 世纪末并没有完全实现。这里面的原因究竟何在呢？

表 4　1992—2006 年国家和社会对教育的投入占 GDP 的比例情况

年份	GDP（亿元）	教育总经费（亿元）	财政性教育经费（亿元）	财政性教育经费占 GDP 比例（%）
1992	26923.50	867.06	728.75	2.71
1993	35333.90	1059.94	867.76	2.46
1994	48197.90	1488.78	1174.74	2.44
1995	60793.70	1877.95	1411.52	2.32
1996	71176.60	2262.34	1671.70	2.35
1997	78973.00	2531.73	1862.54	2.36
1998	84402.30	2949.06	2032.45	2.41
1999	89677.10	3349.04	2287.18	2.55
2000	99214.60	3849.08	2562.61	2.58
2001	109655.20	4637.66	3057.01	2.79
2002	120332.70	5480.03	3491.40	2.90
2003	135822.80	6208.27	3850.62	2.84
2004	159878.30	7242.60	4465.86	2.79
2005	183867.90	8418.84	5161.08	2.81
2006	210871.00	9815.31	6348.36	3.01

资料来源：GDP 数据来源于《中国统计年鉴 2007》，教育总经费和财政性教育经费数据来源于《中国教育经费统计年鉴》（1993—2007）。

看待 4%的目标到 20 世纪末并没有实现这一问题，必须引入更为宏大的视野。

1994 年实行分税制以前，中央和地方一直采取的是“财政包干”的办法，财政由中央一级级地包到县，县又包到乡镇，这在一定程度上刺激了地方政府，尤其是乡镇政府增收创收的积极性。当时，中央财政势单力薄，仅能“保吃饭”，难以“保建设”，更难“保公共服务”。

中国于 1994 年进行了分税制改革，中央财力明显增强。1996—2000 年，国家对固定资产的投资年均增幅超过 10%，这个时期中央财政主要是“保建设”，属于“建设财政”。

2001—2005 年国家对固定资产投资年均增幅达到 20%以上，2005 年固定资产投资达 88773.6 亿元，与前一年相比增长比例高达 26.0%。在实行分税制十多年的过程中，中国 GDP 从 1995 年的 60793.7 亿元上升到 2005 年的 183867.90 亿元，超额实现了翻一番。分税制财政体制确立了财政收入稳定增长机制，1994—2002 年是我国历史上财政收入增长最快、最稳定的时期。1993 年我国财政收入为 4349.0 亿元，2005 年财政收入为 31649.3 亿元，2005 年财政收入是 1993 年财政收入的 7.28 倍。中国已经初步具备了建立公共财政制度的条件和能力。在这种情况下，国家才有可能真正考虑包括教育投入在内的“公共财政”服务问题。

人们经常说，社会和经济的发展都不能超越必须经历的历史发展阶段，对于《纲要》中所提出的4%的目标到20 世纪末并没有完全实现这个问题的思考，也不应该超越中国社会必须经历的相应发展阶段。当然，这其中也确实不排除有些地方政府出于种种原因，而偏重发展经济建设，对教育的投入低于财政收入的增长的可能。

据国家教委基础教育司有关工作原负责人回忆：

我记得 1994 年第二次教育工作会议，提出“两基”① 的问题。当时我们财政收入只占国内生产总值的 10.5%，现在我们已经占 19%。财政收入占国内生产总值的比例已经增加了一倍。2006 年国家财政收入 38000 亿元人民币，中央财政多拿一点钱投入教育是可以的。李岚清同志提出公共财政的概念，是很重要的。我们财政的重点是在哪里？保证社会的民生，保证社会的稳定，要用于医疗、教育、社会保障、国防等。我们早就规定

① “两基”是基本普及九年义务教育和基本扫除青壮年文盲的简称。

了“三个增长”，其中包括财政预算内教育经费的增长要高于财政经常性收入增长等，中央的文件和义务教育法都写了，但没有达到。2005 年 11 个省份财政预算内教育经费增长低于财政经常性收入增长。2006 年仍然有十几个省份教育费增长低于财政收入增长，政府没按法律执行。①

孟子说过，“挟泰山以超北海，语人曰：‘我不能。’是诚不能也。为长者折枝，语人曰：‘我不能。’是不为也，非不能也”。4%的目标没有达成，现在看来既有客观条件限制的“不能”，也有主观认识不到位的“不为”，对于后者，实在应该重温一下邓小平当年的教诲：“忽视教育的领导者，是缺乏远见的、不成熟的领导者，就领导不了现代化建设。”

鉴于目前我国公共教育经费投入占 GDP 比例（2006 年为 3.01%）还低于发展中国家同期的平均水平，教育部部长周济认为，保证《中华人民共和国教育法》规定的“三个增长”，是提高财政性教育经费占 GDP 比例的重要和基本的手段。如果各级财政决算都能够依法实现“三个增长”，那么财政性教育经费占 GDP 比例就有望达到 4%。

（二）实行中央财政每年增加“一个百分点”政策

为实现 4%的目标，中央决定中央本级财政带头每年增加一个百分点。“一个百分点”政策的制定与实施，给人留下了深刻印象。

1998 年 3 月，时任教育部部长陈至立在认真听取了人大代表对于我国教育经费问题的意见后，认为教育经费投入目标实现不容乐观。于是，她指示组织专门小组对我国教育经费问题进行研究。研究结果表明，我国教育投入大大低于发达国家，与发展中国家相比也处于较低水平。教育经费投入水平低的状况是制约教育改革和发展的“瓶颈”问题，实施科教兴国战略必须增加财政投入。研究小组提出了“一个百分点”的最早方案。教育部经请示当时主管教育的副总理李岚清，同意中央带头增加投入的思路。陈至立要求在反映教育经费投入问题时需重点讲明三点：一是当时教育经费投入低的状况是制约教育改革发展的“瓶颈”问题；二是实施科教

① 根据 2007 年 3 月 1 日至 2 日在教育部召开的专家座谈会上对有关同志的访谈整理。

兴国战略必须增加财政投入；三是中央带头，从 1998 年起中央本级财政支出中教育经费所占比例连续三年每年增加一个百分点。

1998 年 7 月 3 日，朱镕基总理在人民大会堂为高校师生代表作形势报告时宣布：从 1998 年起，中央本级财政教育经费支出比例连续三年每年提高一个百分点。中央带头增加教育经费投入的行动，充分体现了国家实施科教兴国战略的决心和毅力。

朱镕基宣布连续三年每年提高一个百分点之后，教育部与财政部的主要领导多次会晤，讨论“一个百分点”政策的落实问题，主要达成三点共识：一是财政部坚决贯彻中央精神，与教育部共同落实“一个百分点”的政策；二是保证增加教育经费，重点支持教育改革和发展中的重大问题和解决历史遗留问题；三是责成有关部门，在国务院批准之后实施“一个百分点”的具体方案。

具体方案的制订工作由教育部负责，困难程度是以前没有想到的。“一个百分点”的基础在哪儿，中央支持范围在哪儿，三年财政支出如何计算等，这些问题都需要确定。1998 年 12 月，教育部和财政部达成一致，共同上报国务院。其中明确中央财政教育经费连续三年每年增加“一个百分点”，每年按照上年中央财政支出“一个百分点”计算，三年实际增加 132.82 亿元。关于中央本级教育增量安排使用原则，也明确重点支持《面向 21 世纪教育振兴行动计划》的实施，保证中央部委高校事业发展必需的支出，逐步解决高校遗留问题，同时明确三年增量经费使用具体方向和内容，经国务院总理办公会审议后执行。与此同时，“一个百分点”也写入正式文件中，要求地方逐步增加教育经费支出占地方财政支出的比例，根据各地情况每年增加一到两个百分点。

“一个百分点”政策实际执行了五年。1998—2002 年的五年中，中央本级教育事业费因此增加 489 亿元。中央要求各省、自治区和直辖市财政支出中教育经费所占比例每年也要提高一至两个百分点。“一个百分点”政策，支持了《面向 21 世纪教育振兴行动计划》的实施，为高等教育实现大众化提供了支撑，支持了世界一流大学和高水平大学建设，对于我国教育改革和发展实现历史性的跨越，取得举世瞩目的成就，发挥了极为重要的作用。富有生机的中国教育跨入了21世纪。从“4%”到“一个百分点”，显示了中央政府优先发展教育的决心、意志与智慧。

与此同时，中央对地方的转移支付力度也在不断加大。1994年中央对地方转移支付经费为2386亿元，到2002年中央对地方的转移支付经费达到7362亿元，是1994年的3.09倍。2005年全部转移支付经费中，中西部占87%，东部占13%。其中，财政性转移支付经费中，中西部占90%；专项转移支付经费中，中西部占83%。

需要特别加以说明的是，新一届中央政府高度重视教育发展和教育投入。2006年，《中共中央关于构建社会主义和谐社会若干重大问题的决定》中提出，保证财政性教育经费增长幅度明显高于财政经常性收入增长幅度，逐步使财政性教育经费占国内生产总值的比例达到4%。

（三）面向21世纪的教育振兴行动

党的十五大提出了跨世纪社会主义现代化建设的宏伟目标与任务，对落实科教兴国战略作出了全面部署。为了实现党的十五大所确定的目标与任务，落实科教兴国战略，全面推进教育的改革和发展，提高全民族的素质和创新能力，1999年1月13日，国务院向各省、自治区、直辖市人民政府，国务院各部委和各直属机构发布了《国务院批转教育部面向21世纪教育振兴行动计划的通知》，正式批转了教育部《面向21世纪教育振兴行动计划》。该计划成为面向21世纪我国教育改革和发展的施工蓝图，也是在政府层面形成空前共识，以集体智慧谋划未来发展的教育振兴行动计划。

《面向21世纪教育振兴行动计划》是在贯彻落实《中华人民共和国教育法》及《中国教育改革和发展纲要》的基础上提出的跨世纪教育改革和发展的施工蓝图。行动计划的主要目标是：到2000年，全国基本普及九年义务教育，基本扫除青壮年文盲，大力推进素质教育；完善职业教育培训和继续教育制度，城乡新增劳动力和在职人员能够普遍接受各种层次和形式的教育与培训；积极稳步发展高等教育，高等教育入学率达到11%左右；瞄准国家创新体系的目标，培养造就一批高水平的具有创新能力的人才；加强科学研究并使高校高新技术产业为培育经济发展新的增长点作贡献；深化改革，建立起教育新体制的基本框架，主动适应经济社会发展。到2010年，在全面实现“两基”目标的基础上，城市和经济发达地区有步骤地普及高中阶段教育，全国人口受教育年限达到发展中国家先进水平；高等教育规模有较大扩展，入学率接近15%，若干所高校和一批重点学科进入或接近世界一流水平；基本建立起终身学习体系，为国家知识创新体系以及现代化建设提供充足的人才支持和知识贡献。

为实现上述目标，《面向21世纪教育振兴行动计划》提出的主要措施包括：实施“跨世纪素质教育工程”，提高国民素质；实施“跨世纪园丁工程”，大力提高教师队伍素质；实施“高层次创造性人才工程”，加强高等学校科研工作，积极参与国家创新体系建设；继续并加快进行“211工程”① 建设，大力提高高等学校的知识创新能力；创建若干所具有世界先进水平的一流大学和一批一流学科；实施“现代远程教育工程”，形成开放式教育网络，构建终身学习体系；实施“高校高新技术产业化工程”，带动国家高新技术产业的发展，为培育经济新的增长点作贡献；贯彻《中华人民共和国高等教育法》，积极稳步发展高等教育，加快高等教育改革步伐，提高教育质量和办学效益；积极发展职业教育和成人教育，培养大批高素质劳动者和初中级人才，尤其要加大教育为农业和农村工作服务的力度；深化办学体制改革，调动各方面发展教育事业的积极性；依法保证教育经费的“三个增长”，切实增加教育的有效投入；高举邓小平理论的伟大旗帜，加强高等学校党的建设和思想政治工作，把高等学校建设成为社会主义精神文明建设的重要阵地。

1997年，党的十五大确定了21世纪社会主义现代化建设的宏伟目标，对跨世纪教育工作提出了新的要求。1998年，江泽民在北京大学百年校

---

① “211工程”是1995年国务院批准实施的一项高等教育重点建设项目，是指：面向21世纪，重点建设100所左右的高等学校和一批重点学科点，为我国进入21世纪准备骨干人才，使相当一批高等学校和重点学科点能够成为培养高层次专门人才和解决国家经济建设、科技和社会发展重大科技问题的基地，在教育质量、科学研究和管理等方面处于国内先进水平，并有一定的国际影响，其中若干所高等学校和部分重点学科点达到或接近世界先进水平。

庆和两院院士会议上号召全党和全社会都要高度重视知识创新、人才开发对经济发展和社会进步的重大作用，使科教兴国真正成为全民族的广泛共识和实际行动。国务院专门组成了国家科教领导小组，全面领导科技和教育工作。党中央和国务院的这些重大决策，使教育工作面临着前所未有的机遇，也赋予教育工作崭新的任务。教育部党组认真学习领会党的十五大精神，特别是关于科教兴国的战略部署，根据国家科教领导小组第一次会议的要求，成立了由部党组主要负责同志牵头的调研小组，研究和论证跨世纪教育事业为科教兴国服务的总体思路和工作重点。为了落实党中央和国务院的战略决策，把教育工作提高到一个新的水平，为21世纪落实科教兴国战略、全面振兴我国教育事业作出新的贡献，1998年4月，教育部开始着手《面向21世纪教育振兴行动计划》的制定工作。

据当时参与这项工作的教育部有关部门负责人回忆：

在《面向21世纪教育振兴行动计划》长达半年多的制定时间里，教育部先后召开了十多次专题座谈会，进行了一系列调研活动，广泛听取了教育界、科技界、经济界及社会各界近百名专家代表的意见，教育部有关司局、部分省市教育部门和有关教育科研单位提交了数十份专题调研报告和背景材料。调研小组在起草的过程中，以邓小平教育理论和党的十五大精神为指导，总结了改革开放以来我国教育发展与改革的历史成就和经验，分析了20世纪90年代以来不同发展水平国家宏观教育改革和发展的重大趋势，为制定这一计划提供了多方面的论证和参考。时任国务院副总理的李岚清亲自指导《面向21世纪教育振兴行动计划》的制定工作，多次批示并直接听取两次汇报，时任教育部部长的陈至立亲自主持了《面向21世纪教育振兴行动计划》的制定工作，教育部党组召开十余次不同范围的会议，对草稿进行了专门讨论。在数易其稿的基础上，完成了草案和一系列附件。[1]

1998年10月28日，这一计划经国家科教领导小组第二次会议审议原

---

① 根据2007年3月1日至2日在教育部召开的专家座谈会上对有关同志的访谈整理。

则通过。会后，教育部根据朱镕基和李岚清的指示、领导小组各成员的意见和建议，对该计划进行了认真的修改。1998 年 12 月初，教育部将该计划报送国务院领导审阅，李岚清作了重要批示。而后，教育部又将新的修改稿送国家科教领导小组各成员及有关部门审改，并召开部分省、自治区、直辖市教委主任和教育厅（局）长会议听取意见。12 月下旬，教育部收到大部分的反馈意见，对该计划作了进一步修改，形成向国务院上报的送审稿。

把教育振兴融入国家振兴的全局中，以《面向 21 世纪教育振兴行动计划》作为国家科教兴国和人才强国战略的抓手，办好让人民满意的教育，是制定该计划的根本立意。该计划的制定本着“全面规划、突出重点、抓住关键、重在落实”的原则，其实施旨在把 21 世纪的中国教育提高到一个新的水平，使教育更加主动地为社会主义现代化建设服务，真正担当起科教兴国的重任，培养同现代化要求相适应的数以亿计高素质的劳动者和数以千万计的专门人才，全面提高民族素质和创新能力。

2004 年，国务院批转了教育部制定的《2003—2007 年教育振兴行动计划》。这一计划是在前一期行动计划成功实施的基础上调研起草的。《面向 21 世纪教育振兴行动计划》五年的实施（1998—2002 年）促进了世纪之交中国教育的改革与发展。实践证明，每五年制定一个行动计划的做法非常符合我国教育工作的实际，系统规划五年中的重要工作，重在具体行动和专项措施，可操作性强，同时也能体现新一届政府实施科教兴国和人才强国战略的意图，为教育多办实事。

从宏观背景的变化看，知识经济已从上期行动计划时的初见端倪发展到实实在在地出现在社会生活中，面对知识经济的挑战，美国、英国、日本、澳大利亚、新西兰等不少发达国家都通过制定教育的中长期发展战略，梳理着世纪之交的教育难点问题。在国内，坚持以人为本，树立科学发展观，关注农村教育，努力解决毕业生就业问题，成为新一届政府关注的重点。正是基于上述环境的变化，党的十六大之后，教育部党组决定继续采取行动计划的模式，“谋划发展、规划未来”，得到了国务院领导的同意和教育系统、社会各界的大力支持。

2002 年 12 月，教育部党组全体成员参加的《2003—2007 年教育振兴行动计划》领导小组成立。领导小组下设起草工作小组，分成综合组和九个专题组，由教育部各司局和有关直属单位参加的调研起草工作随即开始。在这个教育实现新跨越的行动方略的起草过程中，始终贯穿着政府层面上的空前共识，充分反映了新一届政府实施科教兴国和人才强国战略的坚定信心。这一计划的调研起草工作始终受到国务院领导的关心和指导。时任国务委员陈至立多次听取教育部关于这一计划的专题汇报，明确指出《2003—2007 年教育振兴行动计划》是今后若干年全国教育工作总体性、指导性和操作性计划，必须吸收各方面意见。

在为期一年多的调研起草工作中，各专题组先后召开研讨会和座谈会上百次，形成专题报告和方案 70 多个，共 20 多万字。征求意见的范围涉及教育部内外老同志，部属高校与不同地区学校的校长、教师和专家学者代表等，使得文稿在集思广益的基础上得到不断修改和完善。从 2003 年 2 月拟订的草案一稿到 2004 年 2 月的送审稿，其间仅经过部党组会议或部领导正式审改的过渡文稿就有近 50 稿，字数也从最初的 5 万字浓缩到最终的 1.3 万字，新一届政府、新组成的教育部党组在积极促进教育决策科学化和民主化方面的不懈努力可见一斑。

2003 年 12 月 30 日，国家科教领导小组第二次会议审议了教育部提交的《2003—2007 年教育振兴行动计划（征求意见稿）》。会上，温家宝和科教领导小组的所有与会成员都谈了重要意见，并在原则同意的基础上，要求再征求各省、自治区、直辖市人民政府，民主党派中央和人民团体等方面的意见，修改后报国务院批转。会后，教育部根据国务院领导和科教领导小组各成员的意见，对该行动计划又进行了认真的修改。2004 年初，新的修改稿送交 31 个省、自治区、直辖市政府，以及 8 个民主党派中央、5 个人民团体征求意见。截至 2 月初，回复率近 90%。绝大多数回函对这一计划给予了高度肯定，认为这一计划编制得比较科学、目标明确、条理清晰、内容全面、措施得力、操作性强。同时，回函中也提出了数百条具体的修改意见和建议。对于各方面的重要意见和建议，教育部党组经过仔细研究后，或适当加以吸收采纳，或向征求意见单位进行必要的解释和说明；有些比较具体的建议措施虽未列入正文，也在这一计划的分解实施方案中有所体现；有些涉及中长期的宏观政策，将在2020年中国教育发展纲要的调研过程中进一步策划。

在《2003—2007年教育振兴行动计划》的调研起草过程中，陈至立主持召开了十多个部委出席的部际协调会议，结果对该计划涉及的有关政策、措施及经费等问题进行统筹和协调时的进展比预期顺利。尤其在经费问题上，各相关部委能开绿灯就开绿灯，加大了支持力度。根据国务院的要求，教育部与财政部、国家发改委协商确定，2003—2007年中央本级财政的新增教育经费，主要用于该计划中的农村项目；建设高水平大学和重点学科所需经费，主要由中央本级财政教育经费的存量予以保证，同时地方财政也要在专项配套、本地项目等方面继续增加教育投入。

据当时参与这项工作的教育部有关部门负责人回忆：

《2003—2007年教育振兴行动计划》早期调研起草中还针对近年来社会上教育产业化的问题讨论得很热烈。由于混淆了公共事业与公用事业，混淆了股份制在公有制企业与社会公益事业中，有些地方政府总想推卸在教育公平方面的财政责任，将公办学校“一送了之”“一卖了之”“一股了之”。这种将经济体制改革的一些提法机械地照搬到教育领域的做法，以及所谓教育产业化、学校公司化的观点，与完善社会主义市场经济体制的方向背道而驰，在该计划的起草中被否定。①

中国教育在中国社会改革开放大潮中，30年风雨兼程，在曲折中前行，在艰难中奋进，与改革同命运，与时代齐步伐，与人民共呼吸，取得了很大的成绩，也存在着一些问题。回望历史，人们惊奇地发现，中国教育的改革和发展无不与教育优先发展战略、科教兴国战略、人才强国战略、建设人力资源强国的国家战略有着密不可分的关系。中国共产党和中

① 根据2007年3月1日至2日在教育部召开的专家座谈会上对有关同志的访谈整理。

国政府继承、丰富和发展了中华民族历来重视教育的优良传统，坚定不移地实施教育优先发展的国家战略，在每一个重要的新的历史关头，实现了国家意志和国家战略的重大选择。这既是国家意志的体现，也是符合人民意愿的选择。

（原载改革开放 30 年中国教育改革与发展课题组著《教育大国的崛起》，教育科学出版社，2008 年 9 月，作者主笔撰写）

奠基中国的全民教育

教育的贫困是一个国家最根本的贫困。在一个文盲充斥的国度里是不可能真正建设好社会主义的。中国是一个占世界人口 1/5 的大国，又是一个穷国，承载着世界上规模最大的教育，如何把沉重的人口负担转变为人力资源优势是摆在中国政府和人民面前的战略抉择。改革开放以来，中国政府和人民以最大的决心，宁可牺牲一些发展速度，也要办好教育，把实现“两基”（基本普及九年义务教育和基本扫除青壮年文盲）目标作为教育工作的“重中之重”。2000 年中国如期实现了“两基”的战略目标，创造了人类教育发展史上的奇迹。这是一项重大的奠基工程，是实现中华民族伟大复兴的千秋基业。

——题记

中国如期基本普及九年义务教育和基本扫除青壮年文盲，实现全民教育目标，是中国教育乃至世界教育史上具有里程碑意义的重大事件。①

苏明娟是安徽省金寨县张湾小学的学生，20 世纪 90 年代初，当《中国青年报》的题为“我要上学”的照片通过新闻媒体报道后，那双代表贫困山区孩子渴望上学的“大眼睛”震撼和牵动了无数中国人的心。

苏明娟只是当时中国普及义务教育之初千千万万面临失学或已经失学而渴望读书的孩子之一。然而，经过中国政府和人民艰苦卓绝的不懈努力，在人类社会迈向新世纪门槛的历史时刻，公元 2001 年 1 月 1 日，时任中华人民共和国国家主席的江泽民在全国政协新年茶话会上的讲话中向全世界庄严宣布：中国如期实现了基本普及九年义务教育和基本扫除青壮年文盲的战略目标。

从 1986 年《中华人民共和国义务教育法》颁布实施，到中国政府正式宣布实现“两基”，经过 15 年的艰苦奋斗，中国在世界九个人口大国②中率先如期实现全民教育目标，初步解决了世界上人口最多国家的义务教育问题，实现了对世界的庄严承诺，实现了历史性的大飞跃。“两基”是一项全民教育运动和世纪工程，占世界人口五分之一的中国如期实现“两基”，是中国教育史上最具标志性的成就和最光辉的篇章，也是世界全民教育的重大突破，被国际社会视为人类教育发展史上的奇迹！

---

① 全民教育计划是以联合国教科文组织为主发起的一项旨在促进基础教育和扫盲的全球性计划。1990 年 3 月，联合国儿童基金会、联合国教科文组织、联合国开发计划署和世界银行等国际组织在泰国宗滴恩召开世界全民教育大会，首次提出了“全民教育”的概念，其基本内涵是：扫除成人文盲、普及初等教育以及消除男女接受教育的差别。其涵盖领域与中国政府提出的 20 世纪末基本普及九年义务教育和基本扫除青壮年文盲的“两基”战略目标是基本一致的。

② 世界九个人口大国是：孟加拉国、巴西、中国、埃及、印度、印度尼西亚、墨西哥、尼日利亚、巴基斯坦。上述九国人口约占世界总人口的 50%，而文盲人口则约占世界文盲总数的 70%。

一、从人口大国到教育大国的历史飞跃

教育救国，教育兴国，教育强国，一直是数代中国人的愿望和梦想。“国民之智愚贤否，关国家之强弱盛衰。”站在世纪之交，沿着时间的隧道，回眸20世纪初的中国大地，面对国家的内忧外患，中国的许多有识之士就曾发出普及教育和“教育救国”的呼喊。

（一）普及义务教育的艰难历程

中国普及义务教育之梦想始于清朝末年，距今已有百年历史。1904年清政府在《奏定初等小学堂章程》的“学务纲要”中明确指出：“初等小学堂为养正始基，各国均任为国家之义务教育。”该章程还明确提出：“此项学堂，国家不收学费，以示国民教育，国家任为义务之本意。”这是我国历史上第一次由官方明确提出“义务教育”的概念，被认为是近代中国义务教育的正式发端。

中国近代义务教育的肇始，是一部充满着血和泪的历史。1895年，甲午战争结束，战败的清朝政府被迫同日本签订了丧权辱国的《马关条约》。日本从中国索取了高达2.3亿两白银的巨额赔款，加上掠获的战利品共计4.6亿日元，比1893年日本一年财政收入的3倍还多。从此，中国背上了沉重的经济负担，一蹶不振，而日本的国家实力则为之大增。[①]正如日本早稻田大学教授依田熹家在《日本帝国主义与中国》一书中写道，中国的甲午战争赔款“成为日本经济发展和国际地位提高的一个开端”。日本用中国的2.3亿两白银赔款的60%扩充了陆军和海军，1000万两白银用于教育。[②]甲午战争的失败，让清朝这个一向自大封闭的“天朝大国”朝野上下为之震惊，一些有识之士呼吁，与日本竞争的当务之急是学习西方，发展教育。由此，义务教育逐步受到国人的重视。

---

① 唐晋．大国崛起［M］．北京：人民出版社，2006：306-307.

② 中央电视台《大国崛起》节目组．大国崛起：日本［M］．北京：中国民主法制出版社，2006：130.

普及义务教育是中华民族复兴的百年梦想。怀着这一梦想，沿着实现义务教育的奋进阶梯，中国政府和人民进行着艰难的世纪接力。辛亥革命结束了中国长达两千多年的封建君主制度，建立了共和政体，从而为中国近代义务教育制度的建立与发展奠定了基础。1912 年，民国政府颁布的《学校系统令》明确规定初等小学的 4 年为义务教育。1922 年 7 月，中华教育改进社蔡元培、范源濂、梁启超等拟订义务教育法律草案，希望列入宪法。1923 年颁布的《中华民国宪法》第 4 章明确规定了“中华民国人民依法律有受初等教育之义务”。[①] 义务教育首次被列入宪法，成为其重要的组成部分。

义务教育作为国家富强、民族复兴的基石，一直为中国历代政府所推崇。清朝末年、民国时期政府都曾经提出过在中国普及初等义务教育，然而，由于政治腐败、经济落后、民不聊生，旧中国无力也无法把有志者的呼唤和人民的愿望变成现实，普及义务教育只是一句空话。

1949 年，一轮红日照亮了中国大地。当第一次当家作主的中国人民真正从这片古老土地上站立起来的时候，“教育兴邦”理想的种子才有了播撒的土壤。从黑暗中走过来的旧中国“一穷二白”，人民受教育的程度很低。1949 年全国学龄儿童入学率仅为 20%，人口中文盲率达 80% 以上。[②] 15 岁以上人口平均受教育年限为 1.6 初等教育当量年，仅相当于日本明治维新前夕的水平，低于美国和英国 1820 年的水平。学龄儿童入学率也只相当于日本 1890 年左右的水平。[③]

从新中国诞生的第一天起，中国政府就把提高民族素质、普及义务教育当作自己义不容辞的责任。1949 年 9 月，中国人民政治协商会议第一届全体会议通过的《中国人民政治协商会议共同纲领》规定要“有计划有步骤地实行普及教育”。1956 年 9 月，党的八大政治报告提出：“必须用

---

① 田正平，肖郎. 世纪之理想：中国近代义务教育研究［M］. 杭州：浙江教育出版社，2000：78.

② 中华人民共和国教育部. 共和国教育 50 年［M］. 北京：北京师范大学出版社，1999：1-5.

③ 中国教育与人力资源问题报告课题组. 从人口大国迈向人力资源强国［M］. 北京：高等教育出版社，2003：24.

极大的努力逐步扫除文盲，并且在财政力量许可的范围内，逐步地扩大小学教育，以求在十二年内分区分期普及小学义务教育。”那一段时期，党中央、国务院几次在文件中提出了普及义务教育的奋斗目标。

改革开放开启了中国社会全面振兴发展的新航程，也真正开启了中国教育事业大发展的新航程，国家逐步把普及义务教育纳入重要的议事日程，并提升到了国家发展“重中之重”的战略高度。为了尽快扭转十年“文化大革命”对我国基础教育造成的危害，1980 年，中共中央、国务院发布《关于普及小学教育若干问题的决定》，在充分分析了普及小学教育的重要性以及教育在四个现代化建设中重要作用的背景下，提出“在八十年代，全国应基本实现普及小学教育的历史任务，有条件的地区还可以进而普及初中教育”。

1982 年 12 月 4 日，第五届全国人民代表大会第五次会议通过的新修订的《中华人民共和国宪法》第 46 条规定，“中华人民共和国公民有受教育的权利和义务”，“国家举办各种学校，普及初等义务教育”。这是新中国成立以来我国第一次以国家根本大法的形式对普及义务教育作出的明确规定。

1985 年，《中共中央关于教育体制改革的决定》指出，“义务教育，即依法律规定适龄儿童和青少年都必须接受，国家、社会、家庭必须予以保证的国民教育”，要“有步骤地实行九年制义务教育”。这是中央文件中首次提出实行九年义务教育。

1986 年 4 月 12 日，在北京人民大会堂，第六届全国人民代表大会第四次会议审议通过了《中华人民共和国义务教育法》（以下简称《义务教育法》），以国家立法的形式正式确立我国实施九年制义务教育，并规定于当年 7 月 1 日开始实施。本来《义务教育法》不是国家的根本大法，在立法程序上由全国人大常务委员会审议通过即可，然而作为中国历史上第一部义务教育的专门法令，它是在全国人大全体会议通过的，由此体现了国家对义务教育的重视。《义务教育法》确立了普及义务教育的制度，它的颁布和实施开创了中国教育史的新纪元。它不仅结束了长期以来中国义务教育无法可依的历史，使我国普及义务教育有了法律保障，而且使我国教育事业由此走上了依法治教的轨道。从此，教育优先发展和科教兴国的思想由国家意识发展成为全民意识，并成为国家发展战略和全民一致的行动。

1992 年 10 月 12 日，在中国共产党第十四次全国代表大会上，党中央作出决策，提出把“到本世纪末，基本扫除青壮年文盲，基本实现九年义务教育”作为 20 世纪 90 年代我国教育事业发展的重要目标。

1993 年 2 月 13 日，中共中央、国务院印发《中国教育改革和发展纲要》（以下简称《纲要》），正式把实现“两基”作为我国 20 世纪 90 年代的奋斗目标。《纲要》及其实施意见明确提出了我国教育 20 世纪 90 年代发展的目标、战略和指导方针。从此，中国教育事业进入一个快速发展时期。

真正把“两基”提到议事日程，变成一个工程操作，是 1994 年中共中央、国务院召开的全国教育工作会议。会议提出了“双八五”① 的目标和三片地区“三步走”② 的实施方法。

1997 年，党的十五大站在历史和时代高度，把实施“两基”作为落实“科教兴国”和“可持续发展”战略的重要组成部分，再次提出要“发挥各方面积极性，大力普及九年义务教育、扫除青壮年文盲”，从而使实施“两基”的目标被写进党的文件和国家法规，成为全党全国关注的大事。

义务教育是根据国家法律规定对适龄儿童实施的一定年限的、普及的、强迫的、免费的学校教育。世界上许多国家都非常重视普及义务教育，把普及义务教育作为一项基本国策直接写入国家的宪法之中。据联合国教科文组织最新统计，目前全世界有 181 个国家或地区宣布实施义务教

---

① “双八五”即到 20 世纪末，在占全国总人口 85%的地区普及九年义务教育，初中阶段毛入学率达到 85%。

② “三步走”即 1996 年在 40%—45%的人口地区“普九”（主要在城市和经济发展较快农村），1998 年在 60%—65%的人口地区“普九”（包含经济发展中等地区），2000 年在 85%的人口地区“普九”（包含经济发展中等地区和少部分贫困地区）。

育制度，其中有127个国家具有义务教育免费的法律保障。

就世界范围而言，义务教育制度作为一种法律制度已有近400年历史。德国是世界上最早进行义务教育立法的国家，早在16世纪，德意志各公国就颁布了强迫教育的法令，规定父母必须送6至12岁男女儿童入学，否则政府将强迫其履行义务，这被视为义务教育的发端。然而，真正意义上世界范围的义务教育是伴随各发达国家工业化的进程而逐步确立和发展起来的。如英、法、美、日等工业化国家大多在19世纪中后期就以较完善的立法形式普及义务教育，确立和推行义务教育制度。中国义务教育制度从清朝末年算起，与世界上较早实施义务教育的国家相比晚了近3个世纪，距今也有百年历程。如何借鉴世界发达国家全民教育的经验，探索中国自己的全民教育之路，是摆在中国政府面前的一道难题。

中国是个发展中国家，却承载着世界上规模最大的教育。我国人口多，底子薄，经济落后，经济文化发展很不平衡，特别是贫困地区多，人口居住分散，义务教育规模庞大，教育经费短缺，办学条件极差。这就是20世纪80年代我国义务教育发展环境的基本特征。中国基础教育规模之大，受教育者之多，堪称世界之最。21世纪初，我国有2亿多中小学生，再加上学龄前儿童，占全国人口的六分之一。[①] 中国教育的规模到底大到什么程度？国务院原副总理李岚清在他的教育访谈录中说，全国“1990年有23654万人、2002年有31873万人在各级各类学校里学习，比美国的总人口还要多。这就是我们的国情。要办好这样一个世界上最庞大的教育事业，要多少经费啊！”[②]。

中国“穷国办大教育”的现实，使得我国教育发展步履维艰、困难重重。难就难在国家财力有限，教育经费短缺，投入不足。中国用了不足全世界3%的教育经费，支撑的是全世界22%的受教育人口。国家财政用于基础教育的支出虽然年年有所增加，但面对2.17亿在校学生、1000多万教职工，仍显得捉襟见肘。在发达国家，如美国，政府依靠雄厚的财力，

---

① 朱镕基. 朱镕基讲话实录：第四卷［M］. 北京：人民出版社，2011：175.

② 李岚清. 李岚清教育访谈录［M］. 北京：人民教育出版社，2004：55.

每年可以以全国人均1200美元的数额向教育投资。1979年，我国的教育投资是65亿元，到1986年已达到214亿，7年增长了两倍多。应该说，我们党和政府对教育是倾尽了心力的，但国家投入的教育经费除以中国两亿多受教育人口，分摊到每个人身上却少得可怜。因此，直到1990年，国家划拨的教育经费也只有人均60元。义务教育面对的是最大的受教育群体，正常儿童、残疾儿童……；覆盖面是全国各地，城市、农村、山区……。情况千差万别，以我国当时的国力，支撑起这样大的事业已属不易，实现"两基"，谈何容易！

岁月悠悠，往事历历。大凡亲身经历过这段历史的人们，对20世纪七八十年代中国农村和贫困地区基础教育的状况大多依然历历在目。

据不完全统计，20世纪80年代初，全国中小学危房占校舍总面积的16%。其余的校舍也多是土草房、老祠堂、破庙宇或旧民房。"有砖不过千，有门没法关，有窗垒着砖，有顶漏着天"；"土坯墙，椽子瓤，用材尽是箭杆杨，没过几天成危房"……。这些当年在中国大地流传甚广的顺口溜，便是当时中国农村中小学校舍的真实写照。

下面的报道就是20世纪80年代中国农村基础教育艰苦环境的再现（见专栏1）。

专栏1　20世纪80年代中国农村校舍状况写真

下面这段文字记载的是1990年《中国教育报》报道的20世纪80年代初期我国基础教育的真实现状，足见当时中国基础教育发展面临的困难。

旧闻：黑屋泥凳。"起立！"——上课了，孩子们屈膝弓背地站起；"坐下！"——轰隆一声，泥凳被坐塌，可怜那孩子四脚朝天，仰翻在地。

> 旧闻：朽木糟墙，裂缝纵横，梁上结网，墙垣穿洞。课间，顽皮的孩子就顺着这洞钻进钻出。
>
> 旧闻：七米高的干打垒墙竟只有三面，空缺的一面早已塌倒，开了一扇天然“大窗”。终于有一天，这三面墙也轰然塌毁，6 名学生葬身废墟……
>
> 这是 10 年前（20 世纪 80 年代）我国农村校舍状况的极端却又典型的写照。
>
> 某报曾以整版篇幅报道校舍倒塌事件。仅那标题，看了就让人心碎：“危房啊，下面可都是孩子！”然而，就是在这样的屋顶下，孩子们却仍旧书声琅琅，欢声阵阵，做着憧憬未来之梦。

以人口大省山东为例，当时危房占了全省校舍的一半，许多学校甚至没有什么校舍，只好在树荫下上课，夏天围着树荫转，冬天围着太阳转，被人称为“影子学校”。20 世纪 80 年代每年山东省用于校舍维修的费用仅有 2000 万元，分到 130 多个县市的 8 万多所学校，每校只合约 250 元！

1988 年 3 月，一份报告递到了广西壮族自治区政府主席手里。在自治区教委起草的这份《关于维修危房的通知》中，排列着一组令人忧虑的数字：

危房 725.7 万平方米，占全区校舍总面积的 25%，其中大部分是明清时代的庙宇和新中国成立前的祠堂；目前尚有 50 多万名中小学师生在“大跃进”年代留下的破烂仓库、牛栏、猪场里上课；每年有一二百名学生伤亡于校舍倒塌之中……①

20 世纪 70 年代末，重新出任教育部部长的蒋南翔就在天津的一次教育会议上发出了沉痛的呼吁：“救救孩子！”稍后，由刚刚出任教育部副部

① 曲克基，等．功垂千秋：我国亿万人民集资兴学纪（系列报道）［N］．中国教育报，1990-12-11（1）．

长的张承先牵头，组成了调查组，兵分几路，走北国、下南方……

调查的结果令人心寒：全国中小学的危房率为17%，超过两亿平方米，而且还在以每年4%—5%的趋势增长。如果按每名学生占有5平方米校舍计算，全国有4000万名学生的生命每日每时都在受到死亡的威胁！据不完全估计，当时全国死伤于校舍倒塌的学生每年都在千人以上。

调查得出的结论也令人忧虑：以当时国家每年能够拨出用于校舍改造的款项计算，要完成全国的校舍危房改造需要100年以上。①

100年太久，只争朝夕！

面对中国穷国办大教育的现实，要想在短期内实行全民教育，突破历史和现实的滞重、实现百年义务教育之梦想，中国教育面临着从未有过的严峻挑战！

（二）大规模扫盲的全民行动

中国是世界第一人口大国，也曾经是世界头号文盲大国。新中国成立之初，我国社会主义建设中一个突出问题是广大人民群众的文化素质低，全国总人口中文盲人口占80%以上，成为当时国家建设和实现人民当家作主权利的一大障碍。

新中国成立后，党中央、国务院高度重视扫盲工作，把扫除文盲作为保障人权、确保公民受教育机会和权利、提高民族素质和政治觉悟、改进生活质量的一项大政方针，当作实现社会主义建设的重要条件和社会主义教育必须完成的一项历史任务，对扫盲工作作出了一系列重大决策和战略部署，把扫盲作为全民一致的行动，投入极大人力、物力资源，开展了中国历史上前所未有的轰轰烈烈的扫盲运动，取得了历史性成就。

早在1945年，毛泽东就明确指出，在80%的人口中扫除文盲，是新中国的一项重要工作。1950年9月，教育部和全国总工会联合召开了第一次全国工农教育会议，明确提出："开展识字教育，逐步减少文盲。"1952

---

① 曲克基，等．功垂千秋：我国亿万人民集资兴学纪（系列报道）［N］．中国教育报，1990-12-11（1）．

年 11 月 15 日，中央人民政府委员会第十九次会议通过决议，成立中央扫除文盲工作委员会，组织、管理全国扫盲工作。1956 年 3 月 15 日全国扫除文盲协会成立，协助政府组织动员全社会参与扫盲工作。1956 年 3 月 29 日，中共中央、国务院发布的《关于扫除文盲的决定》提出，扫除文盲“是我国文化上的一个大革命，也是国家进行社会主义建设中的一项极为重大的政治任务”，要求“大张旗鼓地开展扫除文盲运动”。1958 年 2 月，在全国扫盲先进单位代表会上，时任国务院副总理的陈毅在讲话中要求来一个文化上的“原子弹爆炸”，“从扫识字的盲，扫文化的盲，到扫科学的盲，这样中国才能改变又穷又白的面貌”,[①] 令人深受鼓舞。新中国成立之初，在党中央和国务院的高度重视下，全国掀起了一场大规模和群众性的波澜壮阔、持续不断的扫盲运动，扫盲教育蓬勃开展。

党的十一届三中全会后，我国进入新的历史时期，扫除文盲工作进入了规范化、法制化的轨道。国家提出了“一堵二扫三提高”的扫盲工作指导方针，扫盲工作与普及义务教育一同被列为教育工作的“重中之重”。1988 年，国务院颁布《扫除文盲工作条例》，对扫盲的对象、标准、规划日标、政策措施作了具体规定，并在《关于发布〈扫除文盲工作条例〉的通知》中指出：“扫除文盲仍然是一项重要任务，需要由地方各级人民政府统一领导，采取有效措施，依靠各方面力量，努力完成扫除文盲这项历史任务。”1993 年，中共中央、国务院印发《中国教育改革和发展纲要》，提出在 20 世纪末，全国基本扫除青壮年文盲，使青壮年文盲率降到 5%以下。1990 年 1 月，国家教委等十个中央部门、团体联合召开迎接“国际扫盲年”全国电话会议，提出了 20 世纪 90 年代平均每年扫除 400 万文盲的要求。在党中央和国务院领导下，各级政府积极响应，人民群众积极行动，全国城乡掀起了声势浩大的群众性扫除文盲运动，出现了“夫教妻”“子教父”“能者为师”“大家动手，扫除文盲”“有文化的都来教，没文化的都来学”的感人场面。

---

① 中华人民共和国教育部．共和国教育 50 年［M］．北京：北京师范大学出版社，1999：288.

中国的文盲现实带有明显的地域和性别差异特征：90%的文盲集中在农村，50%分布在教育基础设施相对匮乏的西部，文盲中70%是女性。因此，中国政府一直把扫除文盲与消除贫富差距和地区发展不均衡纳为一体，把扫除文盲看作提高国家竞争力的必备条件，强化基础教育改革。作为世界上人口最多的国家，经过长期不懈的艰苦努力，从1949年到1998年，我国共扫除文盲2.03亿人，成功地把成人文盲率由1949年的80%以上降到15%以下，青壮年文盲降低到5%以下。我国城镇早在20世纪80年代就基本扫除了文盲，农村地区的扫盲工作顺利推进，历史上文盲充斥的现象已不复存在了。我们早就结束了文盲丛生的历史，甩掉了世界头号“文盲大国”的帽子。全国由80%的人是文盲，转变到85%的人有文化，这一翻天覆地的变化，是中华民族历史上前所未有的进步，也是世界人口大国亘古未有的奇迹。

1996年以来，我国每年都有7000多万人次的农民接受扫盲后的实用技术培训，有效地提高了劳动者素质，增强了脱贫致富能力。21世纪以来，已经有近5000万人摘掉了文盲的帽子。2005年发布的《中国全民教育国家报告》显示，2001—2004年，全国共扫除文盲803万人，2005年又扫除了196万文盲，平均每年扫盲约200万人，青壮年文盲率控制在4%左右。

应该看到，尽管我国在扫除青壮年文盲方面取得了历史性成就，但是，目前我国剩余的文盲中，绝大部分分布在农村，尤其是在西部地区，而其中一大半是女性，扫盲教育依然任重而道远。《中国全民教育国家报告》明确了在21世纪前20年我国全民教育发展的战略目标：到2010年，全国实现高质量的全面普及九年义务教育，普及九年义务教育人口覆盖率达到98%以上，扫除15岁至24岁文盲，全国青壮年文盲率降到2%以下，成人文盲率降到5%以下。

（三）实施全民教育的国家意志

1985年5月，改革开放后的第一次全国教育工作会议在北京召开，邓小平发表讲话指出：“现在小学一年级的娃娃，经过十几年的学校教育，将成为开创二十一世纪大业的生力军。中央提出要以极大的努力抓教育，并且从中小学抓起，这是有战略眼光的一着。如果现在不向全党提出这样的任务，就会误大事，就要负历史的责任。”就在这次中国教育史上具有历史意义和深远影响的会议上，《中共中央关于教育体制改革的决定》（以下简称《决定》）颁布，根据我国经济和社会发展的新形势，明确提出了在全国有计划、有步骤地普及九年义务教育的任务。《决定》指出：“把实行九年制义务教育当作关系民族素质提高和国家兴旺发达的一件大事，突出地提出来，动员全党、全社会和全国各族人民，用最大的努力，积极地、有步骤地予以实施。”同年，就在《决定》出台后不久，为了推动这些目标的实现，党中央决定成立国家教育委员会，强力推进教育事业的改革与发展。

在这次全国教育工作会议上，时任国务院副总理万里在讲话中给大家算了笔账。他说，如果我们经过 5 年努力，到 1990 年，除了京、津、沪三大城市外，还能使沿海的几个省份普及义务教育，我国普及义务教育的人口就相当于两个日本、一个美国。与会代表听后非常振奋。

20 世纪末基本实现“两基”目标，是中国政府根据社会主义经济、政治和社会发展的客观需要，总结国内外现代化建设的经验教训，适时作出的科学决策，也是中国政府面向未来的战略抉择。中国提出在 20 世纪末有步骤地普及九年义务教育，有着特殊的历史机遇、现实需要和深刻的时代背景。

百年大计，教育为本。面对激烈的国际竞争，面对国家建设对科技和人才的巨大需求，如何把人口众多的劣势转变为人力资源的优势，教育问题紧迫地摆在了当时已有着 11 亿人口的中国面前。基本普及九年义务教育、扫除青壮年文盲，实行全民教育计划，是中国政府结合当时国家的现代化发展进程、国际竞争需要和“三步走”[①] 战略目标，深刻而冷静地分析国际国内形势，审时度势作出的历史选择，是我国经济社会发展和国际竞争对教育事业提出的双重要求，也是追赶型国家发展的战略选择。它既体现了中国领导人的远见卓识，也反映了中国人民的意愿和期盼。

20 世纪 50 年代中期以来，随着科学技术的迅猛发展，国际间的竞争日益激烈。这种竞争不仅是经济的竞争，而且是人才的竞争、教育的竞争。为了迎接新技术革命的挑战，世界各国都在根据本国的经济发展逐步延长义务教育的年限，采取措施加快普及义务教育。普及一定年限的义务教育进而实现全民教育，日益成为世界各国追求的目标。国际社会普遍认为，义务教育是培养合格公民的教育，接受义务教育是每一位公民的基本权利，国家应该向所有适龄儿童提供义务教育，满足其基本学习需要。扩大义务教育就学机会可导致收入增加、熟练劳动力人数增加、工作选择机会和个人相关技能的增加，有助于社会的发展。为此，世界上主要发达国家纷纷制定法律，将普及中等义务教育作为工作重点。同时，许多发展中国家也在努力采取种种措施，为普及初等教育争相延长义务教育年限。

把中国建设成为现代化的强国，是中国人的不懈追求。在中国改革开放初期，中国领导人就思考着国家的现代化问题。中国改革开放取得初步成效之初，改革开放的总设计师邓小平就在勾画着中国现代化的美好图景。邓小平把社会主义现代化建设同中华民族复兴的伟业统一起来，提出了“三步走”的现代化发展战略——从贫困到温饱、从温饱到小康、从小康到现代化，为实现中华民族的复兴伟业绘制了宏伟蓝图。

1987 年，党的十三大明确提出了我国经济建设“三步走”的战略部署，将“把发展科学技术和教育事业放在首要位置，使经济建设转到依靠科技进步和提高劳动者素质的轨道上来”置于必须着重解决好的三个重要

---

① “三步走”：第一步，实现国民生产总值比 1980 年翻一番，解决人民的温饱问题。第二步，到 20 世纪末，使国民生产总值再增长一倍，人民生活达到小康水平。第三步，到 21 世纪中叶，人均国民生产总值达到中等发达国家水平，人民生活比较富裕，基本实现现代化。然后，在这个基础上继续前进。

问题之首，还特别指出，从根本上说，科技的发展，经济的振兴，乃至整个社会的进步，都取决于劳动者素质的提高和大量合格人才的培养。

中国是在知识经济即将到来、国际竞争日趋激烈的形势下进行现代化建设的。人口众多且科技文化水平偏低的基本国情，决定了中国在经济和社会发展中必须切实把教育放在优先发展的地位。搞好基础教育特别是普及义务教育，是落实教育优先发展战略的首要任务，是提高国民整体素质、把沉重的人口负担转化为巨大人力资源优势的根本途径，是促进社会主义现代化建设、实现中华民族伟大复兴的奠基工程。

中国是个后发型国家，经济发展相对落后，国家底子薄，受教育人口多。在这样的一种国情下，作为一个发展中国家、一个追赶型国家，如何通过发展教育加速国家经济社会科技的发展，成为中国领导人着力思考的重大战略问题。面对当时中国的基本国情，围绕“提不提普及义务教育的目标”“提出普及九年义务教育是不是早了”等问题，国内引起了不小的争论。有人认为，我国还有 2.3 亿文盲、半文盲，初等教育还没有完全普及，不少地方巩固率、合格率等都比较低，加上经济、师资等问题还很多，因而担心实现不了，不如暂不提这个目标。在当时的条件下，人们的这种担心是有一定道理的。

然而，奇迹孕育在果断的决策中。面对社会的争论和担心，中央最高决策层总揽全局、运筹帷幄，从国家发展的长远战略出发始终对普及义务教育充满信心。据时任教育部基础教育司负责人回忆：

在中国改革开放取得初步成效，国家发展进入了关键的转折时刻，1985 年，中央讨论《中共中央关于教育体制改革的决定》（以下简称《决定》），《决定》的前四稿是教育部起草的，这四稿中并没有提出普及九年义务教育，直到第五稿送到中央，当时的中共中央总书记胡耀邦提出普及九年义务教育一定要写进《决定》。①

以上回忆反映了中国最高领导层的勇气和睿智。可是在当时中国那样

① 根据 2007 年 3 月 1 日至 2 日在教育部召开的专家座谈会上对有关同志的访谈整理。

一种经济社会发展的条件下，要想普及九年义务教育谈何容易。

《决定》起草过程中，中央派人到全国各地进行调查研究。当时中国农村校舍很破烂，黑屋子，泥台子，贫困落后地区的学生大多连课桌板凳都没有。据当时参加调研的人士回忆：

教育部派调查组到青海调查，调查人员走进一所学校的教室，小学生全体站立，热烈地鼓掌欢迎，经久不息。调查组请学生坐下，都不坐，一看原来都没有板凳，站着上课。这次调查后，教育部讨论普及九年义务教育需要多少钱，初步算了算大概几千亿，国家拿不出来。后来把这些问题汇报给中央，中央提出了有计划分步骤的实施措施，就这样把普及九年义务教育的目标写入了《中共中央关于教育体制改革的决定》。①

普及义务教育是现代文明的基础和标志。为什么在资源受限的情况下，国家要克服困难、创造条件强力推进普及义务教育？中国领导人高瞻远瞩，敏锐地认识到，中国基础教育落后，后果就是存在 2.3 亿个文盲、半文盲；再不重视并采取切实措施，还会继续产生新的文盲、半文盲，特别是妇女文盲。现代经济、社会和科技发展要求有较高水平的基础教育。中国幅员辽阔，经济和文化、教育发展很不平衡，这是中国重要的国情。因此，在中国实行九年义务教育要有步骤地进行，不能搞“一刀切”。城市、沿海经济发达地区和内地少数发达地区，中等发达程度的镇和农村，“老、少、边、穷”地区，实行九年义务教育的年限、步骤和办法都应该有区别。基本实现九年义务教育，同时有很大一部分青年受过职业和技术教育，那就不仅会改变我国教育的现状，而且将改变我们国家的面貌。这就是中国政府提出和加快普及义务教育的深刻背景。

据时任国家教委副主任、分管基础教育工作的柳斌回忆，1977 年，全国适龄儿童的入学率为 96.5%，到了 1982 年却下降到 93.2%，其中农村由 90.8%降到 62.6%，虽然 20 世纪 80 年代初期中央几次下发文件加强基础教育，但收效甚微。如此状况下，国家决策层决心用强力普及九年义

① 根据 2007 年 3 月 1 日至 2 日在教育部召开的专家座谈会上对有关同志的访谈整理。

务教育，这是任何国家的政府都无法回避的义务。

其实，整个20世纪80年代，正是改革开放初期国家大发展的时期，各方面都需要资金，因而也是国家发展最困难的时期。据时任国务院总理李鹏在其《市场与调控——李鹏经济日记》中记载："1987年1月中央召开省长会议，实质上是国务院向地方的筹款会。"1月15日，该日记记载："基础设施、交通、能源和原材料投资不足。"① "发行债券就是向地方借钱用于地方的重点企业，这可是一件不容易的事。"② 1月27日记载："国务院开会，讨论外汇和债券问题。国家外汇储备只剩5.7亿美元，另有9亿美元黄金存款，但还有借款7.5亿美元。金融出现这种情况，已难以为继。"③ 据2000年出版的《世界教育报告》的统计，20世纪80年代以来世界各国公共教育经费呈现快速增长的态势，公共教育支出占GDP的比例世界平均约为4.8%。1990年，中国财政性教育经费占GDP的比例仅为2.74%，相当于欠发达国家水平。由此不难看出，在如此困难的情况下，中国政府和中国领导人推动义务教育的坚定决心和深谋远虑。

中国有句古语："十年树木，百年树人。"在我国的教育体系中，基础教育规模最大，按2001年统计，基础教育阶段在校生占各级各类全日制学校在校生总人数的92%。④ 通过发展教育特别是基础教育提高人口素质，是把我国从人口大国变为经济强国的根本途径。正如时任国务院副总理李岚清在其教育访谈录中所说："中央确定把基础教育作为整个教育工作的重点，把基本普及九年义务教育和基本扫除青壮年文盲即'两基'作为20世纪90年代教育发展的'重中之重'，这是我国教育发展的一个重要指导思想，是贯彻落实科教兴国战略的重大措施。90年代，基础教育的普及程度和质量优劣，关系到'奔小康'和'三步走'战略目标的实现，关系到社会主义物质文明建设和精神文明建设的未来进程，关系到社

---

① 李鹏．市场与调控：李鹏经济日记：上［M］．北京：新华出版社，中国电力出版社，2007：374.

② 同①375.

③ 同①378.

④ 李岚清．李岚清教育访谈录［M］．北京：人民教育出版社，2004：235.

会全面进步的程度，关系到人的全面发展。”①

（四）从《德里宣言》承诺到蒙特雷中国之声

国民教育普及程度是体现一个国家现代化基础水平的标志。中国是一个拥有十多亿人口的大国，中国义务教育的普及在世界推进全民教育的进程中具有举足轻重的作用。1990年3月，联合国儿童基金会、联合国教科文组织、联合国开发计划署和世界银行等国际组织在泰国宗滴恩召开世界全民教育大会，通过了《世界全民教育宣言》（以下简称《宣言》）和《满足基本学习需要的行动纲领》。此次大会首次提出了“全民教育”的概念，其基本内涵是：扫除成人文盲、普及初等教育以及消除男女接受教育的差别。

《宣言》提出，“每一个人——无论他是儿童、青年还是成人——都应能获益于旨在满足其基本学习需要的受教育机会”，并提出要“广泛提供机会和促进平等”，“扩大基础教育的手段和范围”，采取措施“减少差别”。《宣言》提出了2000年普及初等教育和扫盲的目标，世界全民教育计划正式启动。世界全民教育的思想与中国政府提出实施“两基”的基本目标异曲同工、不谋而合。

主办这次会议的四个国际组织对中国政府参加会议非常重视。会议前夕，四个国际组织负责人先后于1989年9月和1990年1月两次联名给时任中国国务院总理李鹏致函，邀请李鹏亲自率团赴会。时任国务委员兼国家教委主任李铁映代表总理李鹏率代表团参加了会议，并被安排在全体会议上第一个发言，全面阐明了我国教育的方针、战略规划和经验。李铁映代表中国在世界全民教育大会上郑重向世界承诺，中国努力到2000年全国基本普及九年义务教育、基本扫除青壮年文盲。

1993年，中共中央、国务院颁布《中国教育改革和发展纲要》，正式提出到2000年实现“两基”的奋斗目标。同年底，联合国教科文组织在印度新德里召开九个人口大国全民教育首脑会议，出席会议的九国领导人

---

① 李岚清. 李岚清教育访谈录［M］. 北京：人民教育出版社，2004：235.

就实现全民教育目标向国际社会作出正式承诺，一致通过了《德里宣言》。时任中国国务院副总理李岚清率团出席会议并代表中国政府在《德里宣言》上签字。

1993 年 3 月 1 日，中国全民教育国家级大会在北京召开，会议总结和部署了我国普及初等教育和扫除文盲的工作，回顾总结了中国基础教育和扫盲教育的理论和实践，研讨、论证了 20 世纪末中国实现“两基两全”① 的战略和措施，通过了《中国全民教育行动纲领》。

2000 年联合国教科文组织等国际组织在塞内加尔首都达喀尔举办了世界全民教育论坛，通过了《达喀尔行动纲领》，提出了国际社会的集体承诺——为每个公民和社会实现全民教育的六项目标（见专栏 2）。在同年 9 月举行的联合国首脑会议上，189 个成员国共同签署通过了《联合国千年宣言》。该宣言提出了一套具有普遍性的发展目标，其中与教育发展有关的扫盲、普及初等教育、促进男女教育机会平等三项被列入联合国大会通过的“千年发展目标”。

专栏 2 《达喀尔行动纲领》提出实现全民教育的六项目标

1. 扩大和提高综合性幼儿保育和教育，特别是最易受伤害和处境不利的儿童的保育与教育。

2. 保证到 2015 年，所有儿童，尤其是女童、困境中的儿童和少数民族儿童，能够享受高质量的免费初等义务教育。

3. 保证所有青年和成人的学习需求通过平等参与适当的学习和生活技能方案而得到满足。

4. 到 2015 年，成人尤其是妇女的识字率能提高 50%，所有成人均能接受基础教育和继续教育。

① “两基两全”是指基本普及九年义务教育、基本扫除青壮年文盲，全面贯彻教育方针、全面提高教育质量。

5. 到 2005 年，消除初等教育和中等教育中的两性差别，到 2015 年实现教育中的两性平等，重点保证女童能够完全而平等地接受（并能完成）高质量的基础教育。

6. 提高教育质量的方方面面，保证各种教育的优质化，使人人都能取得社会承认的和可量度的学习成果，特别是在读、写、算术和基本生活技能方面的学习成果。

中国全民教育紧跟国际步伐，中国政府积极参与国际社会共同推进的全民教育，秉承向国际社会作出的庄严承诺，制定了《中国全民教育行动计划（2000—2015）》，重申中国全民教育发展的重点领域：（1）使所有儿童都能入学，并完成高质量的初等和初中阶段的义务教育；（2）明显降低小学和初中入学率的性别差异，实现教育平等；（3）重点发展农村教育、西部贫困地区教育和少数民族教育；（4）加强残疾儿童教育、婴幼儿保育和早期教育；（5）进一步扫除成人文盲（尤其是妇女文盲）以及满足青年人和成人的基本学习需要。

2001 年，由联合国教科文组织发起的第四届九个人口大国全民教育部长级会议在北京举行，中国与印度等九个人口大国发布《北京宣言》：确保人人享有平等的和有质量的教育。《北京宣言》历数自身面临的挑战，认为教育的不平等仍然广泛存在，相对滞后的农村教育仍是实现有质量的全民教育的难点和重点，对处境不利人群的关注和有效支持依然不足；政府是提供教育公共产品、实现教育公平的第一责任人。时任教育部部长陈至立率团出席了会议。

在联合国教科文组织的推动下，2005 年 11 月 28 日，第五届全民教育高层会议在中国北京隆重开幕。会议是中国教育部与联合国教科文组织联合承办的国际会议，它是在中国召开的第一次规模较大的、规格很高的政府间国际教育盛会，若干位国家首脑、近四十位教育部部长或国际援助部部长以及重要国际组织（包括非政府组织和民间团体）的首席执行官汇聚北京，围绕全民教育特别是农村教育和扫盲教育问题进行广泛的交流与探讨，共同促进世界各国全民教育事业的发展。本届大会成为全民教育发展历史上新的里程碑。

世纪之交，全球一百多个国家放眼未来全球的发展，从本国具体实际出发，全力推进各国的教育改革，中国也不例外。那么，在人类的艰辛实践中，中国全民教育取得了怎样的成绩呢？

2006 年 2 月 14 日，时任国务委员陈至立应邀来到墨西哥蒙特雷市，出席联合国教科文组织第六届九个发展中人口大国全民教育大会开幕式，并发表讲话指出，九国全民教育计划实施 12 年以来，占世界人口一半的九个发展中国家均为实现全民教育目标付出了巨大努力，解决了许多问题，成就显著。中国政府为履行全民教育的承诺，特别是落实 2001 年《北京宣言》进行了不懈努力。自 2001 年北京第四届全民教育会议召开至 2006 年的近 5 年时间里，中国九年义务教育的人口覆盖率从 86%提高到 95%，小学净入学率保持在 99%，男女童入学率差距从万分之七降为万分之四，初中毛入学率从 89%提高到 95%，青壮年文盲率下降了一个百分点，控制在 4%以内。陈至立在会议上向世界宣布，中国政府将新增教育经费主要用于农村，今明两年将在农村全面免除义务教育阶段的学杂费，建立有效的资助体系。

世界全民教育的兴起，为发展中国家和欠发达国家特别是九个人口大国提供了难得的发展机会，即通过实现全民教育，提高人口素质，缩小与发达国家的差距，从而实现全人类的共同发展，这是世界全民教育对人类发展的巨大贡献。从《德里宣言》中国政府的庄严承诺到蒙特雷传出的中国声音，中国政府和人民牢记对国际社会所作出的庄严承诺，从中国的国情出发，采取了一系列切实有效措施，推动了全民教育持续、健康发展，特别是扫盲和农村教育得到了空前的重视，呈现出良好的发展态势。

二、波澜壮阔的全民教育实践

中国人口的80%在农村，在校学生的80%也在农村，这两个80%决定了中国发展全民教育的重点和难点都在农村。中国农村教育的问题解决了，中国的教育问题也就基本解决了。怎样解决这个难点和重点，一直是中国政府在推进全民教育过程中着力关注和解决的重大问题，也是中国最高领导层思考的关键问题。

（一）绘制全民教育的宏伟蓝图

推进全民教育、实现“两基”是一项提高全民素质和增强综合国力的奠基工程。中国政府始终把教育摆在优先发展的战略地位，把“两基”放在教育工作“重中之重”的位置，对全民教育给予了高度的重视。

“雄关漫道真如铁，而今迈步从头越。”贫穷的帽子我们戴了这么多年，贫穷的包袱我们背了这么多年，但我们不能把贫困带到下个世纪；实施义务教育我们提出了这么多年，教育发展的难题困扰了我们这么多年，但我们不能把实施义务教育的理想留给下个世纪。这是20世纪80年代至90年代初中国亿万人民的心灵呼唤，是历史赋予中国领导人的神圣职责，也是一个民族和人民的期盼。

开创前所未有的事业，需要超人的勇气和魄力。1993年3月，中共中央、国务院印发的《中国教育改革和发展纲要》（以下简称《纲要》），正式将“两基”作为我国20世纪90年代的奋斗目标。1994年，第二次全国教育工作会议确定“两基”为我国教育工作的“重中之重”，进一步明确提出了20世纪90年代我国教育事业发展的目标、任务、战略、指导方针和实施步骤。1996年，八届全国人大四次会议审议通过的《国民经济和社会发展“九五”计划和2010年远景目标纲要》明确将“2000年全国基本普及九年义务教育，基本扫除青壮年文盲”作为社会发展的主要指标，列入“九五”规划。

《纲要》及其实施意见为我国义务教育的发展绘制了宏伟的蓝图，明确提出到2000年我国教育事业发展的目标和任务是：全国基本普及九年义务教育，即以县统计占全国总人口85%的地区普及九年义务教育；初中阶段的入学率达到85%左右，全国小学适龄儿童入学率达到99%以上；全国基本扫除青壮年文盲，使青壮年非文盲率达到95%以上。由此，到2000年基本普及九年义务教育、基本扫除青壮年文盲，成为党中央、国务院确定的我国教育事业发展的“重中之重”，成为全党全社会的一项紧迫而艰巨的历史任务。

20世纪90年代，我国仅实现了“双八五”的规划目标，其余15%的“两基”未达标的人口地区，大多都处在我国的“老、少、边、贫”地区，这些地方经济薄弱，有许多人还没有彻底解决温饱问题，其“两基”攻坚的任务更加艰巨。即使已通过“两基”验收的一些地方，也仅仅达到了现阶段“两基”的基本要求，依然存在着低水平、基础弱、不全面、不稳固的现象。这也成为进入21世纪后，我国巩固“两基”成果，提高中西部尚未实现“两基”地区的攻坚力度，从而在21世纪初完成新的全民教育发展目标时亟待解决的问题。

在我国基本实现“两基”目标后，根据国家“全面建设小康社会”的社会经济发展目标，新一届中央政府站在崭新的历史起点上，坚持科学发展观，从建立社会主义和谐社会的需要出发，把农村教育作为教育工作的“重中之重”，以更加宏大的气魄，向着更高的目标迈进。中国政府又及时提出了“力争到2010年在全国实现全面普及九年义务教育和全面提高义务教育质量”的目标，并针对我国义务教育发展不平衡，农村义务教育基础薄弱、水平偏低的现状，对不同地区提出不同的目标：力争用5年时间完成西部地区“两基”攻坚任务；到2007年，西部地区“普九”人口覆盖率达到85%以上，青壮年文盲率下降到5%以下；已经实现“两基”目标的地区特别是中部和西部地区要巩固成果、提高质量。巩固提高“两基”成果、决战西部“两基”攻坚成为21世纪初我国推进义务教育改革与发展的基础性工作。

下面的表1就是中国政府绘制的普及九年义务教育的宏伟蓝图。

表 1 中国普及九年义务教育规划①

阶段	策略	时间	目标	地区
基本普及九年义务教育	第一步	1994—1996 年	累计在占全国总人口 40%—45% 的地区“普九”	主要是城市和经济发展较快的农村
	第二步	1997—1998 年	累计在占全国总人口 60%—65% 的地区“普九”	经济发展中等地区
	第三步	1999—2000 年	累计在占全国总人口 85% 的地区“普九”	经济发展中等地区和贫困地区中条件比较好的 5% 人口所在地区
全面普及九年义务教育	西部地区“两基”攻坚计划	2001—2007 年	西部地区“普九”人口覆盖率达到 85% 以上，青壮年文盲率下降到 5% 以下	西部地区和中部地区未实现“两基”目标的县
	—	2007—2010 年	全面普及九年义务教育和全面提高义务教育质量	全国所有地区

（二）发展全民教育的重大举措

1996 年 5 月 7 日，在“国家贫困地区义务教育工程”正式实施之际，国家教委、财政部负责人分别同河北、山西、福建、河南、湖北、湖南、海南、安徽、陕西、江西、黑龙江、四川 12 个省主管教育的副省长签订了“国家贫困地区义务教育工程”项目责任书，这标志着这项旨在改变贫困地区落后面貌的宏大的教育扶贫工程进入正式实施阶段。

1998 年 5 月 7 日，教育部、财政部负责人在人民大会堂分别同“三片”② 地区的新疆、内蒙古、青海、宁夏、甘肃、西藏、云南、广西、贵

---

① 全国人大教科文卫委员会教育室等合作项目研究组. 中国义务教育发展研究报告［M］. 北京：中国民主法制出版社，2006：76.

② 北京、天津、上海、辽宁、吉林、江苏、浙江、山东、广东 9 省（直辖市）为一片地区；河北、山西、黑龙江、安徽、福建、江西、河南、湖南、湖北、海南、陕西、四川、重庆 13 省（直辖市）为二片地区；内蒙古、广西、贵州、云南、西藏、甘肃、青海、宁夏、新疆 9 省（自治区）为三片地区。

州9个省、自治区以及新疆生产建设兵团的负责人签订了“国家贫困地区义务教育工程”项目责任书。三年内，中央和地方投入54.9亿元，在上述地区的469个贫困县修建14942所中小学。政府签订义务教育项目责任书，这在中国乃至世界历史上都是从来没有过的行动，由此不难看出中国政府推动义务教育的坚强意志和决心。

蓝图已经绘就，关键在于施工。推进全民教育，实施九年义务教育，扫除青壮年文盲，是提高全民族思想文化和科技水平的基础工程，也是一项十分艰巨的系统工程。中国是世界上人口最多的发展中国家，各地区经济社会发展极不平衡，根据这一基本国情，我国制订并实施了具体的“施工”方案，在不同发展水平地区实施有步骤、有重点地推进战略，采取一系列重大措施发展全民教育，促进农村尤其是西部欠发达地区全民教育的快速发展，探索出一条具有中国特色的全民教育发展之路。

依法实施义务教育。为了更好地落实《达喀尔行动纲领》确定的各项目标，中国政府对普及义务教育进行了全面部署，把全民教育体现在国家发展战略之中，依法推进义务教育实施，采取了一系列重大举措，从农村教育、成人教育以及消除义务教育阶段两性差异等方面切实推进全民教育的发展，依法确保义务教育的顺利实施。

1986年，全国人大颁布的《中华人民共和国义务教育法》（以下简称《义务教育法》）以法律的形式确立了我国的义务教育制度，以法律手段规范、保障和促进义务教育发展。国务院陆续批准和颁布了《〈中华人民共和国义务教育法〉实施细则》等一系列保障义务教育实施的政策法规。全国各省、自治区、直辖市也相继制定了本地区实施九年义务教育的办法或条例，初步形成了一个符合中国国情的较完善的义务教育法规体系。同时，国家有关部委和国家教委还制定了各项义务教育行政规章。《义务教育法》的颁布对我国义务教育的发展发挥了巨大的推动作用。2006年新修订的《义务教育法》则站在新的时代发展起点上，以全新的法理和教育理念，为我国义务教育在新时期新阶段的发展，提出了新的更加长远的目标，对我国依法实施义务教育发挥了新的更大的作用。

为了推进《义务教育法》的顺利实施，全国人大、全国政协多次对各地实施义务教育的情况进行调研和检查，各省、自治区、直辖市以及各地区、市、县的地方人大和政协也纷纷组织对本地实施义务教育的情况进行调研和检查，这对于全国依法实施义务教育工作起到了极大的推动作用。

深化义务教育管理体制改革。中国是一个社会主义国家，实行中国特色社会主义教育制度。从1949年新中国成立建立了社会主义教育制度起，经过十几年的发展，中国建立了比较完整的社会主义教育体系，培养了大批优秀人才和数以亿计的劳动者。改革开放之初，国家经济发展、社会稳定、科技进步和国防建设都需要资金。教育发展基础差、底子薄，中央和地方财政十分困难，政府财政经费难以完全保证教育事业发展需求。1988年，山东省平度县创造了“人民教育人民办”的成功经验。中国领导人充分发挥社会主义制度的优越性，调动政府和人民的两个积极性，创造了政府为主、社会支持和人民参与的发展教育的“中国模式”，成功地实现了基本普及九年义务教育和基本扫除青壮年文盲的初级目标。

中国的基础教育特别是义务教育发展经历了由“人民教育人民办”到“人民教育政府办”的战略转变，义务教育管理体制经历了由“以乡为主”到“以县为主”的战略转变。

自1985年《中共中央关于教育体制改革的决定》和1986年《中华人民共和国义务教育法》颁行后，我国的义务教育“在国务院领导下，实行地方负责，分级管理”的体制，把办学权、管理权下放给地方，“县、乡、村三级办学，县乡两级管理”。这一体制在当时国家财政困难的情况下，对调动地方政府的办学积极性，尤其是调动乡镇政府和人民群众办学的积极性发挥了重要作用。应该说，在当时中国的现实国情下，这一体制对加快中国实施义务教育前进的步伐功不可没。

但随着时间的推移，义务教育这种“以乡为主”的管理体制逐渐暴露出一些问题：第一，乡镇政府和农民负担过重，上级政府负担过轻。到了20世纪90年代初，特别是我国实行分税制以后，中央和省级财政进一步增强，县、乡财政进一步减弱，全国不同程度地出现了大面积拖欠教师工资的现象。各地实现“普九”目标时，加重了农民负担，也造成了大量的“普九”欠债。第二，教育资源的调配能力差。地区之间、城乡之间、学校之间的差距进一步拉大。进入 21 世纪以后，国家为了减轻农民负担，开始在农村推行税费改革，这项改革取消了向农民征收教育费附加和教育集资，农村义务教育经费缺口扩大，许多地方的教师补贴、学校公用经费和危房改造经费没有了保障。于是，国家在推行农村税费改革的同时，改革了农村义务教育管理体制。2001 年，国务院出台了《国务院关于基础教育改革与发展的决定》，明确提出了义务教育管理实行“在国务院领导下，由地方政府负责、分级管理、以县为主”的体制。2002 年，《国务院办公厅关于完善农村义务教育管理体制的通知》进一步明确了各级政府对义务教育的责任。2003 年，国务院出台了《国务院关于进一步加强农村教育工作的决定》，再次确认了农村义务教育“以县为主”的管理体制。由此，我国农村义务教育由过去的“人民教育人民办”转到了“人民教育政府办”的轨道，管理体制由过去的“以乡为主”转到“以县为主”。这一改革对于政府保障教师工资的发放，在县域内统筹教育资源的合理配置，起到了积极作用。

但随着教育的发展，这一体制在实践过程中也反映出来一些问题：第一，“以县为主”的管理体制并不能从根本上解决农村义务教育经费严重不足的问题，各级政府负担义务教育经费的责任不明确。县级政府办学没有经费保障，管理难以实施。第二，义务教育资源只能在县域内调配，义务教育发展不均衡的现象难以根本转变。于是，2005 年 12 月，《国务院关于深化农村义务教育经费保障机制改革的通知》将农村义务教育全面纳入公共财政保障范围，建立中央和地方分项目、按比例分担的农村义务教育经费保障机制。2006 年 6 月 29 日修订通过的《中华人民共和国义务教育法》明确提出，“义务教育实行国务院领导，省、自治区、直辖市人民政府统筹规划实施，县级人民政府为主管理的体制”，“义务教育经费投入实行国务院和地方各级人民政府根据职责共同负担，省、自治区、直辖市人民政府负责统筹落实的体制。农村义务教育所需经费，由各级人民政府根据国务院的规定分项目、按比例分担”，省级政府的责任进一步明确。

21世纪初，中国教育改革的主要着力点和最有成效的工作是农村义务教育管理体制改革。这一管理体制改革的实质是改革农村义务教育投入体制，将通过向农民征收农村教育费附加和教育集资筹集农村义务教育大部分办学经费，改变为完全由公共财政承担。时至今日，公共财政的阳光已全面覆盖农村义务教育，我国农村义务教育经费全部纳入财政保障范围。

在优先发展教育、实施科教兴国战略过程中，中国政府坚持以发展为核心，不断改革义务教育管理体制，运用宏观政策和良好机制，调整各种利益关系，共同推进教育发展。

分区规划、分类指导、分步实施。近二十年来，中国从国情出发，不断研究新情况、解决新问题，因地制宜确定了分区规划、分类指导、分步实施的工作原则，坚持分类推进、分期实施义务教育目标的战略，建立“两基”工作目标管理责任制，以县为单位，通过实施“普九”规划逐步接近预期目标，从而使义务教育在我国地区间发展不平衡的条件下得到了切实有效的实施。

20世纪90年代，国家确立了“两基”目标，针对各地经济社会及教育发展的不平衡状况，国家适时地提出了“积极进取，实事求是，分区规划，分类指导”的指导思想，提出“三步走”步骤，以省为单位，把全国划分成“三片”，国家实施教育发展分区规划和分类指导：东部、中部、西部按照不同要求分别推进，东部地区积极推进高水平、高质量普及义务教育，鼓励有条件地区普及高中教育和各类教育培训；中部地区重点发展农村教育，保证中部农村地区的“两基”巩固提高；西部地区重点实施“国家西部地区‘两基’攻坚计划”，加强西部地区农村中小学建设，加强少数民族地区和妇女扫盲教育工作。

为了使“两基”目标尽快变为各级党委、政府的具体行动，在国务院的决策和领导下，各地切实把教育放在优先发展的战略地位，纷纷建立了“两基”工作目标管理责任制，层层签订“两基”目标责任书。各级政府依法履行职责，把完成“两基”纳入政府任期目标，并以此作为评价政府工作、考核领导干部政绩的重要内容，实行“一票否决”制。全国上下出现了“党以重教为先，政以兴教为本，民以支教为荣，师以从教为乐”的浓郁社会风气。

各省、自治区、直辖市也相应制订了自己的发展计划，将“两基”任务落实到县（市），县（市）又落实到乡（镇）。在实施“两基”过程中，国家教育主管部门精心规划，坚持“普九”和“扫盲”并重、“两基”和“两全”并重，在重视义务教育实施规模和速度的同时，更加重视质量和效益。1993 年，国家建立了“两基”督导评估验收制度。

实施“国家教育工程”。党中央、国务院对实施全民教育高度重视。为了确保义务教育规划目标的实现，国务院和国家有关部委努力加大对义务教育的经费投入，在推进义务教育发展过程中出台了一系列重大举措，实施了多种教育工程，采取非凡措施全力加快全民教育实施步伐。

“九五”期间，教育部、财政部组织实施了“国家贫困地区义务教育工程”。这是我国有史以来中央专项基金投入最多、规模最大，旨在帮助贫困地区普及义务教育的宏大教育工程。“十五”期间，国家先后出台了《国务院关于基础教育改革与发展的决定》《国务院关于进一步加强农村教育工作的决定》等一系列重大政策，明确提出各级政府要增加对义务教育的投入，作出新增教育经费主要用于农村的重大决策。中央和地方政府设立专项资金，先后实施了“国家贫困地区义务教育工程”“全国中小学危房改造工程”“农村寄宿制学校建设工程”“农村中小学现代远程教育工程”“中小学教师继续教育工程”“两免一补”等一系列重大工程项目。这些政策举措对推进义务教育均衡发展发挥了极其重要的作用。同时，国家开展“东西部地区学校对口支援工程”，建立农村义务教育保障机制，落实政府承担公共教育的职责。教育部、财政部还设立了“国家贫困地区义务教育助学金”，国家税务部门依法足额征收教育费附加，国家审计部门加强对义务教育资金投入和使用情况的审计监督。这些举措对于推进义务教育的快速发展发挥了重要的作用（见表 2）。

表 2 中央政府义务教育专项资金和工程一览①

名称	时间	金额	内容	受益对象
国家贫困地区义务教育工程	1995—2000 年	124.62 亿元	改善办学条件，包括解决农村小学、初中的危房问题，新建校舍，按照国家规定的标准，配备教学仪器和图书资料及课桌凳，培训教师和校长等	568 个国家级贫困县和 284 个省级贫困县；受益人口约 2.5 亿
	2001—2005 年	72.5 亿元	增加了免费为家庭经济困难的学生发放教科书以及在贫困地区实施信息技术教育等新内容	522 个未通过省级验收的经济薄弱县
国家贫困地区义务教育助学金	1997—2000 年	1.3 亿元	资助少数民族学生接受义务教育	少数民族贫困学生
	2001—2005 年	1 亿元/年	资助家庭贫困学生接受义务教育	西部地区贫困学生
免费教科书专项经费	2001—2003 年	7 亿元	资助家庭贫困学生接受义务教育	家庭贫困学生
农村中小学教师工资专项	2001 年起	50 亿元/年	中西部贫困地区农村教师工资补助	中西部贫困地区农村中小学教师
中小学危房改造工程	2001—2003 年	30 亿元	基本消除现存中小学危房	—
	2003—2005 年	60 亿元		
农村中小学现代远程教育工程	2004—2007 年	90 亿元	西部农村地区中小学	8.64 万个教学点、25.2 万所农村完全小学
农村寄宿制学校建设工程	2004—2007 年	100 亿元	西部农村地区中小学	兴建、改建 6400 所寄宿制学校，缓解 320 万名贫困家庭学生的上学困难

① 全国人大教科文卫委员会教育室等合作项目研究组. 中国义务教育发展研究报告［M］. 北京：中国民主法制出版社，2006：78-79.

根据国情依靠人民群众办教育。在实行全民教育、奋战“两基”的进程中，中国政府始终首先明确政府的责任，建立了以政府为主的教育投入体制。同时，根据中国国情，依靠人民群众办教育，探索出一条从我国国情出发，符合我国实际、具有中国特色的社会主义教育发展道路。

1981年。山东平度。

初春，县教育局局长丁日新骑着他那辆大“金鹿”，来到了宅科乡党委书记孙喜迎的办公室。

“我是来找你孙大炮算账的。”他们是老相识，丁日新爱叫老孙的外号。“校舍改造搞了一年多，你这里却面貌依旧。我今天就是要推推你这大象屁股。”

“谁叫你们县里把学校统得那么死，一点权力不放？”孙喜迎一边倒茶一边说，“中学你们统了，小学你们包了，连幼儿园也不放过。你有本事统，就该有本事建嘛！”

“说得轻松，县里哪来这么些钱？”

“没钱不要紧，把学校交给我！我就不信，一个堂堂的乡党委建不起几所学校！”孙书记的这番话，引起了丁日新的深思。作为一个搞了大半辈子教育又有改革创新精神的教育局局长，他对教育管理体制的弊端早有痛感。既然孙书记有这个愿望，何不在这里做个试验？

“这样吧！”老丁对老孙说，“我把国办初中下放给你，与乡里的联中合并，建立中心中学。乡完小也下放给你，建立中心小学，腾出旧完小校舍，加以维修改造，建立乡中心幼儿园。”

“你说话算数？”孙书记听罢高兴地问。

“一言既出，驷马难追！”丁日新斩钉截铁地回答。

“好！不出半年，我保你学校变个样！”

初秋的宅科，遍地金黄，溢彩流苏。半年之后，丁日新再次来到这里。放眼望去，占地70多亩，按教学、生活、运动、生产四大结构布局，配套设施齐全的中心中学和中心小学，奇迹般地出现在宅科大地。中心幼儿园也面貌一新。孙喜迎书记说到做到。他和乡党委、政府一班人利用麦收之后和三秋大忙之前这段农闲时间，发动全乡人民，艰苦奋战，不到三个月，建起了两校一园。

宅科的经验，给县委、县政府以很大启发：我们过去办教育的一个深刻教训，就是包得过多统得太死，大家都躺在国家身上吃“皇粮”。

1982 年，平度县委、县政府决定：国办初中全部下放，与乡镇驻地联中合并，建立中心校，实行三级办学，分级管理。

丁日新和孙大炮当然万分高兴。但他们哪里知道，正是他们当年在谈笑中聊出来的这番话，日后竟浓墨重彩地被写进了中国教育发展和改革的壮丽史篇。①

这篇报道生动地反映了 20 世纪 80 年代中国依靠人民群众办教育的那段历史的真实风貌，平度就是当时历史的缩影。

党中央的战略部署体现了国家意志，也集中体现了各级政府和人民群众的愿望和决心。这一时期，随着中国改革开放的推进，国家经济被搞活，人民生活逐渐解决温饱问题，刚刚步入经济发展快车道的各级政府、刚刚从贫困线上走出的人民群众、刚刚从百废待兴中走过来的中国社会，都更加迫切地意识到了人才的重要，感到了科学文化知识的重要，大家要求办教育的热情空前高涨。

20 世纪 80 年代，中国全民教育发展中主要面临的是改善基本办学条件、消灭“一无两有”②、完成“六配套”③ 问题。中国是个穷国，却举办着世界上最大规模的教育。新中国成立初期，为了尽快发展教育事业，各地政府纷纷把许多庙宇、祠堂、地主宅院改做学校，有些地方新建了学校，危房问题不很突出。到 20 世纪 50 年代末，随着教育事业的不断发展，校舍不足的问题开始暴露。

20 世纪 80 年代初，国家发展教育的大方针初定，却在“钱”上面遇

① 曲克基，等．功垂千秋：我国亿万人民十年集资兴学纪（系列报道）［N］．中国教育报，1990-12-13（1）．

② “一无两有”即校校无危房，班班有教室，学生人人有课桌凳。

③ “六配套”即实现校舍、桌凳、大门、围墙、操场、厕所配套。

到羁绊：国家无力承担全部义务教育经费，短缺的部分怎么办？改革开放之初，国家百废待兴，到处都需要建设，需要投资，到处需要钱，钱却很少。“难办啊!”每当算过这笔账，我们的领导人和广大教育工作者就会从内心深处发出这样沉重的感叹和深思：“怎么办？中国教育的出路在哪里？”

我们有千百万可敬的人民和人民那可敬的热情，不靠他们靠谁？就是在这个时期，沐浴着中国改革开放的春风，初步解决了温饱、刚刚摆脱了贫困的中国广大人民群众和各级领导干部，奇迹般闯出了一条生路。

依靠人民群众办教育，这是没有办法的办法，这是时代递给我们的希望之绳！也就在这时，全国各地纷纷结合当地实际，创造性地开展集资办学，许多地方还创造出了解决教育资金来源的“国家拨一点，群众集一点，勤工俭学出一点”的经验，简言之就是“三股劲拧成一股绳”。

1985 年春天，教育部受中央委托起草的关于教育体制改革的文件初稿被送进了中南海。在政治局，在国务院，在书记处，决策者们整日整夜地开会，对文件中的每个观点、每项提法逐段逐字地分析着，论证着……。对我国现代教育进程产生了决定性影响的历史性文件《中共中央关于教育体制改革的决定》中写道：“实行九年制义务教育，实行基础教育由地方负责、分级管理的原则。”该决定还提出：“地方要鼓励和指导国营企业、社会团体和个人办学，并在自愿的基础上，鼓励单位、集体和个人捐资助学。”

因此，从 1986 年《中华人民共和国义务教育法》颁布开始，中国的义务教育开始了艰难的发展，最初只能要求先实现有课桌无危房，结合我国国情，依靠人民办教育。这就是中国当时改革和发展教育的方针、政策。它总结了我国办教育的经验，反映了全国人民和广大教育工作者的智慧、意志和愿望，是推动我国教育事业蓬勃发展的强大武器。

群众中蕴藏着巨大的热情。从 20 世纪 80 年代起，兴办教育的热潮在我国健康地持续着，而且至今不衰。在这个过程中，党和政府始终发挥着组织、领导的作用。20 世纪 80 年代中期，在《中共中央关于教育体制改革的决定》颁布前后，党中央和国务院曾下达了四个有关集资办学、改造校舍的文件，对于集资的原则、范围等都作了政策上的规定，形成了一个较为完整的政策体系。后来，我国对教育经费筹措渠道的规定更加系统和完善，概括起来是六个字：财、税、费、产、社、基。

正是在党中央、国务院的英明领导下，在人民群众和社会各界的热情参与下，这一时期，我国不仅确立了教育优先发展的战略方针，还适应国家经济社会发展要求和时代潮流，及时部署了有计划有步骤地实施九年义务教育的重大战略决策。

实施“两基”是中国20世纪最宏伟的计划、最伟大的创举、最艰巨的工程。“两基”的发动是空前的，其参与的范围几乎涉及各级政府和部门，涉及每个县、乡、村；“两基”的群众参与也是空前的，其动员范围涉及千家万户，男女老少。

众志成城：人民群众的全民教育行动。“两基”是中国教育史上的里程碑。在这座巍巍的丰碑上，镌刻着人民群众的重教情怀，记载着人民群众的兴教伟业；在这座巍巍的丰碑上，汇聚和凝结着13亿中国人，特别是10亿已实现“两基”地区的广大干部群众的心血。回望我国推进全民教育，实施“两基”走过的数十年艰苦历程，无数动人场面依然历历在目，中国人民奋战“两基”的感人故事不胜枚举，这里选几个片段以示说明。

20世纪90年代第三个夏天，中国的人口大省，地处中原的河南省传出一个令人振奋的消息。1979年至1992年6月，全省发动群众多渠道筹措教育经费102亿元，名列全国第一，不仅基本消灭了学校危房，做到了班班有教室、学生人人有课桌凳，实现了“一无两有”，而且96%以上的学校实现了校舍、桌凳、大门、围墙、操场、厕所“六配套”，中小学办学条件得到根本改善。河南人算了笔账说，河南人民仅用了十多年时间，就完成了单靠国家拨款50年才能消灭的中小学危房，70年才能实现的“一无两有”，100年才能完成的“六配套”。这就是人民群众创造的奇迹！

甘肃会宁县素有“苦甲天下”之称，此地干旱少雨，地瘠民贫，当时农民年人均收入只有几百元，地方财政收入还不够发工资。就在这个穷得出了名的国家级贫困县，全县人民把重教兴学定为一条摆脱贫困、治穷治愚的法则，勒紧裤带抓“两基”。该县原边乡八岔村，山大沟深，许多农民还没有解决温饱问题。为了使村里的孩子不再披星戴月跑10多里山路到外村去上学，全村村民拿出积攒下来准备盖房子、娶媳妇，甚至养老的钱，义务投工4000多个，挖土方7000多立方米，通过人挑驴驮将4000多立方米水泥、石子、砖瓦，从5公里以外的山下运到山顶，建起了八岔村历史上第一所小学。

在国家级贫困县湖北省竹溪县西南大山深处的新洲乡郭家梁子村，人们久久传颂着一个传奇般感人的故事。“脚跟不离山，伸手摸着天，八山半水一分田，半分山路和家园。”这便是民间流传的对当地自然环境的最好概括。1995年村里决定建一所新学校，让娃娃们搬出危房校舍。建校要石头，人们到山上用铁锤开取；要木材，人们到林中去砍伐。可是，砖瓦怎么办，全村方圆80公里，找不到一块足以承担“任务”的泥田。村民们自发行动起来，到沟沟壑壑里寻土挖泥，然后翻山越岭用背篓背回家。用自制的木匣制成砖坯、瓦坯，晾干后，又挑到村部集中烧制成成品。有了砖瓦，村民们又卖粮、卖牲口、卖柴火，凑足了钱，买回钢筋、水泥、玻璃、油漆……。动工建校的几个月里，几十条硬汉累病了，十几个村民负伤了，他们没有一句怨言。不久，一座崭新的学校终于屹立在人们的面前！郭家梁子村村民用背篓背出了一所学校，其他条件稍好一点的地方也一定能把学校建好。从此，一场艰苦卓绝的攻坚战，在这个当年全县年财政收入不足2000万元，农民年人均收入不过400多元的穷山沟里打响了。

聚沙成塔，集腋成裘，涓涓细流，汇成江海。人民群众的支持，是推动“两基”前进的不竭动力。据不完全统计，仅20世纪80年代，全国就投入1071亿元改善农村办学条件。90年代，社会集资捐资教育达1394亿元。这其中有很多是老百姓捐出的棺板钱、养老钱，更有许多人卖鸡蛋、挖药材、打零工挣的钱……

激流勇进：教育战线的全民教育行动。推动全民教育、实现“两基”，学校是毋庸置疑的主战场。在奋战“两基”过程中，各级教育行政部门作为各级党委和政府的“参谋”与“两基”工作的直接参与者，为“两基”立下了汗马功劳；广大的人民教师作为“两基”工作的积极参与者和忠实实行者，为“两基”作出了无私奉献。

在江苏省教育厅办公大楼前竖立着一块“两基”纪念碑，这是江苏省人民政府为纪念全省人民在“普九”中立下的丰功所建。碑文写道：“1996 年，我省完成了基本普及九年义务教育和基本扫除青壮年文盲的历史任务，成为全国率先实现‘两基’目标的省份。千秋基业，百年梦想，十年努力，一旦成真。为此，省人民政府决定给江苏省教育委员会记集体一等功。”丰碑矗立在江苏大地，彪炳着全省人民的伟绩，彰显着全省教育工作者的贡献，铭记在子孙后代的心上。

地处云南省贡山县的独龙江乡是截至 1997 年尚未通公路的山乡，每逢冬季大雪封山，这里就会与外界失去联系，而这里是独龙族的主要聚居地。不论多么艰苦的地方都要办教育，不论多么偏僻的山乡小镇，都不能让那里的孩子失去希望，全民的“普九”事业就是让神州大地上每一个孩子都有学上！

1984 年，这里在与西藏相接的村寨办起“向红小学”，校舍建成了，教师成了难题。山高林密的地理环境，谁能不望而生畏呢？刚由怒江民族师范学校毕业的李建生得知消息，毅然决然地夹起教具，作出了回乡任教的人生选择，他说：“我是独龙族的后代，没有理由不为家乡的教育事业作贡献！”在坚持为 20 名小学生开足课的前提下，李建生每月还要背着干粮去乡上购买粮食，从乡政府到向红小学要走足足七天，来回就是近半个月。道路两侧有深不可测的万丈深渊，摇摇欲坠的藤条“天梯”是他往返的必经之路。这条一提起来就让人胆战心寒的艰辛道路，忠实地书写下李建生矢志不移的爱教之情。艰苦算得了什么？每次听着一个个独龙族孩子经过他逐字逐句地纠正，用稚气的嗓音准确无误地念出“中国”，每次回望着一个个纯朴的山里娃娃目送五星红旗冉冉升起时眼里的虔诚，这位曾被共青团中央授予“优秀共青团员”称号的独龙族汉子总会像个孩子般激动不已！

如果说广大教育工作者和人民教师的艰辛奋斗加速了全民教育的进程，那么，教育督导工作的缜密开展则保证了过硬的“两基”质量和优良的教育效益。“没有教育督导，就不能保障国家教育法律、法规、方针、政策的贯彻执行，就不能保障教育质量和投入效益。”人民群众亲切地形容教育督导人员“踏遍千山万水、走进千家万户、说尽千言万语、历尽千辛万苦”。这是对他们工作的客观而公正的评价。

桑梓情怀：社会各界、海外华人的全民教育行动。在我国实施“两基”、推进全民教育的伟大进程中，社会各界也通过各种方式支持义务教育的发展，资助特困家庭和儿童。共青团中央实施了“希望工程”，全国妇联实施了“春蕾计划”。许多单位和个人纷纷捐资助学，支持教育事业，为“两基”热心捐款捐物，奉献爱心。

中华大地澎湃着兴学重教热潮，也激起了广大港澳台同胞、海外侨胞的桑梓情怀。据不完全统计，在实施“两基”最初的12年间，以福建省为例，海外华侨华人、港澳台同胞、国际友好人士就先后向该省捐资达18.2亿元。一笔笔饱含爱国情怀的投资，宛如一个个动人的音符，谱写了一曲曲感人至深的爱国爱乡曲。

为建校，海外游子寄来了外币，打工仔邮回了他们的辛劳钱，老人拿出了养老费，儿童捐出了零花钱，更有不少拿不出钱的普通百姓，无私地献出了口粮、牲口……，广大人民群众毫无保留地向教育事业捧出他们滚烫的热情，用汗水与鲜血滋养出中华民族未来的希望。可以说，全社会的重视和支持，为我国如期实现“两基”目标奠定了坚实的基础，也为全国“两基”工作实现历史性的跨越提供了坚强的保证。推动全民教育、筑起“两基”大厦的基石就是千千万万的人民群众。华夏大地上那一所所亮丽如画的学校和现代化的教学楼，就是人们用行动铸造起的一座座耀眼丰碑，用热血和爱心镌写出的一首首壮丽诗篇，用勤劳和智慧创造的一个个辉煌奇迹。这是唯有中华大地才能发生的人类奇迹！

（三）实施西部“两基”攻坚计划

2003年9月19日，温家宝总理在全国农村教育工作会议上，神情凝重地讲述了他在农村考察时看到的放心不下的“三件小事”：吕梁山区一所小学在简陋的窑洞里上课的情形；甘肃靖远一位双目失明的农妇希望孩子能上学的哭求；陕西秦岭水灾后佛坪县唯一幸存的学校里孩子们读书的身影。

“三件小事”深深打动了在座的省长、部长们的心。也就是在这次会议上，国家第一次公开提出了把实现西部“两基”当作“攻坚战”来打的计划。省长、部长们决心按照总理的要求，众志成城，再打一场教育扶贫攻坚战。

很快，一场声势浩大的攻坚战，在中国西部摆开战场。

20世纪末，中国基本实现“两基”目标的，多在经济和自然环境较好的东中部地区，但那也只是个初级的目标，万里长征走完了第一步，“两基”工作最大的难度在于中国西部地区大部分省份还没有实现“两基”目标并面临许多困难。进入21世纪，人类社会迈向追求社会可持续发展的新时期，中国政府确立了以人为本、全面协调可持续的科学发展观，并将提升国民基本素质作为全面建设小康社会、实现中国社会可持续发展目标的奠基工程，将“巩固义务教育普及成果，提高义务教育质量”作为中国教育事业发展的首要任务，以更加强有力的政府行为推进全民教育向着新的更高的目标迈进。

西部是中国的欠发达地区，也是中国实现“两基”、全面推进全民教育最后的“硬骨头”。西部12个省、自治区、直辖市，地域广大、人口众多、资源丰富，约占有全国2/3的国土面积。全国贫困人口有近一半在西部，国家扶贫开发工作重点县有一半多在西部。到2002年底，虽然全国已有91.8%的人口地区基本普及了九年义务教育，青壮年文盲率降到了5%以下，但由于区域之间教育发展不均衡，西部地区“两基”人口覆盖率只有77%，仍有410个县级行政单位尚未实现“两基”，人均受教育年限仅为6.7年。当时完成西部地区“两基”工作难度非常之大：一是410

个县经济社会发展滞后，教育基础薄弱，其中有贫困县 215 个、少数民族县 309 个、边境县 51 个；二是当时全国尚未脱贫的 3000 万人口，绝大部分生活在这些攻坚地区，人民群众贫困程度深，当地适龄儿童上学面临诸多困难；三是这些地区自然条件非常艰苦，多为高山、高原、高寒和荒漠、半荒漠地区，普及九年义务教育的办学成本、就学成本远远高于其他地区。

实现西部地区“两基”攻坚目标，是关系到我国全面建设小康社会的一项十分重要的战略任务。西部的发展，西部教育事业的发展，长期以来都是中国政府和中国领导人关注的重点。西部地区实现“两基”的困难，牵动着以胡锦涛为总书记的党中央新一届领导集体的心。

党中央、国务院高度重视农村教育。在 2000 年全国基本普及九年义务教育和基本扫除青壮年文盲之后，2003 年 9 月，国务院召开了第一次全国农村教育工作会议，温家宝出席会议并讲话。针对西部地区义务教育普及水平低、教育基础薄弱的现状，国务院提出在西部地区集中力量打好“两基”攻坚战。2003 年 12 月 30 日，温家宝主持召开国家科教领导小组会议，会议审议通过了教育部、国家发展改革委、财政部和国务院西部开发办制定的《国家西部地区“两基”攻坚计划（2004—2007 年）》。国务院高度重视“两基”攻坚工作，温家宝多次就西部地区“两基”攻坚工作作出指示，强调“两基”攻坚是“本届政府的一项重大目标”。

2004 年 2 月 26 日，国家西部地区“两基”攻坚工作会议在京召开，攻坚计划正式实施。时任国务委员陈至立担任国家西部地区“两基”攻坚领导小组组长，教育部、国家发展改革委、财政部、农业部、科技部、西部开发办、扶贫办等有关部门负责人任成员。陈至立在会上作了战前总动员：“如果政府不能保证西部地区孩子们接受义务教育的权利，就没有履行好应尽的职责，就会愧对历史和人民的重托。”她要求：“实现西部地区‘两基’的总体目标，不仅需要将攻坚任务分解到地方各级政府，还要实行倒计时按年度进行任务分解。要通过强烈的责任意识，动员有关部门和地区，团结协作，共同努力，下决心打赢这场攻坚战。”陈至立直接指导

“两基”攻坚工作，先后作出了四十多次批示，并亲临西部多个省份进行一线指导，检查工作，推进各地“两基”攻坚顺利实施。

2004 年 7 月 5 日，一场特殊的签约仪式在北京举行。教育部、国家发展改革委、财政部分别与西部 12 个省、自治区、直辖市和新疆生产建设兵团郑重签署了“两基”攻坚计划责任书，省长们立下“军令状”。接下来，各级政府层层签订责任书，攻坚县实行政府一把手负责制。

为了让每个孩子有学上、上好学，新一届政府把对西部教育的重点投入作为促进义务教育均衡发展的战略重点。国家在西部“两基”攻坚中采取重大举措，先后实施了“农村寄宿制学校建设工程”“‘两免一补’工程”“农村中小学现代远程教育工程”“西部农村教师队伍建设工程”。2004 年中央决定在 4 年间投入 100 亿元新建、改扩建一批农村寄宿制学校，使孩子们“进得来”“留得住”“学得好”。推行“两免一补”政策，不仅留住了因贫困想辍学的学生，还吸引来更多家庭经济困难的孩子。同年，中央财政扩大免费提供教科书的资助范围，2005 年又将其扩大至所有国家扶贫开发工作重点县，所覆盖的中小学生人数增加到 3000 万人。

国家把实施“农村中小学现代远程教育工程”作为解决农村学生“学得好”的有效途径，中央和地方政府投入 111 亿元资金，建设了遍及全国农村的远程教育网络，使所有中西部农村中小学生可以与城市学生共享优质教育资源。孩子们高兴地说：“大山再也挡不住知识了!”

2006 年，经国务院同意，教育部、财政部、人事部、中央编办启动了“农村义务教育阶段学校教师特设岗位计划”，中央财政设立专项资金，招募高校毕业生到西部“两基”攻坚县农村学校任教，及时缓解了“两基”攻坚县教师不足、素质不高的问题。近两年来共招聘特岗教师 3. 3 万名，覆盖 13 个省份、395 个县、4074 所农村中小学。

“两基”攻坚计划是我国教育取得的又一个历史性成就。2007 年年底，时任国务委员陈至立代表国务院正式宣布：中国西部地区基本普及九年义务教育、基本扫除青壮年文盲攻坚计划如期完成，西部地区“两基”

人口覆盖率从 2003 年的 77%提高到 2007 年的 98%。这标志着我国全民教育达到了一个新的水平。

(四) 推进义务教育均衡发展的国家行动

2006 年 6 月，全国人大常委会新修订的《中华人民共和国义务教育法》第六条首次以法律的形式提出“促进义务教育均衡发展”的思想。

2007 年 10 月 15 日，胡锦涛总书记在中国共产党第十七次全国代表大会上的报告中郑重地提出，“促进社会公平正义，努力使全体人民学有所教”，“教育是民族振兴的基石，教育公平是社会公平的重要基础”，“促进义务教育均衡发展”。这是党的政治报告中第一次提出“义务教育均衡发展”的思想。

20 世纪末以来，伴随着我国经济社会的不断发展和人们教育观念的不断更新，社会对于教育资源特别是优质教育资源的需求越来越多，人们对教育公平问题给予了前所未有的关注。与此相适应，一种新的教育理念——教育均衡发展的思想日益成为人们关注的焦点。教育均衡发展之所以在世纪之交被提出并引起人们广泛的重视和关注，有着深刻的现实、社会、历史和时代背景。教育均衡发展既是目前我国现实教育问题的反映，也是人们对未来教育发展的美好理想，是现代教育发展的新境界。

面向 21 世纪，随着全球经济一体化、知识经济浪潮的来临，我国的教育正在进入新的发展时期。伴随着经济的发展、社会的进步、法制的健全以及人们法律和民主权利意识的增强，我国正在进入一个关注社会公平的社会，人们对教育公平问题的关注程度显著提高，教育不仅成为经济增长的重要因素，还被视为实现社会平等的“最伟大的工具”，成为社会稳定的平衡器。

世纪之交，我国如期实现了基本普及九年义务教育、基本扫除青壮年文盲的两大历史任务，取得了举世公认的巨大成就。但是，一方面，随着社会经济的快速发展，人民生活水平的逐步提高，就业竞争的日趋激烈，涉及千家万户的青少年教育问题日益成为社会关注的热点问题，社会对于教育的期望值越来越高，对于优质教育资源的需求越来越强烈。另一方面，教育领域客观存在的因经济社会发展水平、教育资源的投入不同等因素造成的地区差别、城乡差别、校际差别、受教育群体差别，以及由此带来的教育事业发展水平上的不均衡现象，越来越引起社会的广泛关注。同时，由于利益格局的多元化和市场机制的介入，也使得我国教育的面貌发生了深刻的变化，教育发展的规模、速度、质量和效益都有了极大改观，但与此形成鲜明对照的是，尽管我国的教育公平已经得到很大的改善，但与社会的需求相比仍然存在较明显的差距和一些突出的问题。在教育进入新的大发展阶段之时，教育公平问题日益成为新的历史时期我国社会生活和教育领域备受关注的热点问题，教育均衡发展日益成为关系国家战略的重大问题。

历史和现实向我们提出了一个迫切需要回答和解决的战略性问题，这就是在我国基础教育特别是义务教育基本普及以后，高中阶段教育开始进入大面积普及过程，即义务教育特别是基础教育进入普及后时代，中国基础教育的发展应该走什么样的路？中国基础教育发展的方向是什么？目标是什么？这些都是摆在我国基础教育面前的新问题，也是迫切需要研究的新课题。

为此，2005 年 5 月，教育部出台了《关于进一步推进义务教育均衡发展的若干意见》，将教育均衡发展作为今后教育工作的指导思想和工作方向。2006 年 6 月全国人大新修订的《中华人民共和国义务教育法》第六条规定："国务院和县级以上地方人民政府应当合理配置教育资源，促进义务教育均衡发展，改善薄弱学校的办学条件，并采取措施，保障农村地区、民族地区实施义务教育，保障家庭经济困难的和残疾的适龄儿童、少年接受义务教育。"这是我国法律中第一次提到"义务教育均衡发展"。由此，促进义务教育均衡发展被写进了党的文献、国家法律，成为党中央、国务院确立的我国在新的历史时期推进义务教育发展的战略方针。

实行农村义务教育保障机制改革。"新的学期到学校，两免一补真热闹；爸爸妈妈开怀笑，同学们乐得呱呱叫；老师轻松把名报，勤奋学习把国报。”这是 2006 年春季开学时流传在重庆市石鞋中学的一首新童谣。

这年的春天，春寒料峭，但对于西部农村孩子来说，这个新学期却格外温暖，因为从今以后他们上学再也不用缴纳学杂费了！

2006 年春季学期开始，国家农村义务教育经费保障机制改革率先在西部实施，2007 年春季学期开始在全国农村地区全面推行。

2005 年 12 月 24 日，国务院发出《关于深化农村义务教育经费保障机制改革的通知》，要求按照“明确各级责任、中央地方共担、加大财政投入、提高保障水平、分步组织实施”的基本原则，逐步将农村义务教育全面纳入公共财政保障范围，建立中央和地方分项目、按比例分担的农村义务教育经费保障机制。该通知明确提出：从 2006 年开始，西部地区农村义务教育阶段学生全部免除学杂费，2007 年扩大到中部和东部地区；对贫困家庭学生免费提供教科书并补助寄宿生生活费。

建立农村义务教育经费保障新机制，是党中央、国务院从构建社会主义和谐社会和建设社会主义新农村的大局出发所作出的重大决策，是惠及亿万农民群众的民心工程，是促进农村义务教育持续健康发展的治本之策。农村义务教育经费保障机制改革是温家宝亲自倡导的一项重大改革。新机制提出，在 2006 年至 2010 年的 5 年内，中央和地方各级政府将累计新增农村义务教育经费 2182 亿元，全部免除农村义务教育阶段学生学杂费，对贫困家庭学生提供免费教科书并补助寄宿生生活费，提高公用经费保障水平，建立校舍维修改造长效机制，巩固和完善农村中小学教师工资保障机制。这一政策惠及 40 多万所农村中小学、5000 多万名农村义务教育阶段学生，大量因贫辍学的农家娃得以重返校园。这些都得益于党中央、国务院的重大决策——农村义务教育经费保障机制改革（见专栏 3）。建立义务教育经费保障新机制，是我国教育发展史上的重要里程碑，必将对促进教育公平、全面提高国民素质产生重大而深远的影响。

专栏 3 农村义务教育经费保障新机制实施步骤

2006 年，西部地区农村义务教育阶段中小学生全部免除学杂费；中央财政同时对西部地区农村义务教育阶段中小学安排公用经费补助资金，提高公用经费保障水平；启动全国农村义务教育阶段中小学校舍维修改造资金保障新机制。

2007 年，中部地区和东部地区农村义务教育阶段中小学生全部免除学杂费；中央财政同时对中部地区和东部部分地区农村义务教育阶段中小学安排公用经费补助资金，提高公用经费保障水平。

2008 年，各地农村义务教育阶段中小学生生均公用经费全部达到该省、自治区、直辖市 2005 年秋季学期开学前颁布的生均公用经费基本标准；中央财政安排资金扩大免费教科书覆盖范围。

2009 年，中央出台农村义务教育阶段中小学生公用经费基准定额。各省、自治区、直辖市制定的生均公用经费基本标准低于基准定额差额的部分，当年安排 50%，所需资金由中央和地方财政按照免学杂费的分担比例承担。

2010 年，农村义务教育阶段中小学生公用经费基准定额全部落实到位。

全面免除农村义务教育学杂费。2003 年全国农村教育工作会议以来，国家坚持将“新增教育经费主要用于农村”。2006 年，国家率先对西部农村义务教育实行了免收学杂费的政策，2007 年这一政策进一步扩展到全国农村的义务教育学校。全部免除义务教育阶段学杂费，实现免费上学，惠及 1.5 亿农村学生。农民的教育负担得到切实减轻，平均每年每个小学生家庭减负 140 元、初中生家庭减负 180 元。农民群众高兴地说：“种田不纳税，上学不缴费，农民得实惠，和谐好社会。”此外，2008 年秋季学期开始，免除城市义务教育学杂费也全面推行。

关注进城务工农民工子女和农村留守儿童的教育问题。近年来，国家进一步关注进城务工农民工子女教育，根据“以流入地政府管理为主，以全日制公办中小学为主”的方针，各地积极采取措施，使进城农民工子女就学保障状况得到很大改善。同时，各地把做好留守儿童教育、管护工作列入本地巩固提高义务教育工作的重要内容，按照教育部的要求建立农村留守儿童档案，健全动态监测机制，制定有效的教育与管护措施。解决进城务工农民工子女教育和农村留守儿童教育问题取得了重要成效。

在党中央的高度重视和领导下，各省、自治区、直辖市党委和政府把教育摆在优先发展的战略地位，把“两基”作为教育工作的“重中之重”，采取有力措施加强对“两基”工作的领导，努力加大教育投入，为确保中国全民教育的实施发挥了重要的作用。各级党委和政府的重视和支持，各级党政领导的身先士卒、率先垂范，使得实施义务教育由单纯的教育行为变为坚决的政府行为和广泛的社会行为。在神州大地，“两基”不仅成为重教兴国的代名词，“两基”验收也成为衡量当地教育状况的标尺。

三、夯实民族复兴的千秋基业

1993 年至 2007 年的近 15 年时间，是我国实现“两基”最为关键的时期。占世界人口 1/5 的中国用 15 年时间，实现了全民教育目标，实现了中华民族“有教无类”的千年夙愿和义务教育的百年梦想，为中华民族在 21 世纪实现民族复兴的伟大理想奠定了坚实的基础。

（一）彪炳史册的世纪伟业

中国百年义务教育的发展历程，既是中华民族努力实现伟大复兴的历史写照，也是人民大众对全民教育本质、内涵认识不断深化的飞跃过程；国家的意志、人民的意愿为普及义务教育奠定了坚实基础，而义务教育的普及也必将为教育发展、国家富强、民族复兴奠定千秋基业。

中国全民教育的发展道路艰难而曲折，大致经过了20世纪80年代的改善基本办学条件、消灭“一无两有”、完成“六配套”，20世纪90年代基本实现“两基”目标，21世纪初全面实现“两基”目标、逐步走向义务教育均衡发展道路这三个阶段，实现了全民教育发展的“三级跳”。三个阶段的奋进、三个阶段的发展就像坚实的阶梯，共同铸就了中国全民教育彪炳史册的世纪伟业。

中国政府和人民推进全民教育取得了举世瞩目的巨大成就，不仅初步实现了国家提出的普及九年义务教育和扫除青壮年文盲的目标，实现了中国政府对世界的庄严承诺，而且在世界九个人口大国共同推进的全民教育行动中走在了前列，受到国际社会的高度重视和一致好评。

办学条件取得重大改善。全民教育发展带来了中国基础教育的重大变革，实施义务教育后，中国基础教育办学状况得到了极大的改善。20世纪80年代初到90年代，我国的基础教育在困境中腾飞，取得了世人瞩目的成就。中国全民教育首先从改善农村办学条件入手，实现了“一无两有”“六配套”；在实现校舍改造的基础上，各地进行中小学办学条件的标准化建设，进行基础教育划时代的改革，狠抓义务教育的普及，在普及初等教育基础上基本普及九年义务教育，实现“两基”目标。

据统计，从1981年至1991年的11年间，我国多渠道筹措用于改善中小学办学条件的经费达1071亿元，其中国家财政拨款为357亿元，社会集资、捐资等各种渠道筹措教育经费700多亿元，共修缮、新建、改建中小学校舍总面积6.72亿平方米，使全国中小学危房面积占校舍面积的比例由1981年的15.91%下降到1991年的1.6%，其中有13个省份降到1%以下。与此同时，为了加强中小学教师队伍建设，各级政府和各级教育部门重视改善中小学教职工的住房条件。1981年至1990年全国城镇共投资49.92亿元，建成教师住房2111.6万平方米，计40.61万套。人民群众高兴地把这一欣欣向荣的景象编成歌谣传诵：“‘一无两有’‘六配套’，最好的房子是学校。”过去那种“找学堂不用问，瞅见破房只管进”“泥巴屋，泥巴台，里边坐着泥巴孩儿”的中国广大农村校舍的破旧状况，如今早已变成历史的陈迹。

20世纪80年代初，当我国下决心消除中小学危房时，全国中小学校舍中危房比例高达15%以上，如果单纯依靠国家投资改造，大约需要100年的时间，而我们仅用了十多年时间，就完成了几十年乃至上百年的艰巨任务。这个奇迹是党和政府领导亿万人民创造的辉煌业绩。

全民教育取得重大成就。以1986年《中华人民共和国义务教育法》的颁布为标志，我国掀起了实施“两基”的新热潮。从1986年《中华人民共和国义务教育法》的颁布到2001年1月中国政府向世界庄严宣布实现“两基”目标的15年间，我国义务教育发生了史无前例的巨大变化。

1985年全国小学在校生13370.2万人，小学适龄儿童入学率为95.9%，2000年全国小学在校生13013.25万人，适龄儿童入学率为99.11%，小学毕业生升学率由68.4%上升到94.89%，15年内小学毕业生升学率提高了26.49个百分点；1985年全国普通初中在校生3964.83万人，初中阶段毛入学率为36.76%，2000年全国普通初中在校生6256.29万人，初中阶段毛入学率为88.6%，15年初中阶段毛入学率提高了51.84个百分点；1985年全国青壮年非文盲率为80%以上、文盲率为20%以下，2000年全国青壮年非文盲率为95%以上、文盲率为5%以下；全国人口平均受教育年限从20世纪80年代初期的不到5年提高到2000年的8年以上。1999年中国首次在人均受教育年限上超过世界平均水平，实现了人力资源发展水平的重大突破；到2000年底，全国通过“两基”验收标准的县和其他县级行政区划单位总数已达2541个，地区人口覆盖率达到85%以上，青壮年文盲率下降至5%以下；全国有11个省（直辖市）通过了教育部“两基”评估验收，全面实现了现阶段“两基”规划目标。这个时期我国九年义务教育总规模已达到19269.5万人，比1990年增加3111.6万人，增长了19.25%。

2000年年底，中国如期实现“两基”目标，推动全民教育如期实现了对国际社会的庄严承诺。这是一个伟大的历史性成就，它不仅是中国教育发展史上一个辉煌的顶点，也是20世纪90年代世界教育发展的大事，具有重要的历史意义和国际意义。日本普及小学教育用了78年，美国普及小学教育用了100年，中国从1986年颁布《中华人民共和国义务教育法》真正确立普及义务教育制度算起，用15年的时间走过了西方发达国家近百年的普及义务教育之路！

一个中国几代人梦寐以求的百年梦想，许多年想办而办不到的事，在我们这代人手里变成了现实。中国实现“两基”是震古烁今的壮举，也是13亿中国人对全人类的重大贡献。在中国共产党的领导下，经过新中国成立以来半个世纪的不懈追求和艰苦努力，中国不仅实现了世界上最大规模的义务教育，而且甩掉了世界上头号“文盲大国”的帽子，取得了举世瞩目的辉煌成就，可谓当惊世界殊！

1993年在印度举行的九个人口大国全民教育首脑会议上，中国政府率先向世界庄严承诺，中国将在2000年基本普及九年义务教育和基本扫除青壮年文盲。中国的承诺成为世界各国关注的焦点，许多代表感慨地说，中国了不起！今天，我们可以自豪地说，我们无愧于伟大的时代！20世纪末，中国经济从温饱向小康跨越的同时，教育“两基”的奋斗目标也铿然实现。联合国教科文组织的评价是：中国不仅解决了吃饭贫困问题，还解决了教育贫困问题。中国全民教育的经验和模式为世界全民教育提供了成功的范例，为世界全民教育的发展作出了积极贡献。目前在发展中人口大国里，中国成为世界上唯一同时实现“文盲人口减半”和“贫困人口减半”的国家。中国在全民教育领域取得的成就世界瞩目，得到了国际社会的认可和广泛好评。

全民教育实现新突破。2000年以来，站在新的历史起点上，中国政府把农村教育作为教育工作的“重中之重”，紧跟达喀尔会议目标，向着实现全面普及九年义务教育和全面提高义务教育质量的更高目标迈进，义务教育实现了新的历史跨越，成人扫盲取得了巨大成就。

迎着新世纪的曙光，踏着时代奋进的节拍，在党中央、国务院的领导和部署下，经过各地政府多方面的努力，21 世纪初我国义务教育西部“攻坚”目标取得了重大进展，全国寄宿制学校工程建设取得明显成效，现代远程教育有了突破性进展，更多的农村孩子享受到优质教育资源，农村中小学教师队伍建设得到加强，农村义务教育经费保障机制改革顺利推进，农村义务教育面貌发生了巨大变化。到 2006 年，全国小学在校生 10711.53 万人，小学净入学率保持在 99%，全国初中阶段在校生 5937.38 万人，初中阶段毛入学率达到 97%（见表 3）。到 2007 年，西部地区 410 个“两基”攻坚县中，已经有 368 个实现“两基”目标，西部地区“两基”人口覆盖率由 2003 年的 77%提高到 98%，提高了 21 个百分点，超出计划目标（85%）13 个百分点。到 2007 年年底，西部地区累计扫除 600 多万文盲，青壮年文盲率下降到 5%以下；全国实现“两基”的县（市、区）累计达到 2820 个，占全国总县数的 96%，“两基”人口覆盖率达到 98%。2007 年，全国“两基”人口覆盖率达到 99%，青壮年文盲率下降到 3.58%，高中阶段教育毛入学率达到 59.8%。目前，全国 15 岁以上人口平均受教育年限超过 8.5 年，比世界平均水平高出 1 年，新增劳动力平均受教育年限达到 11 年，总人口中大学以上文化程度的超过 7000 万人，位居世界第二，初中以上文化程度的劳动力在世界上遥遥领先。

2001—2004 年，全国共扫除文盲 803 万人，年均扫除文盲 200 多万人，青壮年文盲率控制在 4%左右，成人识字率居发展中人口大国前列。1984—2004 年，中国在联合国教科文组织颁发的“国际扫盲奖”中，荣获“野间扫盲奖”及“野间扫盲奖”荣誉奖、“娜杰达・克・克鲁普斯卡娅奖”、“国际阅读协会扫盲奖”、“世宗王奖”及“世宗王奖”表扬奖、“国际扫盲奖”表扬奖等共 14 个奖项。其中，四川省巴中县、山东省五莲县、河南省西平县、新疆维吾尔自治区、全国妇女联合会、甘肃省天水市和青海省等获得了国际扫盲大奖及相应的奖金。

表 3 中国普及义务教育情况

年份	15 岁及以上人口文盲率 (%)	平均受教育年限（年）	小学净入学率 (%)	初中毛入学率 (%)
1990	15.88	6.26	97.80	66.70
1995	12.04	6.72	98.70	78.40
1998	11.95	7.09	99.30	87.30
1999	11.55	7.18	99.10	88.60
2000	6.72	7.62	99.10	88.60
2001	8.99	7.68	99.10	88.70
2002	9.16	7.73	98.60	90.00
2003	8.74	7.91	98.70	92.70
2004	—	8.30	98.90	94.10
2005	—	—	99.20	95.00
2006	—	—	99.30	97.00
2007	—	—	99.50	98.00

注：“—”表示无可用数据。

资料来源：教育部发展规划司，《中国教育统计年鉴》（1990 年至 2007 年）。

与此同时，中国政府大力发展职业教育，职业教育的发展也取得了历史性的突破。2007 年我国中、高等职业教育在校生分别达到 2000 万人和 861 万人。2005 年和 2006 年，我国中等职业学校招生总规模达到 801 万人，占整个高中阶段教育的半壁江山，实现了教育结构调整的战略意图，实现了我国教育结构的深刻变革。

目前，中国有多项指标提前实现了《达喀尔行动纲领》提出的全民教育目标，伴随着 2007 年全国农村义务教育阶段全部免除学杂费，以及 2007 年全国女童入学率首次高于男童入学率，中国不仅提前 7 年圆满完成了《达喀尔行动纲领》提出的“高质量的免费初等义务教育”的目标，而且提前实现了“教育中的两性平等，重点保证女童能够完全而平等地接受（并能完成）高质量的基础教育”的目标。

图1是根据联合国教科文组织《全球教育摘要2005——世界教育统计数据比较》中对应达喀尔全民教育目标的指标比较表（见表4），以及《2006年世界发展报告》部分指标绘制的八个人口大国平均受教育年限比较图，从中可以看出中国全民教育的发展情况。

表4　2002/2003年九个人口大国全民教育统计数据比较

	宣布义务教育年限（年）	初等教育净注册率（%）	中等教育毛注册率（%）	小学男女净注册率（%）		初中男女净注册率（%）	
				男	女	男	女
埃及	8	91	95	93	90	99	91
尼日利亚	6	67	40	74	60	44	35
墨西哥	6	99	105	99	100	100	111
巴西	8	97	129	—	—	123	129
孟加拉国	5	84	64	82	86	57	71
中国	9	92	97	92	92	97	97
印度	8	87	71	90	85	77	64
印度尼西亚	6	76	92	93	92	75	77
巴基斯坦	—	—	34	40	28	—	—

注：“—”表示无可用数据。

资料来源：《全球教育摘要2005——世界教育统计数据比较》，联合国教科文组织统计研究所。

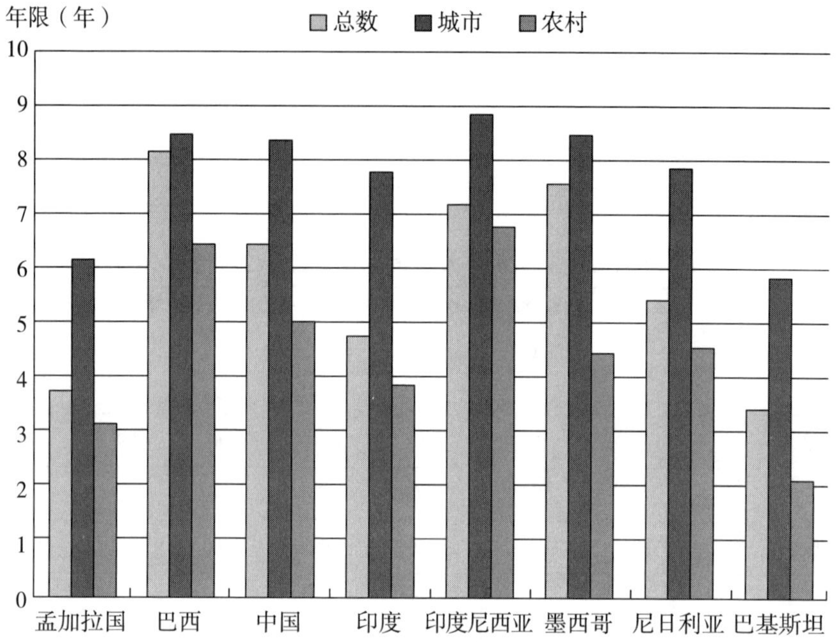

图 1　人口大国平均受教育年限比较

注：埃及的资料空缺，未收入。

资料来源：《2006 年世界发展报告》。

联合国教科文组织发布的《全民教育全球监测报告（2006 年）：扫盲至关重要》显示，截至 2002 年，中国全民教育发展指数（EDD）上升为 0.954，在 121 个被监测国家中排名第 38 位，比 2001 年的第 54 位上升 16 位，首次进入全民教育发展高指数国家行列。① 中国全民教育发展指数不但高于印度、巴西、印度尼西亚、孟加拉国等 8 个人口大国，也高于以色列、葡萄牙、科威特等高收入国家。同样，2002 年世界平均预期受教育年限为 10.5 年，其中初等和中等教育为 9.4 年，中等后教育为 1.1 年。其中发展中国家为 9.9 年，发达国家为 16.1 年，转型国家为 12.6 年。

① 联合国教科文组织. 全民教育全球监测报告（2006 年）：扫盲至关重要［M］. 联合国教育、科学及文化组织，2005：256.

2002年，据国家教育发展研究中心和国家统计局测算，2005年中国人均预期受教育年限达到11.3年，超过世界平均水平，接近转型国家水平。

如今，在神州大地960万平方公里土地上，那一幢幢拔地而起的现代化教学楼，一座座四季常青的花园式学校，已将我们几代人的梦想变成了现实。在中国不少农村，最漂亮的建筑在学校、最美的环境是校园已是不争的事实，这已在中华大地构筑起了一道道亮丽的风景线。

一所学校就是一座丰碑，记载着中国政府和人民对教育的无限关爱，记载着人民群众对教育的浓浓深情。推进全民教育、实现“两基”是中华民族为辉煌灿烂的21世纪铸造的牢不可破的基石，“两基”是提高国民素质、增强我国社会经济发展后劲和造就跨世纪社会主义现代化事业建设者的奠基工程，是中华民族实现伟大复兴的千秋基业。九年义务教育不仅为我国高中教育发展和高等教育发展培养了高素质生源，为国家的社会主义现代化建设奠定了坚实的国民素质基础和重要的人力资源基础，还为我国21世纪社会经济的发展，综合国力的提高，以及实现中华民族的伟大复兴提供了强大的智力支持、人才和劳动力储备。正如邓小平所说，12亿人口的人力资源优势一旦发挥出来，是任何力量也比不了的。

（二）推进全民教育的中国经验

中国走过了推进全民教育的艰难而光辉的历程，取得了巨大的成就，也积累了丰富的经验，这是亿万中国人民在创建社会主义市场经济框架下，探索中国特色社会主义教育发展道路和发展模式的伟大创举。

从1986年《中华人民共和国义务教育法》颁布实施到中国实现“两基”，在如此短的时间里，中国为什么会取得如此辉煌的成绩？回顾中国全民教育发展的历程，实践证明，根据本国的国情，因地制宜、实事求是地推进全民教育，是中国推进全民教育的基本经验。

坚持依法治教，建立督导检查制度，是推进全民教育的基本保障。1986年颁布的《中华人民共和国义务教育法》是中国第一部具有基本法地位的教育专门法律，开启了依法普及义务教育的进程。此后，《中华人民共和国教师法》《中华人民共和国教育法》《中华人民共和国未成年人保护法》等有关法律相继出台，从而构建了一个比较完整的义务教育法规体系，保障了义务教育的顺利实施。可以说，中国之所以能如期实现“两基”，正是由于坚持了依法治教，构建了比较完整的义务教育法制体系，使教育工作逐步走上依法治教的轨道。

在重视教育立法的同时，加强对贯彻落实教育法律法规和方针政策的监督检查，是坚持依法治教的有力保证。中国的实践证明，执法检查和教育督导与评估验收制度对于推进义务教育发挥了强有力的制度保障作用。

以政府为主导，依靠人民群众，调动社会各界力量办教育，是推进全民教育的重要前提。实施全民教育首先是政府行为。多年来，各级党政领导认真贯彻落实党中央、国务院关于教育改革和发展的一系列方针、政策，把实施“两基”放在“重中之重”的地位，千方百计，采取措施，狠抓落实，克服困难，加大教育投入，为实现“两基”目标发挥了重要的作用。

全民教育是一项宏大的社会系统工程，这项工程若没有广大人民群众的积极参与和配合，社会各界的积极参与和支持，要想取得辉煌的成就是不可能的。我国实施“两基”最大的困难是经费投入不足，校舍、设施等办学条件严重短缺。如果单靠政府预算内教育经费支出远远满足不了实施义务教育对经费的要求。可以说，我国之所以能取得“两基”的胜利，就在于依靠了广大人民群众的力量。这充分说明了在中国这样一个人口众多的大国办大教育，必须依靠国家、集体和全民的共同努力。

深化教育改革，不断改革完善义务教育管理体制和经费投入机制，是推进全民教育的重要保证。改革和创新是义务教育事业发展的不竭动力。1986年颁布的《中华人民共和国义务教育法》，确定我国实行“国务院领导下，地方负责、分级管理”的管理体制，这是我国基础教育体制改革的一项重要内容，这一改革不仅从根本上解决了长期以来我国基础教育由中央政府大包大揽而又包不过来的矛盾和问题，从体制上实现了由单一办学体制向多元化办学体制的转化，由原来只有中央一方面的积极性变为地方各级政府多方面办学的积极性，而且极大地调动了各级政府和人民群众办学的积极性和创造性，增强了各级政府兴办教育的责任感和紧迫感。以政府财政拨款为主多渠道筹措教育经费的投入体制的顺利构建，充分调动了国家、集体、群众办学的积极性，有效增加了全社会对教育的投入，对推进全民教育目标的实现以及我国在 20 世纪末实现“两基”战略目标起到了重要的作用。

20 世纪 90 年代中期以来，随着“分税制”和农村“税费改革”的推进，这一体制的弊端和问题日益显现，2001 年国务院对农村义务教育管理体制进行重大调整改革，实行“国务院领导下，由地方政府负责、分级管理、以县为主”的管理体制，这是从根本上保障农村义务教育持续健康发展的“治本之策”。

从实际出发，因地制宜，按地区、分阶段、有步骤实施，是推进全民教育的重要策略。中国作为一个发展中人口大国，根据人口众多、经济社会发展差异显著的实际情况，在推进全民教育中因地制宜地确定了分区规划、分类指导、分步实施的工作原则，坚持分类推进，分期实现义务教育目标的战略，从而使义务教育在我国地区间发展不平衡条件下能够得到切实有效的实施。

开展国际合作和交流，积极引进国际社会发展义务教育经验与争取国际支持，是推进全民教育的重要途径。中国政府开展了广泛的国际合作和交流，将国际社会的援助作为国内义务教育经费的一个有力补充，推动普及义务教育事业的发展，先后与联合国教科文组织、联合国儿童基金会、联合国开发计划署、世界银行等国际组织建立了良好的合作关系，得到了这些国际组织的多方面援助。许多项目的成功经验表明，引进国际援助项目是一条推动贫困地区普及义务教育的有效途径。

2005 年 11 月，在北京召开的联合国教科文组织第五届全民教育高层会议上，国务院总理温家宝说：“中国政府对国际社会倡导的全民教育作出了庄严承诺，并体现在国家发展战略之中。我们制定并实施科教兴国战略，坚持以人为本，树立科学发展观，将教育放在优先发展的战略地位。为此，我们不断完善国民教育体系，推进教育可持续发展，把普及九年义务教育，发展职业教育，提高高等教育质量，作为教育发展的三大任务，致力于建设学习型社会。”温家宝说：“实行全民教育，首先是政府的责任。我们确立了以政府为主的教育投入体制，主要从四个方面推进全民教育。一是把普及农村义务教育作为教育发展的重中之重。……二是把扫除文盲作为反贫困的重要措施。……三是大力发展职业教育。……四是加强教师队伍建设。……中国政府致力于保障所有儿童少年平等接受教育的权利，推进义务教育均衡发展，努力缩小城乡之间、地区之间教育发展的差距。”

温家宝的这段话是对中国政府推进全民教育行为的高度概括，也是对中国全民教育经验的精辟总结。

（三）全民教育是中国对人类的巨大贡献

中国推进全民教育的艰难而光辉的奋斗历程，蕴含着中华民族所独有的思想精华，也融合着世界教育思想与实践的优秀成果。中国的经验与模式不仅仅对我国推进义务教育发挥了重要作用，也将对世界教育发展产生深远影响。

中国于1986年颁布实施《中华人民共和国义务教育法》，积极参与国际社会共同推进的以满足国民基本学习需求为主旨的全民教育，成功实施了“基本普及九年义务教育和基本扫除青壮年文盲”的“两基”工程，普及九年义务教育和扫除青壮年文盲工作取得了历史性成就，为提升民族素质、保障中国经济社会全面可持续发展奠定了人力资源基础；中国普及义务教育目标的实现，也为推进世界全民教育进程作出了巨大贡献。

中国是世界上人口最多的国家，是一个发展中国家，其成功发展全民教育的成就本身就是对人类的巨大贡献。世纪之交，人均GDP只有约1000美元的中国实现全民教育的实践和经验，对世界全民教育发展提供了深刻的启示，中国在发展全民教育过程中的探索和行动，也必将对人类全民教育的发展产生重要的借鉴意义，对追赶型国家推进全民教育产生巨大的影响，对人类教育发展起到重要的推动作用。

20 世纪 90 年代以来，中国全民教育发展取得了显著的成就，然而从中国建设小康社会的总体目标和中国建设创新型国家、建设和谐社会、建设社会主义新农村的战略目标和要求来看，面向新世纪、新阶段、新目标，中国全民教育发展仍然面临诸多挑战。21 世纪，随着经济全球化趋势的深入发展和科技进步的突飞猛进，国际间围绕资源、市场、技术、人才的竞争日益激烈，这种发展动向表明未来全民教育发展不仅要重视教育的规模与数量，更要注重质量，注重生产、生活知识和工作技能的培养，关注人的全面发展。全球科技发展呼唤高质量、有活力的全民教育，构建和谐社会要求全民教育的均衡发展，创新型国家建设要求加速全民教育发展，新农村建设迫切要求新型的农村教育。

按照全面建设小康社会需要，秉承《达喀尔行动纲领》要求，中国政府初步确立了 21 世纪前 20 年全民教育发展的战略。为适应社会经济发展需要，实现全民教育发展目标，落实全民教育发展重点，提高全民教育普及水平和质量，中国政府提出的对策措施是：以强烈的国家意志实现高质量的全民教育；全面推进农村教育发展；大力发展农村职业教育和成人教育；保障欠发达地区与弱势人群的受教育权利，促进全民教育和谐与均衡发展；继续开展扫盲教育，巩固扫盲成果。

“没有全民教育的普及和提高，便没有国家现代化的未来。”① 基础教育关系国民素质的提高，是国家发展的基础性工程，是实现中华民族伟大复兴的奠基工程。中国全民教育目标基本实现，这为中国未来的发展奠定了坚实的基础。党的十七大提出优先发展教育、建设人力资源强国的宏伟目标。如何从教育大国走向教育强国，如何提高民族的创新能

① 温家宝．政府工作报告：2008 年 3 月 5 日在第十一届全国人民代表大会第一次会议上［N］．人民日报，2008-03-20（2）．

力，如何促进经济社会健康协调可持续发展，是中国未来教育发展的战略任务。

（原载改革开放30年中国教育改革与发展课题组著《教育大国的崛起》，教育科学出版社，2008年9月，作者主笔撰写）

绘制人力资源强国的宏伟蓝图

——《国家中长期教育改革和发展规划纲要（2010—2020年）》诞生记

2010年7月8日，中共中央、国务院印发《国家中长期教育改革和发展规划纲要（2010—2020年）》。从我国现代化建设的总体战略出发，规划描绘了我国未来10年教育改革发展的宏伟蓝图，科学确定了到2020年我国教育改革发展的战略目标、工作方针、总体任务、改革思路和重大举措。这是进入21世纪以来我国第一个教育改革发展规划纲要，是指导我国教育改革发展的纲领性文件。

——题记

今天的中国，正在科学发展的航道上，走向新辉煌；今天的中国教育，正在建设人力资源强国的征程上，谋划新发展。

百年大计，教育为本。千秋基业，人才为先。教育，是民族最根本的事业；教育，是国家跨越式发展经久不衰的力量源泉。

党的十七大从国家战略和全局高度，提出优先发展教育、建设人力资源强国的宏伟目标。谋划未来，推动发展，中国如何从教育大国走向教育强国，如何从人力资源大国迈向人力资源强国，这是国家发展的战略选择，更是未来教育发展的战略任务。

2010 年 7 月 8 日，是一个注定要载入中国教育史册的重要节点。这一天，中共中央、国务院印发《国家中长期教育改革和发展规划纲要（2010—2020 年）》（以下简称《教育规划纲要》），从我国现代化建设的总体战略出发，规划描绘了我国未来 10 年教育改革发展的宏伟蓝图，科学确定了到 2020 年我国教育改革发展的战略目标、工作方针、总体任务、改革思路和重大举措。这是进入 21 世纪以来我国第一个教育改革发展规划纲要，是指导我国教育改革发展的纲领性文件。

2010 年 7 月 13 日，是中国教育发展史上具有里程碑意义的重要时刻。北京，人民大会堂，举世瞩目的新世纪第一次全国教育工作会议在这里隆重开幕。中共中央、国务院全面部署实施《教育规划纲要》，胡锦涛总书记向全党全社会发出了推动教育事业科学发展，加快我国从教育大国向教育强国、从人力资源大国向人力资源强国迈进的总动员令。

大潮起，风帆扬。中国，迎来教育改革发展的崭新春天；中国，开启教育改革发展新的历史征程；中国，吹响人力资源强国的进军号角。中国教育，站在新的历史起点扬帆启航。

紧扣时代脉搏，把握世界趋势，立足中国国情，满足人民期盼。以科学发展观为指导，紧密围绕党的十七大提出“优先发展教育，建设人力资源强国”的新任务新要求，《教育规划纲要》对我国未来 10 年教育改革发展作出总体战略部署。

一、总揽全局的重大决策

世界潮流浩荡汹涌，中国巨轮勇往直前。凡事预则立，不预则废。教育是强国之基，强国必先强教。

制定《教育规划纲要》是党中央、国务院深刻分析新世纪新阶段的新形势和新任务作出的重大战略决策，集中体现了党中央对教育发展在国家未来发展战略布局以及经济社会发展中战略地位的深刻认识和基本要求。

时下，科学发展成为神州大地高昂的主旋律。科学发展离不开科学决策。

这是一个科学发展的战略部署。党中央高瞻远瞩，运筹帷幄，从战略和全局高度，为未来10年我国教育事业改革和发展谋划蓝图。

2008年3月，全国两会刚刚闭幕，胡锦涛总书记、温家宝总理分别作出重要指示：要在深入调研的基础上研究制定中长期教育规划纲要，把研究制定中长期教育规划纲要作为新一届政府必须着力做好的一件大事。

胡锦涛总书记对制定教育规划纲要、推进教育改革和发展的重大意义作出重要阐述，强调全党全国要积极行动起来，坚持育人为本，以改革创新为动力，以促进公平为重点，以提高质量为核心，推动教育事业在新的历史起点上科学发展，加快从教育大国向教育强国、从人力资源大国向人力资源强国迈进，为中华民族伟大复兴和人类文明进步作出更大贡献。

党中央、国务院对未来10年我国教育改革和发展的指导思想、战略目标、总体任务、重大政策措施提出重要指导意见，为教育规划纲要的制定工作指明了方向：

——教育发展要面向未来。既要立足当前解决突出问题、满足现实需要，又要着眼未来、明确长远目标和任务；既要培养满足我国当前发展需要的各类人才，又要造就更多引领经济社会未来发展的杰出人才。

——教育发展要适应经济社会发展对人才需求和全面提高国民素质的要求。一个国家的发展和强盛，从根本上取决于国民素质；国民素质提高关键靠教育。

——教育发展要顺应人民群众对接受更多更好教育的新期盼。经过多年努力，我国教育基本解决了“有学上”的问题，但“上好学”的问题依然突出。这对教育公平提出了更高要求，必须为广大群众提供更多、更好、更公平接受教育的机会。

——教育发展要进一步深化改革。教育发展不是简单的数量扩张，而必须以提高质量为前提。实现教育科学发展，根本出路在改革创新。要在人才培养、考试招生、办学方式、管理体制等方面深化改革。

运筹帷幄，周密部署，教育规划纲要制定工作全面、有序展开……

这是一个继往开来的战略决策，是在我国进入全面建设小康社会、加快社会主义现代化建设新阶段的关键时刻，党中央、国务院推动教育改革发展的又一重大战略决策。

教育是国家发展的基石。党中央、国务院历来高度重视教育事业发展。改革开放以来，在我国经济社会和教育发展的关键时刻，党中央、国务院都要制定和出台重要纲领性文件，为教育事业发展指引航向。

改革开放之初，随着全国工作重心转移，教育事业应怎样在新形势下发展，被提上了党中央的议事日程。1985 年 5 月，正当我国全面推进经济体制和科技体制改革的重要时刻，党中央召开了改革开放后第一次全国教育工作会议，讨论通过了《中共中央关于教育体制改革的决定》，以教育体制改革为突破口，确立了我国教育事业改革发展的重大战略方针，对于促进教育努力适应社会主义建设以及经济、科技体制改革的迫切需求起到了极大推动作用。由此，掀起了中国教育领域的思想大解放，开启了教育体制改革新征程。

20 世纪 90 年代，我国进入实现现代化建设第二步战略目标和建设社会主义市场经济的关键时刻，1993 年 2 月，中共中央、国务院颁发《中国教育改革和发展纲要》，绘制了 20 世纪 90 年代到 21 世纪初叶我国教育事业改革发展的蓝图。为贯彻落实纲要，1994 年 6 月，中共中央、国务院召开了改革开放以来第二次全国教育工作会议，动员全党全社会实施《中国教育改革和发展纲要》，确立教育优先发展的地位。

世纪之交，知识经济初见端倪，科学技术日新月异。民族素质和创新能力越来越成为综合国力的重要标志。为了应对 21 世纪的挑战，提高全民族素质和创新能力，1999 年 6 月，中共中央、国务院颁发了《关于深化教育改革全面推进素质教育的决定》，召开了改革开放后第三次全国教育工作会议。

这是在中国教育发展史上具有里程碑意义的三份文件、三次会议，开启了中国教育事业新的历史时代，推动中国教育改革发展不断迈上新的台阶。每一次会议的召开和纲领性文件的颁布，都将中国的教育思想观念提升到一个新的高度，进而使中国教育事业迈上一个新的台阶。

未来十年是我国实施现代化建设“三步走”战略的关键阶段。在我国进入全面建设小康社会、加快社会主义现代化建设新阶段的关键时刻，《教育规划纲要》的制定和颁布，以及全国教育工作会议的召开，是党中央、国务院把握世界趋势，顺应时代潮流，立足中国国情，体现人民意愿，作出的又一重大战略决策。《教育规划纲要》不仅是我国教育发展史上又一份新的里程碑式的文件，也是 21 世纪继《国家中长期科学和技术发展规划纲要（2006—2020 年）》和《国家中长期人才发展规划纲要（2010—2020 年）》之后又一份支撑国家战略的纲领性文件，其丰富和发展了中国特色社会主义教育理论体系，为未来我国教育改革发展指明了方向，对于指导我国教育事业在新的历史起点上加快推进改革，实现新的跨越发展具有重要意义，对于建设人力资源强国、满足人民群众接受良好教育的需求、全面建设惠及十几亿人口的小康社会具有重要而深远的战略意义。

这是一个体现时代要求的战略决策。全面提高国民素质，促进教育事业科学发展，为加快社会主义现代化建设奠定良好的人力资源基础，是制定《教育规划纲要》的战略出发点。

贯彻落实党的十七大精神，站在新的历史起点上，谋划未来，推动发展，制定一个高质量高水平的规划纲要，把党和国家的战略意图落实到实际工作之中，使教育事业更好地服务国家与人民，是党中央、国务院制定《教育规划纲要》的战略基点和重大要求。

制定一个准确把握世界发展趋势，体现时代要求、中国国情教情和人民需要的《教育规划纲要》是时代的召唤。《教育规划纲要》的制定充分体现了世情、国情、民情、教情。

世情——制定《教育规划纲要》是我国积极应对国际竞争的迫切需要。当今世界正处在大发展、大变革、大调整时期。世界格局深刻变化、科技进步日新月异、人才竞争日趋激烈。为了在日趋激烈的国际竞争中抢占先机，许多国家都把发展教育、开发人力资源作为重大国家战略，积极谋划教育改革发展，制定教育和人才资源开发规划。当代中国正站在新的历史起点上加速发展，由人力资源大国向人力资源强国迈进。我国要在激烈的国际竞争中赢得主动地位，必须优先发展教育，长远谋划教育改革发展。

国情——制定《教育规划纲要》是我国全面建设小康社会与加快现代化建设步伐的迫切需要。2020 年我国进入实现全面建设小康社会奋斗目标、加快社会主义现代化建设的新阶段。之后 10 年，我国要保持经济平稳较快发展、全面建设小康社会、实现现代化目标，根本靠创新，关键在人才，基础在教育。制定《教育规划纲要》是建设人力资源强国、提高国际竞争力的需要；是提高自主创新能力、建设创新型国家的需要；是推进工业化、城镇化、信息化、国际化、市场化，实现经济又好又快发展和社会全面进步的需要；是改善民生、促进人的全面发展的需要。

民情——制定《教育规划纲要》是满足人民群众对教育新期盼的迫切需要。教育事业涉及千家万户，关乎人民群众切身利益。为人民群众提供公平的受教育机会，满足人民群众的教育需要，是对教育发展提出的新的更高要求。结合我国教育事业发展实际制定教育规划纲要，对于满足人民群众对教育的新期待，解决我国教育领域存在的突出矛盾和问题，推进教育改革发展都具有重大战略意义和深远影响。

教情——制定《教育规划纲要》是推动教育事业科学发展的迫切需

要。新中国成立以来特别是改革开放以来，我国教育事业取得了举世瞩目的成就，开辟了中国特色社会主义教育发展道路，建成了世界最大规模的教育体系，实现了由人口大国向人力资源大国的转变，保障了亿万人民群众受教育的权利，但教育的发展还不能适应现代化建设新阶段新形势的更高要求。以科学发展观为指导，认真总结新中国成立以来特别是改革开放以来教育发展的成就和经验，努力把握新时期教育规律、教学规律和人才成长规律，在改革创新中促进教育科学发展，这是我国教育在新时期新阶段面临的新任务新要求。

这是一个群策群力的战略部署，各方面团结协作，精心组织实施，确保了决策的科学性。

根据中央部署，2008年8月29日，国家科教领导小组第一次会议后，国务院成立了以温家宝总理为组长、刘延东国务委员为副组长的教育规划纲要领导小组。同时，成立了由刘延东国务委员为组长，国家科教领导小组成员单位及相关单位等14个部门为成员的教育规划纲要工作小组，承担教育规划纲要研究制定的具体工作。教育规划纲要工作小组下设办公室，办公室设在教育部。

为了制定这次教育规划纲要，工作小组组织成立了由500多位专家学者直接参加、近2000人参与的11个重大战略专题组。组织了100多位的专家咨询队伍，邀请包括全国人大、全国政协专门委员会、各民主党派、各级各类学校、科研机构、企事业单位以及海外高校负责人等各领域高层次专家组成咨询组，其中不仅有大中小学和职业教育代表人士，还特别邀请了科技、经济、管理、文化、社会等方面的专家学者。成立东中西9省（区、市）分区域规划小组和7个教育分领域规划小组。根据制定分地区专题规划的需要，分别选择东中西部的北京市、辽宁省、上海市、江苏省、河南省、湖南省、广东省、重庆市和新疆维吾尔自治区9个省（区、市）就制定本地区教育改革和发展规划纲要开展调研。还围绕制定学前教育、基础教育、职业教育、高等教育、继续教育及民办教育等7个分领域专题规划，组织开展系统深入调研。

在教育规划纲要制定过程中，刘延东先后多次主持召开教育规划纲要工作小组全体会议，以及调研、咨询、征求意见和文本修改会，研究调研、起草、征求意见工作。她多次主持召开座谈会，就教育规划纲要的研究制定工作，分别听取全国人大教科文卫委员会、全国政协教科文卫体委员会部分代表委员的意见建议。她还带队深入考察了美、英、俄、瑞士、新加坡等国家教育发展的情况。

这次教育规划纲要的制定经过了调查研究、起草论证、公开征求意见、审议完善四个阶段，组织各地有关部门、学校、社会团体等广泛参与，两次在网上面向社会公开征求意见。

第一阶段——调研阶段：从2008年8月29日到2009年2月，历时半年，问需于民，第一次面向社会征询意见，进行专题调研、深度调研，主要任务是了解掌握情况，凝聚重点难点。第二阶段——起草阶段：从2009年3月到2010年2月，历时一年，起草文本，修改论证，主要任务是做好顶层设计，深入学习领会中央重大部署，吸收社会各界意见建议，形成文本初稿。第三阶段——公开征求意见阶段：从2010年2月28日到3月28日，历时一个月，文本面向社会公开征求意见，主要任务是深化认识，凝聚共识。第四阶段——审议完善阶段：从2010年4月15日到6月21日，报送党中央、国务院审议。

金秋的北京，天高气爽。2008年8月，教育规划纲要的各项准备工作已经有序展开。根据国家科教领导小组会议的精神，工作小组办公室成立总体战略研究组，主要负责战略方针、战略目标、重大项目、重大政策的研究、设计和文本撰写工作。由工作小组办公室组织的文件组、调研组、综合组同时进驻位于北京大兴的国家教育行政学院，组织专门队伍，研究起草教育规划纲要工作方案和调研工作方案，开始了教育规划纲要的调研起草工作。国家科教领导小组第一次会议原则通过了教育规划纲要工作方案。工作小组第一次会议原则通过了教育规划纲要调研工作方案。

2008年8月11日至13日，工作小组办公室在京召开教育规划纲要调研起草工作会议，启动调研起草工作。先行确定了对教育发展总体战略研究、推进素质教育研究、基础教育发展战略研究、职业教育发展战略研究、高等教育发展战略研究、继续教育发展战略研究、教育公平与协调发展研究、教育改革与制度创新研究、教师队伍建设研究、教育发展保障条件与机制研究、教育系统党的建设研究等11个重大战略专题、36个子课题进行深入调研。重大战略专题调研组实行双组长制，由有丰富经验的教育行政管理人员和相关领域知名专家担任专题组组长，同时邀集相关中央部门的专业干部，动员吸纳具有较高研究水平和影响力的教育、经济、社会、科技、文化界等各方面专家力量，组成高素质的专题调研队伍。各战略专题研究组及其子课题组，通过召开各类研讨会、座谈会，组织问卷调查，实地调研，进行领导、专家访谈，形成了一批研究成果。

重大项目调研和分领域、分地区专题规划调研工作的相关方案也准备就绪。通过对20多个主要是在本届政府任期内可以实施的重大项目和政策进行专门研究，力争提出可操作的项目与政策建议。

在教育规划纲要制定过程中，工作小组成员单位——教育部、国家发展改革委、财政部、科技部、工信部、人社部、农业部、国务院研究室，以及中科院、社科院、工程院、国务院发展研究中心、自然基金委、中国科协等14个部门，讲政治、讲大局，各负其责，齐心协力，通力合作，出人、出力、出智慧，对教育规划纲要的制定给予了高度重视和大力支持。

教育部党组对教育规划纲要研究制定工作高度重视，通过多种方式进行广泛动员，整合各方力量，做好思想和组织准备。教育部党组把教育规划纲要的制定作为工作重点，党组成员带头调研，党组会多次研究，各职能部门全员参与、全力支持，确保教育规划纲要制定工作顺利进行。

这次教育规划纲要的制定是各相关部门、社会上下群策群力、团结协作的成果。

广开言路、广纳群言、广集众智、凝聚共识。教育规划纲要制定是党中央、国务院推进决策科学化、民主化，增强决策透明度和公众参与度的重大战略部署，是社会主义民主生动而具体的实践，是全党全社会集体智慧的结晶。

二、科学民主决策的伟大实践

教育事关民族兴旺、人民福祉和国家未来，历来为中央重视、百姓关心、社会关注。科学民主决策是党和政府工作的基本原则，是社会主义民主政治建设的重要内容。科学决策，来自充分发扬民主、深入调查研究、广泛集中民智。

《教育规划纲要》的制定工作，始终在党中央、国务院直接领导下进行，凝聚了全党全社会的智慧。

《教育规划纲要》的制定过程是党中央、国务院直接领导的过程，党中央、国务院的正确领导为《教育规划纲要》的制定提供了坚强的政治保证。

在制定《教育规划纲要》的过程中，胡锦涛多次就2010—2020年我国教育改革和发展中需要研究解决的重大问题作出指示，要求把教育放在优先发展的战略地位，努力实现国家财政性教育支出占国内生产总值4%的目标，建设人力资源强国，推进教育公平，尽力而为，量力而行，多为人民群众做些雪中送炭的事。

胡锦涛多次深入学校调研，了解人民群众的教育需求。2009年6月，胡锦涛在黑龙江省考察期间，专程来到从事特殊教育的哈尔滨市燎原学校，看望智力障碍学生，祝愿孩子们健康快乐成长。在审阅教育规划纲要文本时，胡锦涛特别批示要关注特殊教育。为此，《教育规划纲要》在发展任务部分专门增加第十章“特殊教育”的内容。

吴邦国、温家宝、贾庆林、李长春、习近平、李克强、贺国强等中央领导同志对《教育规划纲要》的制定工作十分关心，分别以书面意见、批示等多种方式对起草工作进行指导，提出意见建议。

科学民主决策，广泛集中民智，这是中国共产党人的优良传统，也是起草一个让人民满意、符合我国国情和时代特点的教育规划纲要的重要保证。

党中央、国务院明确要求：教育是重大民生问题，全社会都很关心。教育规划纲要的制定要开放，充分听取社会各界意见，特别是校长、教师、学生和家长的意见。每一类规划和一些重大问题都可以拿到全社会讨论，在争论中求得共识，得到认同。要使教育规划纲要的制定过程，成为发扬民主、集思广益的过程，成为统一思想、凝聚共识的过程。

2010年1月11日至2月6日，温家宝在中南海分别主持召开了高等教育、职业教育、基础教育、管理体制、群众代表5次座谈会，与来自社会各界的50多位代表座谈，听取社会各方面意见建议。在第五次座谈会上，温家宝专门邀请来自基层的学生家长、中学生、农民、工人、进城务工人员、自由职业者代表等进行探讨。

按照党中央、国务院的统一部署，规划纲要的制定要切实做到谋划教育改革发展思路向人民群众问计，查找教育改革发展中的问题听人民群众意见，改进教育改革发展措施向人民群众请教，落实教育改革发展任务靠人民群众参与，衡量教育改革发展成效由人民群众评判，最大限度地把全社会对教育改革发展的期盼、意见和建议落实到规划纲要中来，充分体现国家重大战略的民主决策过程。民主决策是这次规划纲要制定的突出特点、最大亮点和重大创新点。

《教育规划纲要》的制定过程是深入学习和研讨的过程，深入学习是文件起草的前提。

加强学习，理论武装，坚持以邓小平理论和“三个代表”重要思想为指导，深入贯彻落实科学发展观，全面领会和掌握中国特色社会主义理论体系，特别是认真学习党的三代领导集体和以胡锦涛同志为总书记的党中央关于教育工作的一系列重要指示精神，成为指导《教育规划纲要》制定的思想理论武器。

在文件起草之初，起草组就把文件起草过程作为深入学习过程。深入学习改革开放以来党中央、国务院颁布的有关教育工作的所有文件，学习中央领导关于教育工作的讲话、指示、批示，学习国家经济社会发展的趋势以及对教育发展的需求，学习国际教育发展的最新思想理念和动态。

起草工作刚一开始，在工作小组办公室的精心安排下，各种文件、资料迅速汇集到了领导小组、工作小组成员，以及各战略专题组成员、起草人员的案头。十多大本、上千万字改革开放以来中央关于教育改革发展的重要文件汇编成册送来了；两大本国际教育改革发展的最新资料，在我驻外教育处组配合下搜集整理送来了；国家经济、社会、科技、人口、教育发展的各种报告送来了……。这些都为起草好《教育规划纲要》提供了坚实的思想、理论、知识、政策准备。

为了把握世界金融危机对我国教育的影响，准确地分析教育面临的形势，制定一个符合时代特征的规划纲要，教育规划纲要工作小组办公室于2008年11月21日召开了“世界金融危机与中国教育”座谈会，邀请国内外专家围绕金融危机对教育发展的影响展开深入研究。

2009年3月9日，工作小组办公室召开专题座谈会，邀请世界银行教育专家座谈，就制定教育规划纲要充分借鉴和吸收国际经验，听取意见建议。

2009年5月18日，工作小组办公室召开中欧教育专家教育规划研讨会，征询欧盟教育专家对我国正在制定的教育规划纲要的意见和建议，就规划纲要需要研究解决的若干重大问题，中欧教育专家开展对话深入研讨。

围绕社会关注的重大教育问题和战略目标，工作小组办公室还组织专家研究起草了涉及教育规划纲要重大问题的相关背景材料，涉及改革发展总体战略目标、各级各类教育发展目标、投入目标等20多个发展目标和众多项目论证材料。

广泛深入学习，广泛深入讨论，广泛深入地开展战略研究，为起草工作奠定了坚实的理论基础，为《教育规划纲要》做好了顶层设计，谋划框架、方针、战略目标和重大政策构想，打下了重要的思想基础。

《教育规划纲要》的制定过程是立足国情、广泛深入调查研究的过程，调查研究是正确决策的关键。

调查研究是成事之基、议政之源、谋事之道。调查研究是获得真知灼见的源头活水。

调查研究是起草的坚实基础。调查、起草，再调查、再起草，把调查研究贯穿于起草工作始终，是这次《教育规划纲要》起草工作的重要特点。从广泛深入的调查研究，到对文本的一次次讨论、修改。大调研、大讨论一直贯穿《教育规划纲要》研制工作始终。

为了聚焦重点难点，充分体现调研活动广泛参与性的特点，教育规划纲要工作方案提出，在开展重大战略专题调研和重大项目调研的同时，围绕相关主题，开展广泛的社会调研。组织11个重大战略专题组围绕11个重大专题、36个子课题开展大规模专题调研，起草完成了11个研究报告；组织工作小组各成员单位、各省区市和80多所高校广泛调研；委托8个民主党派中央、4个社会研究机构、6个教育学会平行调研；委托世界银行研究院、欧盟总部及我国驻外60个教育处组进行国际调研；针对社会广泛关注的优质义务教育资源分布不均衡、城市择校、农民工子女教育、减轻中小学生课业负担、高中文理分科、增强职业教育吸引力、高校办学自主权、落实教育经费“三个增长”、多渠道筹措教育经费等20个热点难点问题进行深度调研。

2009年1月9日至2月20日，工作小组办公室围绕社会关心的若干重大问题组织深度调研工作，承担深度调研工作任务的11个重大战略专题组迅速行动，围绕各自需要深度调研的问题，分赴各地进行实地调研和典型研究，或通过其他方式广泛听取意见，起草完成了《二十个重大问题深度调研报告》，整个调研阶段共形成500多万字的调研报告。为《教育规划纲要》准确分析部署解决教育重大问题发挥了重要作用。广泛深入的调查研究，为起草工作奠定了坚实的实践基础。

既充分发挥专业人员深入研究的作用，又注重依靠群众广泛听取意见，是这次规划纲要制定的又一特点。

在起草文本过程中，起草组立足实际，积极动员各方面力量，实行开放式研究，制定过程向社会公开，广泛征求意见。成立专门小组，邀请200多位知名专家学者、工作小组有关部委司局长、地方教育部门负责人、大中小学校长和教师等直接参与起草修改工作。

在文本提纲形成后，2009 年 2 月 18 日，教育部组织参加教育部直属高校第 19 次咨询会的高校党委书记、校长讨论《教育规划纲要》文本提纲。围绕文本提纲草稿，高校书记、校长们就如何进一步推进我国高等教育事业的改革发展发表了许多真知灼见。

在文本初稿完成后，相关部门先后多次组织大范围征求意见活动，反复咨询论证，深入研究探讨。

结合文本初稿修改，2009 年 4 月 24 日至 29 日，工作小组办公室组织起草组成员一行 20 人到江苏、湖南和重庆，分片组织东中西部座谈会征求对规划纲要初稿的意见和建议。在南京、长沙和重庆，分别主持召开分省规划纲要领导小组成员、东中西部相关省市教育厅负责人、基础教育（含中等职业教育、民办基础教育）、高等教育（含高等职业教育、民办高等教育）四个方面的座谈会。3 名省市规划纲要领导小组成员，15 名省市教育厅（教委）负责人，大中小学校长、幼儿园园长，市县教育局局长和有关专家学者 200 多人参加了座谈会。各地提出了 25 个问题，还就《教育规划纲要》初稿的框架结构、内容文字提出了许多具体的修改意见和建议。

结合文本初稿修改，2009 年 5 月 19 日至 22 日，工作小组办公室召开系列会议，就《教育规划纲要》若干重大问题进行专题研究，征求专家和有关方面的意见。与会人员围绕人力资源强国含义、指标体系，各级各类教育发展目标与人力资源强国的关系，教育的社会贡献率指标设计、监测和发布，减轻中小学生课业负担的措施，普通高中的发展思路、目标、办学体制，职业教育的吸引力和学生继续深造的通道，继续教育“立交桥”的建立，高考改革，人才培养机制的创新，高校办学自主权的落实，各级政府的教育管理权责，2012 年财政性教育经费支出占 GDP 4% 目标的实现，农村教师补充机制的创新、农村教师整体素质和待遇的提高，重大项目的设计及论证测算等 20 个问题展开讨论。与会专家和各方面人士就解决这些问题的思路、政策、措施及文本初稿相关部分的修改提出了意见建议。

结合文本初稿修改，2009年7月19日，工作小组办公室在北京召开座谈会，专门听取了部分地方高校领导和专家对《教育规划纲要》文本的意见建议。

结合文本初稿修改，2009年8月5日，工作小组办公室在广东珠海召开座谈会，专门听取了香港的部分全国人大代表、全国政协委员，以及教育行政部门人员、大中学校校长、教师代表和相关社会知名人士对《教育规划纲要》文本的意见建议。

在起草和修改阶段，为了突出重点，寻求对一些社会普遍关心的重大教育问题的解决思路，起草组专门邀请各方面专家和来自教育一线的局长、校长、教师参与研讨。组织起红方、蓝方对阵进行辩论。在这里，不论职位高低，不论是权威专家还是一线的普通教师，大家都是起草组成员，只要观点符合实际、有见地，就可以吸收到文本中来。有时，关于一个重大问题、热点话题，为了摸透实情、厘清思路、寻求对策，大家争论得面红耳赤，目的只有一个，解放思想、实事求是、尊重规律、科学决策。

《教育规划纲要》制定过程是广泛动员、凝聚共识的过程，广集众智是民主决策的重要体现。

发扬民主、广开言路、问政于民、问需于民、问计于民，是这次《教育规划纲要》制定的鲜明特点。《教育规划纲要》起草组始终坚持解放思想、实事求是、与时俱进，坚持从群众中来到群众中去、从实践中来到实践中去，前后两次面向社会公开征求意见，广泛听取意见，集中国际国内智慧，凝聚全社会共识，从而使这次《教育规划纲要》的制定成为广聚民意民智的生动实践。

《教育规划纲要》文本面向社会公开征求意见，是研究制定工作的重要环节。充分发扬民主，集中全国人民智慧，反复咨询论证，始终贯穿于《教育规划纲要》起草的全过程。在文件起草之初，第一次面向社会公开征求意见，广泛了解、征求人民群众对教育的需求和问题；在文本起草过程中，广泛征求、反复听取社会各界意见，动员人民群众献计献策；在文本初稿起草完成之后，第二次面向社会公开征求意见，广泛征求人民群众对文本的意见建议。从问需于民，到问计于民，到问政于民，为起草工作奠定了坚实的群众基础。在制定过程中先后两次面向社会公开征求意见，这在中央文件的制定历史上是第一次，也是本次《教育规划纲要》制定的重大突破、最突出的亮点和创新点。

问需于民——广泛征求人民群众的教育需求和意见问题。

2009 年新年伊始，万象更新。正当全国人民以饱满的热情和无比的喜悦辞旧迎新的美好时刻，《教育规划纲要》在新年第一时间向全国人民征求建议意见。广泛动员各方面力量，紧紧依靠人民群众，广泛听取人民群众意见，广纳群言，广集众智，求教于民，是国家确立的制定《教育规划纲要》的重要内容和关键环节，也是谋划教育改革发展思路、推进教育改革发展的重大举措。

《教育规划纲要》第一次面向社会公开征求意见，从 2009 年 1 月上旬到 2 月底，分两个阶段进行。第一阶段就一系列重大问题向社会公开征求意见，海内外各界人士通过各种渠道发表意见建议 210 多万条，发来信件 14000 多封……。这些数字与事实，记录着党和政府广纳群言、广集众智的民主科学决策过程，开启了中国教育从新的起点出发的改革之路。

据中国驻旧金山总领事馆报告，《教育规划纲要》公开征求意见的消息公布后，在美国北加利福尼亚州华人中引起热烈反响。2009 年 1 月 11 日，华东师范大学北加利福尼亚州校友会和美中上海友好协会联络各界，发起“美国北加利福尼亚州侨、学、商、科技界为规划纲要建言座谈会”，得到各界的广泛响应和热情支持。许多人纷纷打电话或给组织者传去书面的建言提纲。73 岁在美国获得博士学位的陶友松先生数次传去电邮建言献策。

问计于民——广泛征求社会各界意见，动员人民群众献计献策。

在《教育规划纲要》的研究制定中，中央领导反复要求，要广泛听取各个方面的意见和建议，求计问策，倾听民声，民主决策，科学决策。

在 2009 年第一次面向社会公开征求意见的第二阶段，工作小组办公室还就社会关注度高、影响教育改革发展全局的 20 个重大问题公开征求意见。这 20 个重大问题涉及加强农村教育、深化教育教学以及管理体制改革、解决各级各类教育中的突出问题、保证教育投入和健康发展等4个方面。工作小组办公室希望社会各界围绕这些问题进一步出主意、想办法，提出实招、硬招、新招，献计献策。

2009年11月16日，《教育规划纲要》文本初稿形成后，进入广泛征求意见建议、认真修改完善文本阶段，这是研究制定工作的关键时期。工作小组办公室通过多种方式征求、听取各方面对文本的意见建议，集中力量修改完善文本，积极做好文本报送的准备工作。一是书面征求意见。向全国人大、全国政协、各民主党派中央、中央有关部委、各省（区、市）党委和政府、承担分规划制定任务的9省（区、市）教育厅（教委）、教育部直属的6所师范大学、12位教育系统知名人士、教育部党组成员和各司局共94家单位或个人发函征求意见。二是召开系列座谈会。先后召开11个重大战略专题组组长、企业界代表、9省（区、市）教育厅（教委）厅长（主任）及主管基础教育的副厅长（副主任）、教育部主要业务司局负责人、高考改革专题等6个座谈会，听取意见建议。三是登门拜访、沟通。起草组组织人员先后拜访征询了教育部老领导、大中学校校长、有关专家对文本的意见建议，还电话征求了相关专家的意见。

问政于民——广泛征求人民群众对《教育规划纲要》文本的意见建议。

2010年1月，经过一年多的努力，《教育规划纲要》研究制定进展顺利，取得阶段性成果，温家宝召开国家科教领导小组会议，讨论《教育规划纲要》文本，并决定第二次面向社会公开征求意见。

2月28日，沐浴着新春的气息，赶在全国人民喜迎两会的关键时刻，《教育规划纲要》文本向社会公开征求意见工作启动。为了充分征求两会代表委员对《教育规划纲要》文本的意见建议，两会前夕，工作小组办公室专程致函代表委员，并将《教育规划纲要》文本（征求意见稿）送到出席全国两会的426位教育界人大代表和政协委员案头，倾听意见建议，请代表委员建言献策。

当日，国家中长期教育改革和发展规划纲要工作小组办公室发布公告，《国家中长期教育改革和发展规划纲要（2010—2020年）》（公开征求意见稿）自2月28日至3月28日向社会公开征求意见。国务院新闻办在京举行新闻发布会，介绍《教育规划纲要》公开征求意见工作。

这次公开征求意见的范围涉及各行各业、覆盖国内国外。在面向社会通过报刊、网络等方式公开征求意见的同时，继续以书面形式专门征求有关中央国家机关，全国人大和全国政协有关专门委员会，8个民主党派中央、各省（区、市）党委，政府和教育行政部门，教育部直属高校，以及社会各界意见建议，并将《教育规划纲要》英文版送联合国教科文组织、经合组织、世界银行、欧盟委员会等国际组织及俄罗斯联邦教育署等征求意见。

工作小组对来自社会各界的意见建议高度重视。征求意见工作伊始，即组织专门力量24小时不间断地全面收集整理意见，及时对来自网上帖子、电子邮件、信函等渠道的意见收集、整理、分类，形成每日舆情、每日意见摘报和阶段性重要意见汇编，每天以最快速度报送到起草组、工作小组成员，直至国务院领导的案头。

社会各界对《教育规划纲要》文本公开征求意见反响热烈。各界人士踊跃参与，上至94岁的耄耋老人，下到八九岁的小学生，甚至包括正在监狱服刑的犯人，纷纷以强烈的主人翁意识提出意见建议。从中央到地方的各类媒体对公开征求意见工作给予了大力支持，纷纷进行报道，参与热情前所未有。

涓涓细流，汇成江海。万众一心，众志成城。

一条条充满热切期盼、一句句发自肺腑、一篇篇凝聚智慧的意见和建议，如股股清泉、似烈烈热火，为《教育规划纲要》文本广集众智，注入生机活力。

3月28日，《教育规划纲要》文本向社会公开征求意见工作顺利结束。在第二轮面向社会公开征求意见的一个月中，工作小组办公室共收到意见建议2.79万条，从媒体、网络累计收集的报道评论与意见建议约249万条。征求意见期间，中央主要媒体刊发相关报道和评论文章1200多篇。这些意见建议，有力推动了公开征求意见工作，对于进一步修改完善文本、推进教育改革发展具有重要意义。边制定边调研边向社会征求意见，这在中央文件制定史上也是第一次。

社会各界、国际组织对《教育规划纲要》民主、开放式的研究制定给予充分肯定，高度评价：

——认为这是民主决策、科学决策的生动实践，体现了中央优先发展教育、进一步推进我国教育事业改革发展、办好人民满意的教育和建设人力资源强国的信心和决心，为进一步推进我国教育事业改革和发展增添了生机活力。

——认为文本总体符合党的十七大精神和科学发展观的要求，体现了国家意志，回应了当前我国教育面临的重大问题、制约教育科学发展的瓶颈问题、老百姓关心的热点问题，提出了解决问题的思路和办法，有许多新意、亮点和创新点，是一份具有重大战略意义的指导性文件。

——认为文本没有回避当前我国教育面临的主要矛盾和突出问题，特别是对实现2012年财政性教育经费支出占GDP4%的目标反响热烈、感到振奋。

——联合国教科文组织认为，《教育规划纲要》表达了中国跻身世界最好教育行列的长远思路。世界银行认为，《教育规划纲要》提出了许多新颖的改革思路，教育必将成为中华民族伟大复兴的关键路径。经合组织认为，教育将在中国经济增长和现代化进程中扮演重要角色。

腾讯网和《人民政协报》联合调查显示，社会对《教育规划纲要》的满意度达到73%。综合教育部门户网站、各大主流媒体和社会网站发表意见的情况，社会各界对学前教育、义务教育均衡发展、高考改革、高校去行政化、加大教育投入、加强教师队伍建设等方面的问题给予了重点关注。围绕学前教育的发展目标和政府责任、缩小教育差距、减轻中小学生课业负担、解决好择校问题、规范高考加分、提高农村教师待遇、妥善解决代课教师问题等提出了许多意见建议。很多意见建议思考深入、见解深刻、针对性强，对规划纲要的修改完善和启动实施具有重要参考价值。

从蝉鸣如潮的盛夏到落叶纷飞的金秋，从瑞雪飘飞的严冬到百花争艳的阳春，地处北京大兴的国家教育行政学院专家公寓，记录着起草组成员不辞劳苦奋力工作的每一时刻。起草组成员深知，能够参与21世纪第一个教育规划纲要的研究制定，既是莫大的荣誉，也是沉甸甸的责任，大家不辱使命，聚精会神、全力以赴投入起草工作，夜以继日地艰苦奋战，在如山的资料、文字中漉沙始金，在如沙的数据中计算论证，在各种意见建议中汲取智慧。起草组驻地常常是灯火彻夜长明，有时大家为了讨论一个问题、一段文字、一组数据，常常夜不能寐。主题、框架、初稿；调研、讨论、修改……，一次次讨论、一次次推敲、一次次修改……，目标在广开言路过程中明确，共识在集中智慧过程中形成，文稿在反复研讨中不断完善。

2010年4月15日和5月5日，温家宝先后主持召开国家科技教育领导小组会议和国务院常务会议，讨论研究《教育规划纲要》。充分肯定了《教育规划纲要》采取问计于民、开放式制定的有益经验。

2010年5月27日和6月21日，胡锦涛先后主持召开中共中央政治局常委会会议、中共中央政治局会议，审议并通过了《教育规划纲要》。会议对其给予高度评价，认为这是一份具有战略意义的好文件。

从2008年8月启动到2010年7月18日《教育规划纲要》正式颁布，历经近两年、700多天的时间，在党中央、国务院的部署下，在领导小组的领导下，在各级领导和专家精心指导下，在社会各界人士的热情参与下，在工作小组及办公室的直接组织下，在起草组的不懈努力下，这个凝聚全党全社会智慧、体现国家意志、寄托人民希望的纲领性文件，终于与社会公众见面了。

这次《教育规划纲要》的研究制定，动员人力之多、覆盖范围之广、社会参与度之高，是我国历次制定规划所没有的。

据工作小组办公室统计，《教育规划纲要》自启动到正式颁布，工作小组及其办公室先后在境内外召开不同层面、不同类型的座谈会和研讨会1800余次，直接参与调研、座谈、讨论的海内外专家和各方人士有35000余人次。在文本面向社会征求意见期间，全国人大、全国政协、各民主党派中央、中央有关部委、各省（区、市）教育厅（教委）、部分大中小学和幼儿园、企事业单位等660多家单位，1800余名专家、校长、教师、学生、家长、教育部门负责人、企业界人士以及海外人士共提出意见建议6100多条。起草组先后召开各类会议近300次，在认真研究、充分吸纳各方面意见建议的基础上，对文本反复讨论、认真推敲、精心修改，前后正式进行了40多轮大的修改。从面向社会公开征求意见，到审议定稿，《教育规划纲要》充分吸收社会各界意见，前后修改约400多处，修改后的文本更加体现了尊重教育规律，推进科学发展的总体要求。

按照这一总体要求，《教育规划纲要》的制定充分体现了解放思想与实事求是相统一、系统设计与突出重点相统一、战略谋划与近期任务相统一、理论指导与政策举措相统一的基本思想。

这次《教育规划纲要》制定的突出特点是——

体现了把满足人民群众愿望与遵循教育规律相结合，把立足国情与借鉴国际先进理念经验相结合，把广纳群言与专家咨询相结合，把听取教育系统意见与听取社会各方面建议相结合，把充分讨论与凝聚共识相结合，把教育发展与经济社会发展相结合，把总结历史经验、把握现状与面向未来相结合。

这次《教育规划纲要》的制定始终牢牢把握的七项基本原则是——

坚持把中国特色社会主义理论体系特别是十六大以来党的理论创新成果作为思想基础，坚定不移走中国特色社会主义教育发展道路；坚持贯彻党的教育方针，深入推进素质教育；坚持教育面向现代化、面向世界、面向未来，努力把握新时期教育规律、教学规律、人才成长规律，全面推进教育事业科学发展；坚持以人为本，促进学生全面发展，办好人民群众满意的教育，着力解决群众最关切、反映最强烈的问题；坚持立足基本国情，深刻认识我国发展的阶段性特征，紧密结合经济社会发展需求；坚持解放思想，实事求是，与时俱进，突出改革创新；坚持依法治教，注意保持政策的连续性、协调性。

这是一场科学决策、民主决策的伟大实践，也是决策科学化、民主化的成功范例。《教育规划纲要》具有扎实的科学基础、民意基础，得到了中央认同、老百姓认同、社会各方面认同和国际认同，注定成为中国教育发展史上新的里程碑。

解放思想，改革创新，科学发展，引领未来。《教育规划纲要》谋划描绘了未来10年中国教育事业改革发展的宏伟蓝图和壮丽前景，是在新的历史起点上推动我国教育改革发展的行动纲领和工作指南。

三、科学发展的行动纲领

教育兴国、教育立国、教育强国都是国家意志，选择一个什么样的总体战略，这是制定《教育规划纲要》的关键点。用什么引领未来，制定一个什么样的战略目标，这是制定《教育规划纲要》的战略基点。

教育是面向未来的崇高事业，关系着国家和民族的未来，寄托着亿万人民对美好生活的期盼。《教育规划纲要》是国家战略，是国家立足当前、着眼长远、面向未来的战略谋划和远景描绘，是国家发展的顶层设计和系统规划。

这是体现科学发展观的行动纲领——《教育规划纲要》贯穿着科学发展观思想，体现了尊重教育规律、推进科学发展的主线。

以科学发展观为指导，《教育规划纲要》提出，2010—2020年我国教育改革发展的指导思想是：高举中国特色社会主义伟大旗帜，以邓小平理论和“三个代表”重要思想为指导，深入贯彻落实科学发展观，实施科教兴国战略和人才强国战略，优先发展教育，完善中国特色社会主义现代教育体系，办好人民满意的教育，建设人力资源强国；全面贯彻党的教育方针，坚持教育为社会主义现代化建设服务，为人民服务，与生产劳动和社会实践相结合，培养德智体美全面发展的社会主义建设者和接班人；全面推进教育事业科学发展，立足社会主义初级阶段基本国情，把握教育发展阶段性特征，坚持以人为本，尊重教育规律，面向社会需求，优化结构布局，提升教育现代化水平。这一指导思想，从战略高度把握教育全局，围绕培养什么人、怎样培养人、发展什么教育、怎样发展教育的根本性重大问题，为我国教育事业的未来发展指明了方向，充分体现出把科学发展观、以人为本思想贯穿始终，把尊重教育规律、推动科学发展贯穿始终，把为实施科教兴国战略和人才强国战略服务贯穿始终。

这是建设人力资源强国的行动纲领——《教育规划纲要》贯穿了优先发展教育、建设人力资源强国的主题。

当今世界已进入知识经济时代，知识越来越成为提高综合国力和国际竞争力的决定性因素，人力资源越来越成为经济社会发展的战略性资源。就我国而言，社会主义现代化建设进入实现全面建设小康社会目标的新时期、新阶段，把我国从人力资源大国建设成为人力资源强国，为实现中华民族伟大复兴提供强有力的人才和人力资源保证，成为我国教育承担的重大任务。优先发展教育、建设人力资源强国是党中央的重大战略抉择，是新世纪新阶段国家教育战略思路的重大创新，为我国中长期教育改革发展指明了前进方向。

这是体现以人为本思想的行动纲领——坚持以人为本、全面实施素质教育是教育改革发展的战略主题。

坚持以人为本、实施素质教育是教育改革发展的必然要求，关系到国家和民族的命运，反映了新时期教育发展的根本方向，必然成为新时期教育改革发展的战略主题。以人为本是科学发展观的本质和核心。育人为本是教育工作的根本要求，是以人为本思想在教育工作中最集中的体现，是《教育规划纲要》贯穿始终的根本思想。育人为本的目标是培养德智体美全面发展的社会主义建设者和接班人，重点是提高学生的社会责任感、创新精神和实践能力，推进思路是德育为先、能力为重、全面发展。

这是充满改革创新精神的行动纲领——突出改革创新是《教育规划纲要》贯穿始终的重要思想。

中国特色社会主义事业是改革创新的事业。当前，我国正处在社会转型、改革攻坚、实现科学发展的关键时期，教育改革也进入新的历史时期。全社会对教育问题的关注度、敏感度、期望值空前提高，教育工作的外部环境日益复杂，办好人民满意教育的任务繁重艰巨，教育改革创新更加迫切。与以往有关教育改革发展的规划纲要相比，《教育规划纲要》更加突出改革创新。

这是全局性、前瞻性的战略规划纲要——“优先发展、育人为本、改革创新、促进公平、提高质量”的20字工作方针，是教育改革发展的工作指南。

《教育规划纲要》在贯彻落实教育方针的同时，专门提出了“优先发展、育人为本、改革创新、促进公平、提高质量”的20字工作方针。其重要内涵是：把教育摆在优先发展的战略地位，把育人为本作为教育工作的根本要求，把改革创新作为教育发展的强大动力，把促进公平作为国家基本教育政策，把提高质量作为教育改革发展的核心任务。其中，育人为本是教育改革发展的核心内容，促进公平和提高质量是教育改革发展的两大重点任务，优先发展和改革创新是实现重点任务的两大重要保证。这一方针，体现了科学发展观在教育领域的总体要求，体现了党和国家对社会主义教育事业发展规律的认识，体现了党和国家对未来教育改革发展进行的全面谋划和前瞻性部署，明确了教育的战略地位、核心内容、发展动力、根本任务、工作方向，是《教育规划纲要》最突出的亮点之一。

为了研究制定20字工作方针，起草组组织专家搜集、研究中外教育发展史、教育发展战略方针，结合中国实际，撰写了数十万字的研究报告，草拟了数十种方案，经过领导、专家、各级教育工作者反复研究、讨论、筛选，最终确定了这一方案。以20字工作方针引领教育改革发展，必将开辟中国教育事业科学发展的新局面。

《教育规划纲要》描绘了中国教育的宏伟战略构想——“两基本、一进入”是2020年教育改革发展的战略目标。

《教育规划纲要》提出，2020年我国教育改革发展的战略目标是：基本实现教育现代化，基本形成学习型社会，进入人力资源强国行列，即“两基本、一进入”。“基本实现教育现代化”体现了党的十七大关于优先发展教育、提高教育现代化水平的要求，“基本形成学习型社会”是党的十六大、十七大提出的重要目标，“进入人力资源强国行列”是落实党的十七大关于建设人力资源强国目标的具体行动，是实现全面建设小康社会目标、进入创新型国家和人才强国行列的重要基础。这一战略目标为我国教育改革和发展指明了方向。

基本实现教育现代化，基本形成学习型社会是建设人力资源强国的重要内容和必要保证；建成人力资源强国是提高教育现代化水平，形成学习型社会的必然结果和社会贡献。“两个基本”是前提，“一个进入”是整个目标体系的核心和落脚点。为此，《教育规划纲要》还把战略目标细化为5个具体目标：实现更高水平的普及教育、形成惠及全民的公平教育、提供更加丰富的优质教育、构建体系完备的终身教育、健全充满活力的教育体制。

《教育规划纲要》构建完善了中国特色社会主义现代教育体系——展现了各级各类教育改革发展的辉煌前景。

按照完善现代国民教育体系、形成终身教育体系的要求，《教育规划纲要》继续强调义务教育、职业教育、高等教育三大重点任务，突出了终身教育理念，首次对学前教育、继续教育进行了系统规划，构建了以国民教育为主体、覆盖人一生的终身教育体系，对民族教育和特殊教育列了专章，进一步完善了中国特色社会主义现代教育体系。《教育规划纲要》提出各级各类教育改革发展的目标任务是：基本普及学前教育，巩固提高九年义务教育水平，加快普及高中阶段教育，大力发展职业教育，全面提高高等教育质量，加快发展继续教育，重视和支持民族教育事业，关心和支持特殊教育。

《教育规划纲要》抓住重点领域和关键环节——推进教育改革、破解教育难题。

《教育规划纲要》涉及面广，社会关注度高，拿什么来回应社会关切，让人民群众满意？关键在于如何回答和解决人民群众关注的重大教育问题。围绕教育改革发展目标，着眼促进教育公平、提高教育质量、增强可持续发展能力，《教育规划纲要》以改善关键领域和薄弱环节为重点，深化改革，创新机制，破解难题，组织实施了 10 个牵动全局、影响深远、带给人民群众实惠的重大项目。按照统筹规划、分步实施、试点先行、动态调整的原则，部署了 10 个重大改革试点。

《教育规划纲要》还对一些社会关注的热点难点问题，以及各方面意见建议进行归纳梳理，对诸如关于财政性教育经费支出占 GDP 4%、学前教育、减轻中小学生课业负担、解决义务教育阶段择校、保障农民工子女就学、拔尖创新人才培养、高考改革、高校去行政化、教师队伍建设等问题予以积极回应，提出了解决问题的思路和方法。

宏伟蓝图鼓舞人心，战略目标催人奋进！

一幅宏伟的目标蓝图，在全国人民万众一心中绘就；一个科学的行动纲领，在世界和中国的热切期待中诞生。《教育规划纲要》既系统设计、谋划长远，又突出重点、部署近期任务；既注重在理念和思路上进行阐述，又提出一些扎扎实实的政策举措；既明确了各级政府的职责，又对全社会提出了要求。这是一份具有战略意义的指导性文件，《教育规划纲要》的影响将延续长远，永载中国教育发展的史册！

神州展宏图，万物尽朝晖。潮平两岸阔，风正一帆悬。

教育事业是未来的事业，使命崇高而神圣，前景光明而美好，责任重大而光荣。现在，蓝图已经绘就，关键在于施工。如何把美好蓝图变为现实，需要我们继往开来、勠力同心、不懈奋斗。

新起点、新目标、新征程。中国教育改革发展翻开了新世纪的新篇章，我们相信，伴随着《教育规划纲要》的贯彻实施，中国教育将站在新的历史起点上又一次扬帆启航，走向辉煌！

（原载《中国教育报》2010 年 7 月 31 日第 1 版）

党的教育方针百年演进及其思想光辉

2021年，是中国共产党成立100周年。100年，是我们党矢志践行初心使命的100年，是筚路蓝缕奠基立业的100年，是创造辉煌开辟未来的100年！正是在党的领导下，中华民族实现了从站起来、富起来到强起来的伟大飞跃，迎来了中华民族伟大复兴的光明前景。100年来，党始终高度重视教育工作、始终致力于人民教育事业的发展，党的教育方针经历了一个不断发展、不断调整、不断完善和演进的历史过程。

——题记

2021 年是中国共产党成立 100 周年。中国共产党的成立是中国历史上开天辟地的大事件，是中国革命历史上划时代的里程碑。从此，中华民族的前途、中国人民的命运、中国社会的面貌都发生了翻天覆地的变化。党在领导中国人民进行革命、建设、改革的伟大创举、伟大斗争、伟大实践中，始终高度重视教育工作、始终致力于人民教育事业的发展，紧密围绕党的路线、纲领、方针、政策和主要任务，形成了指导教育工作的一系列方针政策，并在实践中不断丰富和发展。

党的教育方针是党在一定历史阶段提出的有关教育事业的总方向和总指针，确定教育事业发展方向，是教育改革发展的指导思想、价值取向和根本要求，是教育基本政策的总概括，是指导整个教育事业发展的战略原则和行动纲领。教育方针的制定和落实，事关国家教育事业发展的战略方向。中国共产党成立 100 年、新中国成立 70 多年来，党的教育方针适应时代要求，经历了一个不断发展、不断调整、不断完善和演进的历史过程，体现了社会主义教育的性质、方向、目标，反映了不同历史时期我国经济社会发展对教育提出的基本要求。

一、中国共产党创立与发展新民主主义的教育方针和主张

1921 年，中国共产党在成立之初就高度重视教育在社会改造实践中的重要作用，始终把人民在政治经济、文化教育上的解放作为崇高的社会责任，始终把人民接受教育作为重要任务，始终把教育与党在各个时期的奋斗目标紧密联系，开展了面向工农大众的教育实践。

从 1921 年中国共产党诞生到 1949 年中华人民共和国成立，中国共产党领导人民完成了新民主主义革命的历史任务。在漫长的新民主主义革命中，中国共产党把创立和发展新民主主义教育放在重要位置，形成了以广大工农为基本教育对象，以唤醒工农觉悟和培养其实践斗争能力为基本内容，以服务新民主主义革命和武装斗争夺取政权为基本任务，以党的领导

为基本原则的新民主主义教育体系。

在新文化运动中，早期的马克思主义者以马克思主义为指导，通过批判旧教育阐述新的教育主张。李大钊等就提出，教育要成为革命事业的主要组成部分。他们提出要根据革命的需要来确定教育的方针，初步阐述了关于教育本质、作用和教育与政治、经济关系等的重要主张。他们积极开展了多种形式的工农教育活动，对宣传马克思主义、启发工农革命觉悟、创立中国共产党产生了重要影响。在北伐战争、土地革命战争、抗日战争、解放战争中，中国共产党广泛开展工农革命教育，培养了大批为革命战争和革命政权建设服务的优秀人才，动员和组织了最广大的革命群众，使教育成为武装夺取政权和争取中华民族解放的重要力量，从此掀开了中华民族教育史和中国人民教育事业崭新的一页。

1921 年 7 月，中国共产党第一次全国代表大会决议就明确提出："劳工补习学校应逐步成为劳工组织的核心，……所授学说，最重要的是应能唤醒劳工觉悟。" 1922 年 7 月，中国共产党第二次全国代表大会提出："废除一切束缚女子的法律，女子在政治上、经济上、社会上、教育上一律享受平等权利。" 在星火燎原的大革命时期，在党的领导下，各地共产主义小组相继创办各种干部学校、农民运动讲习所、工农补习学校，促进了革命运动的蓬勃发展。

在艰难困苦的土地革命时期，中国共产党人把教育看作是取得革命胜利的重要保证，在创建和扩大的革命根据地，逐步建立起工农阶级自己独特的教育体系，把发展人民教育作为政权建设的重要内容。1931 年 11 月，在江西瑞金召开的中华苏维埃第一次全国代表大会明确宣布苏区的教育方针是："工农劳苦群众，不论男子和女子，在社会、经济、政治和教育上，完全享有同等的权利和义务。" 大会通过的《中华苏维埃共和国宪法大纲》第十二条规定，"中华苏维埃政权以保证工农劳苦民众有受教育的权利为目的"。1934 年 1 月，在瑞金召开的中华苏维埃共和国第二次全国代表大会上，中华苏维埃共和国中央执行委员会主席毛泽东在《中华苏维埃共和国中央执行委员会与人民委员会对第二次全国苏维埃代表大会的报告》中提出：苏维埃文化教育的总方针“在于以共产主义的精神来教育广大的劳苦民众，在于使文化教育为革命战争与阶级斗争服务，在于使教育与劳动联系起来，在于使广大中国民众都成为享受文明幸福的人”。

在艰苦卓绝的抗日战争时期，在中华民族面临生死存亡的历史关头，中国共产党以民族利益为重，党在这一时期的教育实践，为抗日武装斗争和抗日根据地建设服务。1937 年 8 月，中共中央在洛川会议上制定了《中国共产党抗日救国十大纲领》，规定抗日的教育纲领是：“改变教育的旧制度旧课程，实行以抗日救国为目标的新制度、新课程。实施普及的义务的免费的教育方案，提高人民民族觉悟的程度。实行全国学生的武装训练。”抗日战争期间，党在延安和各抗日根据地开办了许多干部学校，培养了大量革命干部。1938 年 3 月，毛泽东为中国人民抗日军事政治大学确立了总的教育方针：坚定正确的政治方向，艰苦朴素的工作作风，灵活机动的战略战术。

在波澜壮阔的解放战争时期，中国共产党的中心工作是争取新民主主义革命的全国性胜利。1945 年，党的第七次全国代表大会在延安召开，毛泽东在《论联合政府》政治报告中指出：“中国国民文化和国民教育的宗旨，应当是新民主主义的；就是说，中国应当建立自己的民族的、科学的、人民大众的新文化和新教育。”教育紧密为解放战争和解放区新民主主义政治与经济建设服务，为实现全国解放、建立新中国服务，成为这个时期党的教育工作的突出特征。

二、新中国社会主义教育方针的提出与形成

中华人民共和国的成立，开创了中华民族历史新纪元，也揭开了中国教育事业发展的新篇章。新中国成立之初，培养什么样的人，成为教育事业面临的首要问题。

为了尽快改变文化教育落后的局面，党和政府高度重视教育事业，把改造旧教育、建设社会主义新教育作为教育工作的首要任务，顺利完成了

从旧教育向新民主主义和社会主义教育的根本转变，确立了党的教育方针，明确了社会主义教育的方向。

1949 年 9 月，新中国成立前夕，中国人民政治协商会议第一届全体会议通过的《中国人民政治协商会议共同纲领》明确规定："中华人民共和国的文化教育为新民主主义的，即民族的、科学的、大众的文化教育。人民政府的文化教育工作，应以提高人民的文化水平，培养国家建设人才，肃清封建的、买办的、法西斯主义的思想，发展为人民服务的思想为主要任务。"

为了贯彻这一方针，1949 年 12 月，在中共中央和毛泽东的关怀和指示下，教育部召开第一次全国教育工作会议，确定了全国教育建设的总方针，明确了改革旧教育的方针、步骤和发展新教育的方向。会议重申了共和国的教育是新民主主义的教育，明确了新中国教育工作的目的是"为人民服务，首先为工农服务，为当前的革命斗争与建设服务"，强调了"教育必须为工农服务，必须为国家的生产建设服务"的方针。"两为"作为我国新民主主义教育方针，是毛泽东新民主主义教育思想的具体体现，确立了新中国成立初期我国教育的基本职能、作用和政策基点。在这一教育方针指引下，年轻的共和国卓有成效地接管和改造了旧教育，为创建新中国教育奠定了基础。为落实这一教育方针，教育部分别规定了中小学教育的宗旨和任务，其他各级各类教育也相继确定了各自的宗旨和发展的主要目标，我国教育事业逐步全面走上规范办学的轨道。在党的领导下，工农教育的发展成为共和国教育史上第一个高潮。这一方针成为 20 世纪 50 年代初期我国教育建设工作的指导方针。

从 1952 年开始，我国进入了由新民主主义向社会主义的过渡时期。与此相适应，我国教育也开始了由新民主主义教育向社会主义教育的过渡，教育中的社会主义因素不断增长。在社会主义过渡时期，党提出了全面发展的教育方针，以培养社会主义全面发展的新人为目的，以全面实施智育、德育、体育、美育以及综合技术教育为内容，成为这一时期全国教育工作总的指导方针。

1956 年，我国基本完成对生产资料私有制的社会主义改造后，全面转入大规模的社会主义建设时期。为使教育事业适应大规模社会主义建设对人才的迫切需求，我国社会主义教育方针逐步明确。1957 年 2 月，毛泽东在《关于正确处理人民内部矛盾的问题》中提出："我们的教育方针，应该使受教育者在德育、智育、体育几方面都得到发展，成为有社会主义觉悟的有文化的劳动者。"这一重要论述将马克思主义关于人的全面发展思想贯穿于社会主义教育培养目标，形成了新中国全面发展的社会主义教育方针，对我国教育事业的发展发挥了持久的指导作用。

1958 年，毛泽东在一次谈话中把党的教育工作方针表述为"教育必须为无产阶级政治服务，必须同生产劳动相结合"，即"两个必须"。1958 年 9 月，中共中央、国务院发出的《关于教育工作的指示》中明确提出，"党的教育工作方针，是教育为无产阶级政治服务，教育与生产劳动相结合"，同时指出"教育的目的，是培养有社会主义觉悟的有文化的劳动者"。这是新中国成立后，中央文件中关于教育的表述首次冠以"教育方针"字样。此后，人们将这一方针与 1957 年提出的教育方针结合起来，作为统一的社会主义教育方针加以贯彻。这一教育方针，以我国社会主义的基本国情及其教育活动为实践依据，以党在特定历史时期的基本路线为政策依据，继承了党在民主革命时期新民主主义文化教育总方针的优良传统，为我国社会主义教育事业指明了前进的道路和发展的方向。

三、中国特色社会主义教育方针的发展与完善

党的十一届三中全会后，我国进入改革开放新的历史时期，教育事业也进入改革发展的新阶段。改革开放新时期，党和国家的工作重点转移到社会主义现代化建设上来，适应这一根本任务转变，中国特色社会主义教育方针得到了发展与逐步完善。

1981 年 6 月，《中国共产党中央委员会关于建国以来党的若干历史问题的决议》提出，"用马克思主义世界观和共产主义道德教育人民和青年，

坚持德智体全面发展、又红又专、知识分子与工人农民相结合、脑力劳动与体力劳动相结合的教育方针”。这里提出的教育方针，是根据当时我国建设社会主义现代化强国的总目标提出来的，也是总结新中国成立 32 年教育的经验教训提出来的。

1982 年通过的《中华人民共和国宪法》规定“国家培养青年、少年、儿童在品德、智力、体质等方面全面发展”。这对教育界拨乱反正、正本清源，恢复和发展教育事业发挥了重要的导向作用。

1982 年 9 月，党的十二大提出了建设有中国特色的社会主义理论，在这一理论指引下，中国共产党致力于建设有中国特色的社会主义教育，明确提出了教育的战略地位和任务，在党的历史上首次将教育作为国家经济发展的战略重点之一，这对推动我国教育事业改革与发展产生了深远而持久的影响。

1983 年，邓小平提出“教育要面向现代化，面向世界，面向未来”。“三个面向”成为改革开放新时期教育改革和发展的战略指导思想。这一思想在以后制定的教育方针中得到明确体现。

1985 年 5 月，《中共中央关于教育体制改革的决定》中明确提出“教育必须为社会主义建设服务，社会主义建设必须依靠教育”的根本指导思想，还直接写入了“三个面向”。这些重要思想的提出，充分适应了改革开放以来我国经济社会发展的时代特征，在教育方针认识上实现了由“教育必须为无产阶级政治服务”到“教育必须为社会主义建设服务”的思想升华和历史飞跃，在教育实践中加强了教育与经济社会的联系，促使教育主动适应现代化建设需求，按照现代化建设要求进行全方位改革。这一方针为我国新时期教育事业的发展提供了指导思想。

20 世纪 90 年代初，适应国家经济社会发展的需要，教育方针的表述更加规范化。1990 年 12 月 30 日，党的十三届七中全会通过的《中共中央关于制定国民经济和社会发展十年规划和“八五”计划的建议》提出，“继续贯彻教育必须为社会主义现代化服务，必须同生产劳动相结合，培养德、智、体全面发展的建设者和接班人的方针”。1993 年，中共中央、国务院颁布的《中国教育改革和发展纲要》重申了“教育必须为社会主义现代化建设服务，必须与生产劳动相结合，培养德、智、体全面发展的建设者和接班人”的方针。1995 年 3 月，第八届全国人民代表大会第三次会议通过的《中华人民共和国教育法》沿用这一教育方针，但在文字上做了重要修改，除了在“建设者和接班人”前加上了“社会主义事业的”外，还在“德、智、体”后加上了“等方面”，反映了在教育方针认识上的深化。至此，我国改革开放新时期的教育方针已完成了立法程序，被写入教育的根本大法。

世纪之交，随着素质教育的理论探讨和实践得到发展，我国的教育方针又被赋予了新的时代内容。1999 年，《中共中央国务院关于深化教育改革全面推进素质教育的决定》中，关于人才培养提出了“美”的要求。这样，改革开放新时期的教育方针就表述为“教育必须为社会主义现代化建设服务，必须与生产劳动相结合，培养德、智、体、美等方面全面发展的社会主义事业建设者和接班人”。这一新的教育方针，确立了教育事业为社会主义现代化建设服务的方向，明确了教育培养德、智、体、美等方面全面发展的社会主义事业建设者和接班人的目标，揭示了教育与生产劳动相结合的人才培养根本途径。

2002 年 11 月，党的十六大报告提出，“全面贯彻党的教育方针，坚持教育为社会主义现代化建设服务，为人民服务，与生产劳动和社会实践相结合，培养德智体美全面发展的社会主义建设者和接班人”。其中增加了“为人民服务”，提出了教育要“与生产劳动和社会实践相结合”，丰富了教育方针的内容。

2007 年 10 月，党的十七大报告提出，“要全面贯彻党的教育方针，坚持育人为本、德育为先，实施素质教育，提高教育现代化水平，培养德智体美全面发展的社会主义建设者和接班人，办好人民满意的教育”，对教育方针的内容进行了新的阐释，使其内涵更加丰富，提出了“育人为本、德育为先”“实施素质教育”“办好人民满意的教育”的指导思想。

新中国成立后，经过多年的艰难探索、跨越发展，中国特色社会主义教育方针日益完善。广大教育工作者更加自觉地贯彻落实党的教育方针，不断深化教育改革，带来了教育事业的蓬勃发展，极大地提高了全民族的整体素质，为社会主义现代化建设作出了重大贡献。

四、新时代党的教育方针的总要求和丰富内涵

党的十九大，在我国全面建成小康社会决胜阶段、中华民族走向伟大复兴的关键时期，站在历史和时代的战略高度，以广阔的视野、深邃的洞察力，立足新的历史起点，宣示了中国特色社会主义进入新时代，明确了中国特色社会主义的历史方位，形成了习近平新时代中国特色社会主义思想，开启了我国全面建设社会主义现代化强国的新征程。

党的十八大以来，我们党围绕“培养什么人、怎样培养人、为谁培养人”这一根本问题，全面加强党对教育工作的领导，坚持立德树人，加强学校思想政治工作，推进教育改革，使教育事业的中国特色更加鲜明，教育现代化加速推进。2012 年，党的十八大报告提出，“全面贯彻党的教育方针，坚持教育为社会主义现代化建设服务、为人民服务，把立德树人作为教育的根本任务，培养德智体美全面发展的社会主义建设者和接班人”，丰富和发展了教育方针的内容，提出了“把立德树人作为教育的根本任务”的要求。

2015 年 12 月，全国人大常委会审议通过修改的《中华人民共和国教育法》，将教育方针规定为：“教育必须为社会主义现代化建设服务、为人民服务，必须与生产劳动和社会实践相结合，培养德、智、体、美等方面全面发展的社会主义建设者和接班人。”这一规定，把党的教育方针通过法律形式转化为国家意志。

2017 年，习近平总书记在党的十九大报告中指出：“要全面贯彻党的教育方针，落实立德树人根本任务，发展素质教育，推进教育公平，培养德智体美全面发展的社会主义建设者和接班人。”

2018 年 9 月 10 日，习近平总书记在全国教育大会上强调：全面贯彻

党的教育方针，坚持马克思主义指导地位，坚持中国特色社会主义教育发展道路，坚持社会主义办学方向，立足基本国情，遵循教育规律，坚持改革创新，以凝聚人心、完善人格、开发人力、培育人才、造福人民为工作目标，培养德智体美劳全面发展的社会主义建设者和接班人，加快推进教育现代化、建设教育强国、办好人民满意的教育。习近平总书记在讲话中，围绕坚持中国特色社会主义教育发展道路，全面贯彻党的教育方针，提出了一系列新思想、新观点、新要求，第一次提出了教育要“以凝聚人心、完善人格、开发人力、培育人才、造福人民”为工作目标，第一次提出了“培养德智体美劳全面发展的社会主义建设者和接班人”的新要求，第一次提出了德、智、体、美、劳“五育”并举的人才培养的新思想，为我国教育发展指明了方向。

2019 年 3 月 18 日，习近平总书记在主持召开的学校思想政治理论课教师座谈会上强调，新时代贯彻党的教育方针，要坚持马克思主义指导地位，贯彻新时代中国特色社会主义思想，坚持社会主义办学方向，落实立德树人的根本任务，坚持教育为人民服务、为中国共产党治国理政服务、为巩固和发展中国特色社会主义制度服务、为改革开放和社会主义现代化建设服务，扎根中国大地办教育，同生产劳动和社会实践相结合，加快推进教育现代化、建设教育强国、办好人民满意的教育，努力培养担当民族复兴大任的时代新人，培养德智体美劳全面发展的社会主义建设者和接班人。习近平总书记的重要讲话，全面系统地提出了新时代党的教育方针的总要求，核心是围绕“培养什么人、怎样培养人、为谁培养人”这一最具战略决定性意义的根本问题，规定了教育的性质、目标、任务和实现路径，为办好新时代中国特色社会主义教育指明了方向，对指导中国特色社会主义教育事业发展具有重要的战略意义。

2021 年 4 月 29 日，全国人大常委会审议通过修改的《中华人民共和国教育法》，对新时代党的教育方针作出最新表述：“教育必须为社会主义现代化建设服务、为人民服务，必须与生产劳动和社会实践相结合，培养德智体美劳全面发展的社会主义建设者和接班人。”这一规定，遵照“培养德智体美劳全面发展的社会主义建设者和接班人”的新要求，对党的教育方针内容进行了新发展。

新时代全面贯彻党的教育方针，必须深刻理解和准确把握其丰富内涵和根本要求。

第一，在指导思想上，明确提出“坚持马克思主义指导地位，贯彻习近平新时代中国特色社会主义思想”，指明了我国社会主义教育的根本指导思想。

第二，在办学方向上，明确提出“坚持社会主义办学方向，落实立德树人的根本任务”，指明了我国教育发展的根本方向。

第三，在根本宗旨上，明确提出“坚持教育为人民服务、为中国共产党治国理政服务、为巩固和发展中国特色社会主义制度服务、为改革开放和社会主义现代化建设服务”。这是社会主义教育的根本宗旨。全面贯彻党的教育方针，要准确把握新时代以人民为中心发展教育的理念。为人民服务是党在不同历史阶段教育方针中一以贯之的基本思想。教育为人民服务，是社会主义教育的本质要求，要不断满足人民群众日益增长的教育需求，办好人民满意的教育。教育为中国共产党治国理政服务、为巩固和发展中国特色社会主义制度服务，是社会主义教育的中心任务，教育方针要准确把握和服务于新时代党的中心任务。教育为改革开放和社会主义现代化建设服务，是社会主义教育的重要任务，教育应当自觉地服从并服务于现代化建设，发挥提高学生的思想道德素质和科学文化素质的基本功能，全面适应现代化建设对各类人才培养的需要，全面提高办学的质量和效益。

第四，在人才培养途径上，明确提出“扎根中国大地办教育”，坚持“教育同生产劳动和社会实践相结合”，指明了人才培养的基本途径。这是现代社会经济和教育发展的必然趋势。

第五，在教育工作目标上，明确提出“加快推进教育现代化、建设教育强国、办好人民满意的教育”。这是教育的根本战略任务。

第六，在教育培养目标上，明确把“努力培养担当民族复兴大任的时代新人，培养德智体美劳全面发展的社会主义建设者和接班人”作为根本目标。2018 年 5 月，习近平总书记在北京大学与师生座谈时强调：“培养社会主义建设者和接班人，是我们党的教育方针，是我国各级各类学校的共同使命。”将德智体美劳全面发展思想写入教育方针，是对马克思主义关于人的全面发展思想的继承和发展。这是对党的教育方针的新发展，对教育总要求的新认识，对教育工作目标的新要求，对于我国教育事业发展具有重要的历史意义和时代意义。

五、党的教育方针的思想特征和发展方向

党的教育方针是教育事业发展总指针，是教育工作的根本遵循，规定了教育的方向、性质、地位、目标、任务和基本途径等，具有鲜明的政治性、时代性和方向性。系统梳理和回顾中国共产党成立 100 年来党的教育方针发展和演进的历史过程，深刻理解和把握党的教育方针的精神实质，对于我们继承和发扬党的优良传统和作风，推进新时代教育事业改革与发展，对于我们不忘党的初心，牢记使命，把握现在，面向未来，都具有重要的历史意义、现实意义和战略意义。

党的教育思想，集中体现于党的教育方针、聚焦于办学方向，是推动教育改革发展的总依据、总遵循、总方针。100 年来，党的教育方针熠熠生辉，据此制定的各项政策，保证了新中国教育事业的健康发展。广大教育工作者努力贯彻落实党的教育方针，培养了大批思想道德和文化科学素质较高的劳动后备军和大批德才兼备的建设人才，造就了一大批活跃在我国社会主义建设各个领域的骨干力量。

新时代贯彻落实党的教育方针，推动我国教育事业健康发展，必须深刻理解和深入把握党的教育方针的思想特征和发展方向。

一要突出政治性。教育是民族振兴、社会进步的重要基石，是功在当代、利在千秋的德政工程，对提高人的综合素质、促进人的全面发展、增强中华民族创新创造活力、实现中华民族伟大复兴具有决定性意义。

习近平总书记强调，教育是国之大计、党之大计。这一重要论断深刻揭示了教育在中华民族伟大复兴战略全局中的独特地位、在社会主义现代化强国建设历史征程中的关键作用。坚持党对教育事业的全面领导是办好教育的根本保证。党的领导是引领新时代中国特色社会主义教育事业不断前进的最大政治优势，是办好中国特色、世界先进水平的优质教育的根本政治保证。这是我们思考和谋划教育工作的逻辑前提。

二要坚定方向性。办好中国特色的社会主义教育，最重要的就是在事关办学方向的问题上站稳立场，必须牢牢把握正确的政治方向，坚持中国特色社会主义教育发展道路，坚持社会主义办学方向。习近平总书记明确要求，我们办的是社会主义教育，要培养社会发展、知识积累、文化传承、国家存续、制度运行所要求的人，培养一代又一代拥护中国共产党领导和我国社会主义制度、立志为中国特色社会主义事业奋斗终身的有用人才。这是我们思考和谋划教育工作的逻辑起点。

三要把握时代性。教育方针的制定应鲜明地反映时代精神，体现时代特征，与时俱进。新中国成立以来，我国教育方针适应时代要求实现了四次大发展：一是实现了从半殖民地半封建的旧教育向新民主主义教育的转变；二是实现了从新民主主义教育向社会主义教育的转变；三是实现了中国特色社会主义教育方针的发展与完善；四是全面系统地提出了新时代党的教育方针的总要求，实现了新发展。

四要尊重规律性。教育方针的制定必须遵循教育规律，把握教育特性，体现社会发展和人的全面发展的现实需要。新中国成立以来，我国教育方针尊重教育规律，充分体现人的全面发展思想。一是在教育服务方向上，更加注重教育为现代化建设服务和为人民服务的有机统一；二是在人才培养目标上，更加注重人的全面发展；三是在人才培养途径上，更加注重教育与生产劳动和社会实践相结合。

五要体现服务性。从“教育必须为工农服务，必须为国家的生产建设服务”的“两为”方针，到“教育必须为无产阶级政治服务，必须同生产劳动相结合”的“两个必须”，到“坚持教育为人民服务、为中国共产党治国理政服务、为巩固和发展中国特色社会主义制度服务、为改革开放和社会主义现代化建设服务”的“四个服务”，逐步明确了“四个服务”的根本宗旨，充分体现了教育服务于国家政治、经济、社会、文化和人民需要的时代要求。

六要坚持育人为本。培养什么人、怎样培养人、为谁培养人，是教育的根本问题，也是教育工作的根本出发点和落脚点。习近平总书记强调，“要从党和国家事业发展全局的高度，坚守为党育人、为国育才”。从“使受教育者在德育、智育、体育几方面都得到发展”，到“努力培养担当民族复兴大任的时代新人，培养德智体美劳全面发展的社会主义建设者和接班人”，体现了人的全面发展思想，彰显了我们党在发展社会主义教育问题上的根本立场，指明了新时代建设教育强国必须牢牢把握的前进方向。

教育兴则国兴，教育强则国强。教育肩负着为中华民族伟大复兴服务的重要使命。党的教育方针是引领教育发展的思想旗帜和行动指南。全面贯彻新时代党的教育方针，是教育工作的重要职责和任务。新时代我们必须以党的教育方针为指引，以更加坚定的责任担当、更加昂扬的奋进姿态推动教育事业改革发展，为党和国家事业发展培育更多栋梁之材，为加快推进教育现代化、建设教育强国、办好人民满意的教育，为实现“两个一百年”奋斗目标、实现中华民族伟大复兴的中国梦作出新的更大贡献！

（原载《人民教育》2021 年第 6 期）

攻坚篇

蓝天白云下的藏族学校——西藏自治区南木林县卡孜乡中心小学

（《中国教育报》资料图片）

世纪的承诺

——来自中国实现“基本普及九年义务教育和基本扫除青壮年文盲”的报告

从1986年《中华人民共和国义务教育法》的颁布实施，到如期实现基本普及九年义务教育和基本扫除青壮年文盲的战略目标，经过多年的艰苦奋斗，我们在12亿人口的广大地区实现了历史性的大飞越，在一穷二白的基础上筑起了一座全新的教育巨厦，树起了一座光照千秋的历史丰碑！

——题记

引　子

世纪之交，千年更迭，历史进入了新纪元。在人类社会迈向新世纪的历史时刻，公元 2001 年 1 月 1 日，中华人民共和国国家主席江泽民在全国政协新年茶话会上的讲话中向全世界庄严宣布：我国如期实现了基本普及九年义务教育和基本扫除青壮年文盲的战略目标。

从 1986 年《中华人民共和国义务教育法》的颁布实施，到今天正式宣布实现“两基”，经过多年的艰苦奋斗，我们在 12 亿人口的广大地区实现了历史性的大飞越，在一穷二白的基础上筑起了一座全新的教育巨厦，树起了一座光照千秋的历史丰碑！

“两基”是一项全民运动和世纪工程，实现“两基”，是 20 世纪中国教育史上最有标志性的成就，是中国教育史上的空前壮举，是中国教育史上最光辉的篇章，是中国教育发展的里程碑！

一、历史篇：历史的呼唤

历史仿佛是一位见证过去、注视现在、预示未来的老人，时刻在向人们诉说着昨天，警示着今天，召唤着未来。

教育救国，教育兴国，教育强国，一直是数代中国人的愿望和梦想。“国民之智愚贤否，关国家之强弱盛衰。”站在世纪之交，沿着时间的隧道，回眸 20 世纪初的中国大地，面对国家的内忧外患，中国的许多有识之士就曾发出“教育救国”的呼喊。普及义务教育，是中国人的百年梦想。然而，政治腐败，经济落后，旧中国无力也无法把有志者的呼唤和人民的愿望变成现实。

（一）历史的回忆

1949 年，一轮红日照亮了中国大地。当第一次当家作主的中国人民真正从这片古老土地上站立起来的时候，“教育兴邦”理想的种子才有了播撒的土壤。从黑暗中走过来的旧中国一穷二白，人民的受教育程度很低。资料表明：1949 年全国学龄儿童入学率仅为 20%，人口中文盲和半文盲达 80%以上。

从诞生的第一天起，新中国就把提高民族素质、普及义务教育当作自己义不容辞的责任。1956 年 9 月，党的八大政治报告提出：“必须用极大的努力逐步扫除文盲，并且在财政力量许可的范围内，逐步地扩大小学教育，以求在十二年内分区分期普及小学义务教育。”那时，党中央、国务院几次在文件中提出了普及义务教育的奋斗目标，我国的普及义务教育取得了巨大的成绩，但发展上极不平衡。

正当中国教育踏着应有的步伐迈进时，十年“文化大革命”把中国经济拖到了濒于崩溃的边缘，教育也成为“文化大革命”的重灾区。大学停办，中小学“停课闹革命”，17 年教育成果被抹杀。

“文化大革命”结束以后，邓小平同志刚一复出就自告奋勇抓教育。他审时度势，围绕着我国经济建设的发展，深刻地思考着中国的教育问题：“我们要实现现代化，关键是科学技术要能上去。发展科学技术，不抓教育不行”，要“尊重知识，尊重人才”。① 这掷地有声的话语使得神州大地掀起了学习科学、重视教育的阵阵热潮。为了尽快扭转十年“文化大革命”对我国基础教育的危害，1980 年中共中央、国务院发布《关于普及小学教育若干问题的决定》，在充分分析了普及小学教育的重要性以及教育在四化建设中的重要作用之后，提出“在八十年代，全国应基本实现普及小学教育的历史任务，有条件的地区还可以进而普及初中教育”。1982 年 12 月 4 日，“普及初等义务教育”还被写进了新修改的《中华人民共和国宪法》。

中国是个发展中国家，却承载着世界上规模最大的教育。我国人口多，底子薄，经济落后，经济文化发展很不平衡，特别是贫困地区多，人

① 邓小平. 尊重知识，尊重人才 [M] //邓小平文选：第二卷. 2 版. 北京：人民出版社，1994：40-41.

口居住分散，办学条件极差。

穷国办大教育的现实，使得我国教育发展步履维艰，困难重重。难就难在国家财力有限，教育经费短缺，投入不足。国家财政用于基础教育的支出虽然年年有所增加，但面对2.17亿名在校学生，1000多万名教职工，仍显得捉襟见肘。义务教育面对的是最大的受教育群体，城市、农村、山区，正常儿童、残疾儿童……，情况千差万别！中国基础教育规模之大，受教育者之多，堪称世界之最。以我国当时的国力，支撑起这样大的事业已属不易，实现“两基”，谈何容易！

岁月悠悠，往事历历。大凡亲身经历过这段历史的人们，对当时中国农村和贫困地区基础教育的状况必定印象深刻。

据不完全统计，20世纪80年代初，全国中小学危房面积占校舍总面积的16%。其余的校舍也多是土草房、老祠堂、破庙宇和旧民房。“有砖不过千，有门没法关，有窗垒着砖，有顶漏着天”；“土坯墙，椽子瓤，用材尽是箭杆杨，没过几天成危房”；“找学堂，不用问，瞅见破房只管进”……。这些流传甚广的顺口溜，便是当时中国农村中小学校舍的真实写照。

（二）宏伟的目标

“雄关漫道真如铁，而今迈步从头越。”

贫穷的帽子我们戴了多少年，贫穷的包袱我们背了多少年，但我们不能把贫困带到下个世纪；实施义务教育我们提出了多少年，教育发展的难题困扰了我们多少年，我们不能把实施义务教育的理想留给下个世纪。

党的十一届三中全会的春风，带来了中国改革开放的春天，也带来了中国教育事业大发展的春天。1982年，党的十二大提出要把教育摆在优先发展的战略地位。1985年5月，改革开放后的第一次全国教育工作会议在北京召开，邓小平在这次会议上发表了题为《各级党委和政府要把教育工作认真抓起来》的著名讲话。邓小平指出：“一个十亿人口的大国，教育搞上去了，人才资源的巨大优势是任何国家比不了的。”他强调指出：“现在小学一年级的娃娃，经过十几年的学校教育，将成为开创二十一世纪大业的生力军。中央提出要以极大的努力抓教育，并且从中小学抓起，这是有战略眼光的一着。如果现在不向全党提出这样的任务，就会误大事，就要负历史的责任。”就在这次中国教育史上具有历史意义和深远影响的会议上，发布了《中共中央关于教育体制改革的决定》，根据我国经济和社会发展的新形势，明确提出了在全国有计划、有步骤地普及九年义务教育的任务。

这次全国教育工作会议犹如播绿的春风，带来了中国教育事业的希望，中国大地上逐步形成了育人兴国、重教安邦的思想，而且逐步使科教兴国的思想由国家意识发展成为全民意识，并成为国家发展战略和全民一致的行动。

多少事，从来急，光阴迫，只争朝夕。

改革开放后的第一次全国教育工作会议刚结束，党中央、国务院就立即从全国抽调精兵强将组建国家教育委员会，国务院副总理李鹏兼任国家教育委员会主任。新成立的国家教育委员会立即组建义务教育法起草小组，迅速组织人员研究起草义务教育法草案。在中国教育事业各项工作需要起飞的时刻，教师队伍建设首先被列入国家教育委员会工作的议事日程，提高教师的社会地位被摆在了首要的位置。为了形成全社会尊师重教的良好风气，国家采取了一系列措施。1985 年，国务院决定设立教师节，使中国千百万人民教师有了自己的光荣节日。次年，中国中小学幼儿教师奖励基金会成立，德高望重的国家副主席王震担任了第一届理事长。在党中央的重视和倡导下，尊师重教很快成为全社会上下一致的认识，教育事业成为全社会共同关心的事业，把教育摆在优先发展的战略地位的思想开始深入人心。1986 年 4 月 12 日，六届全国人大四次会议审议通过了《中华人民共和国义务教育法》，以国家立法的形式正式确立我国实施九年义务教育，并规定于当年 7 月 1 日开始实施。1988 年，国务院颁布《扫除文盲工作条例》。《中华人民共和国义务教育法》是中国历史上第一部保证义务教育实施的法律，它的颁布和实施开创了中国教育史的新纪元。它不仅使我国普及义务教育有了法律的保障，而且使我国教育事业从此走上了依法治教的轨道。世界银行的统计表明：一个国家的绝对贫困发生率与这个国家的教育和国民素质紧密相关。教育的水平，从某种意义上说，决定了一个国家的国民素质，要在一个多数公民仅具有小学教育程度的国家实现现代化，使人民生活水平达到小康，无异于痴人说梦。

20 世纪末实现“两基”，是党和国家根据我国社会主义经济、政治和社会发展的客观需要，总结国内外现代化建设的经验教训，适时作出的科学决策。面对激烈的国际竞争，面对国家建设对科技和人才的巨大需求，教育问题紧迫地摆在人们的面前。普及九年义务教育，是党中央结合当时我国的现代化发展进程、国际竞争需要和“三步走”战略目标，深刻而冷静地分析国际国内形势，审时度势作出的历史选择，是我国经济社会发展和国际竞争对教育事业提出的双重要求，是现实的必然。

实现“两基”是一项提高全民素质、增强综合国力的奠基工程。党和政府始终把教育摆在优先发展的战略地位，把“两基”放在“重中之重”的位置，给予高度的重视。

1987 年党的十三大提出要把经济建设的重点转移到依靠科技进步和提高劳动者素质的轨道上来。

1992 年 10 月 12 日，在党的十四大上，江泽民总书记向全党全国人民发出号召：“我们必须把教育摆在优先发展的战略地位，努力提高全民族的思想道德和科学文化水平，这是实现我国现代化建设的根本大计。”会议确定了将“到本世纪末，基本扫除青壮年文盲，基本实现九年义务教育”作为 20 世纪 90 年代我国教育事业发展的重要目标。

前所未有的事业，需要超人的勇气和魄力。1993 年 3 月，中共中央、国务院印发的《中国教育改革和发展纲要》，正式将“两基”作为我国 20 世纪 90 年代的奋斗目标。1994 年，第二次全国教育工作会议确定“两基”为我国教育工作的“重中之重”，进一步明确提出了 90 年代我国教育事业发展的目标、任务、战略、指导方针和实施步骤。1996 年，八届全国人大四次会议审议通过的《国民经济和社会发展“九五”计划和 2010 年远景目标纲要》明确将“2000 年，全国基本普及九年义务教育、基本扫除青壮年文盲”作为社会发展的主要指标。1997年，党的十五大站在时代和历史高度，把实施“两基”作为落实“科教兴国”和“可持续发展”战略的重要组成部分，再次提出要“发挥各方面积极性，大力普及九年义务教育，扫除青壮年文盲”，从而使实现“两基”的目标进入党的文件和国家法规，成为全党全国关注的大事。

《中国教育改革和发展纲要》及其实施意见为我国义务教育的发展绘制了宏伟的蓝图，明确提出到2000年我国教育事业发展的目标和任务是：全国基本普及九年义务教育，即以县统计占全国总人口85%的地区普及九年义务教育；初中阶段的入学率达到85%左右；全国小学适龄儿童入学率达到99%以上；全国基本扫除青壮年文盲，使青壮年非文盲率达到95%以上。到2000年基本普及九年义务教育，基本扫除青壮年文盲，成为党中央、国务院确定的我国教育事业发展的“重中之重”，成为全党全社会一项紧迫而艰巨的历史任务。

（三）精心施工

实施九年义务教育，扫除青壮年文盲，是提高全民族思想文化科技水平的基础工程，也是一项十分艰巨的系统工程。

为了确保义务教育的顺利实施，国务院陆续批准和颁布了《中华人民共和国义务教育法实施细则》等一系列保障义务教育实施的政策法规。全国各省、自治区、直辖市也相继制定了本地区实施九年义务教育的办法或条例，初步形成了一个符合中国国情的较完善的义务教育法规体系。同时，国家有关部委和国家教委还制定了各项义务教育行政规章。

针对各地经济社会及教育发展的不平衡状况，国家教委适时地提出了“积极进取，实事求是，分区规划，分类指导”的指导思想，以县为单位提出“三步走”步骤，即1996年在40%至45%的人口地区“普九”（城市和经济发展较快农村），1998年在60%至65%的人口地区“普九”（经济发展中等地区），2000年在85%的人口地区“普九”（经济发展中等地区和少部分贫困地区）。以省为单位，把全国划分成“三片”：北京、天津、上海、辽宁、吉林、江苏、浙江、山东、广东9省（直辖市）为一片地区；河北、山西、黑龙江、安徽、福建、江西、河南、湖南、湖北、海南、陕西、四川、重庆13省（直辖市）为二片地区；内蒙古、广西、贵州、云南、西藏、甘肃、青海、宁夏、新疆9省（自治区）为三片地区。各省、自治区、直辖市也相应制订了自己的发展计划，将“两基”任务落实到县（市），县（市）又落实到乡（镇）。在实施“两基”过程中，国家教委（1998年3月更名为教育部）精心规划，坚持“普九”和“扫盲”并重、“两基”和“两全”（全面贯彻党的教育方针，全面提高教育质量）并重，在重视义务教育实施规模和速度的同时，更加重视质量和效益。1993年，国家建立了“两基”督导评估验收制度。

为了确保义务教育规划目标的实现，国务院和国家有关部委努力加大对义务教育的经费投入。“九五”期间，教育部、财政部组织实施了“国家贫困地区义务教育工程”。这是我国有史以来中央专项基金投入最多、规模最大，旨在帮助贫困地区普及义务教育的宏大教育工程。这项工程总投入超过100亿元，其中中央财政专项投资39亿元，地方各级政府配套经费87亿元；国家还争取到世界银行贷款，四期共3.8亿美元。同时，教育部、财政部还设立了“国家贫困地区义务教育助学金”；建立了两年表彰一次“两基”先进地区的制度；开展了“东西部地区学校对口支援工程”。国家计委1983年设立了“普及小学教育专项”资金，投资18.7亿元，带动地方政府和老百姓投入60亿元以上；1995年又设立了“国家扶贫教育工程”专项投资，集中支持贫困农村小学校舍建设。同时，国家税务部门依法足额征收教育费附加；国家审计部门加强对义务教育资金投入和使用情况的审计监督，这些对推动义务教育的健康发展起到了积极的促进作用。

为了推进《中华人民共和国义务教育法》的顺利实施，全国人大、全国政协多次对各地实施义务教育的情况进行调研和检查。1986年以来，全国人大教科文卫委员会几乎对全国所有省（自治区、直辖市）执行《中华人民共和国义务教育法》情况进行过检查。1999年，5位全国人大常委会副委员长带队对河南等5省实施《中华人民共和国义务教育法》的情况进行了检查，在全国引起了很大反响。全国政协组织政协委员深入边远贫困地区调查义务教育实施状况，提出了许多宝贵的建议，这对于全国实施义务教育工作起到了极大的推动作用。

社会各界也通过各种方式支持义务教育的发展，资助特困家庭和儿童。共青团中央实施了“希望工程”，全国妇联实施了“春蕾计划”。许多单位和个人纷纷捐资助学，支持教育事业。社会各界人士，包括港澳台同胞、海外侨胞也为“两基”热心捐款捐物。全社会的重视和支持，为我国如期实现“两基”目标奠定了坚实的基础，也为全国“两基”工作实现历史性的跨越提供了坚强的保证。

（四）来之不易的“第一”

历史赋予了我们一个重任，历史同样赋予了我们一次机遇。

15 年奋斗，15 年探索，15 年跨越，15 年辉煌。此时此刻，我们不会忘记最早实现“两基”目标的北京、天津、上海、江苏、广东、浙江等走在前列的省（市）的功业，让我们一同走进神州大地，看看走在“两基”攻坚最前列的县、市的风采。

在素有“华夏第一县”之称的锡山的市委、市政府大楼东侧，矗立着一座由不锈钢和黑色大理石建造的纪念碑，这是江苏省教委为表彰该市 1991 年 11 月率先在全国按标准实施九年义务教育而立的。纪念碑的 9 块黑色大理石代表着 9 年基础教育，硕果累累的万年青整体造型象征科技领先、教育为本、无限发展、万年常青。这个被视为江苏省乃至全国按标准实施九年义务教育的“第一块金牌”，来之不易。

1989 年，锡山市实施九年义务教育工作驶入了快车道，市委、市政府明确提出，普及九年义务教育必须做到“五优先”“三压三保”。“五优先”即优先保证教育投入，优先规划教育用地，优先发动教育捐资，优先扶持校办企业，优先引进教育人才。“三压三保”即压缩基建规模，保证义务教育重点项目建设；压缩非生产性开支，保证教育设施的逐步改善；压缩非生产性土地占用，保证基础教育建设的用地。一场“普九”战役在锡山大地正式打响。

天有不测风云。1991 年仲夏，正当锡山市人民全力以赴向“金牌”作最后冲刺的关键时刻，一场百年不遇的特大洪灾突然袭来，全市上百所学校浸泡在洪水中，正在建设的几十所学校也被迫停工。计划当年实现“普九”达标的陆区乡成为洪灾的重灾区，该地能否如期达标成为影响全市进程的大问题。乡党委书记苟天海向冒雨赶来的市教育局领导表示：“乡里办公楼不盖了，但按时实现普及九年义务教育达标的决心不动摇，投入不减少，标准不降低，时间不推迟。”

奇迹出现了，特大的自然灾害没有使锡山人低头，这一年全市 12 个经济属中下等的乡镇的义务教育投入不但没有减少，还比原计划增加了 1000 多万元，实施标准比原计划提高一个档次，提前 1 个多月完成了达标任务。1991 年，锡山市顺利通过了普及九年义务教育达标验收，在江苏乃至全国普及义务教育史上写下了精彩动人的时代华章。

临沂市所处的沂蒙山区是一块英雄的土地，革命战争年代，沂蒙人毁家纾难、勠力支前，在共和国史册上谱写了辉煌的篇章，用小车把革命推过长江的故事至今仍为人们所传颂。改革开放以来，沂蒙人为甩掉贫困的帽子，开始了新的长征。按照“治穷先治愚，治愚办教育”的思路，他们勒紧裤带办教育，从 1985 年开始，先后进行了农村校舍改造、城镇校舍改造、普及初等义务教育、实施“两基”等几大战役。到 1996 年 6 月，临沂市全市 12 个县区的“两基”工作全部通过了省政府验收，成为全省第六个实现“两基”的地市，也成为全国经济欠发达地市中实现“两基”的第一家。

沂蒙山区自古有“四塞之崮，舟车不通，内货不出，外货不入”之说，新中国成立初期，全市文盲、半文盲占总人口的 95%。让每个孩子都读书识字，使沂蒙山区有一个美好的未来，这是沂蒙人多年的梦想。

党的十一届三中全会的春风吹绿了蒙山，吹活了沂水，也吹开了沂蒙人的心扉。为了子孙后代不再受穷，为了沂蒙人辉煌的未来，沂蒙人义无反顾地开始了“普九”的历史性大飞跃。从 1986 年到 1990 年，沂蒙人打响了“普九”校舍改造的第一仗，在农民人均收入低于全省 100 多元的情况下，投资5亿元完成了农村小学校舍改造和乡镇初中建设；1990年到1993年又投资3亿元，完成了城镇校舍改造。这期间，临沂市全市“普九”第二战役又有了可喜的回报，实现了普及初等义务教育。其时，全市小学毕业生升学率只有83.9%。市里算了一笔账，全市要达到普及九年义务教育验收的标准，满足适龄儿童接受义务教育的需要，尚需9亿多元。到哪里去找这么多的校舍，到哪里去找这么多钱呀？沂蒙人不愧是沂蒙人，面对“普九”这个关乎子孙后代的大事，他们又义无反顾地开始了新时期的“孟良崮战役”。

关山从头越，困难脚下除。为了完成“普九”大业，市委、市政府提出了三条刚性标准，以此考核各级党委、政府工作是否到位。一看是否做到三个优先，即教育经费优先保证、教育提案优先研究、教育困难优先解决；二看是否抓住了三个重点，即提高普及程度、改善办学条件和加强师资队伍建设；三看是否形成了一个有利于义务教育发展的局面，即党委、政府两个一把手亲自抓，分管领导靠上抓，有关部门配合抓，社会各界积极参与共同抓。

“为官一任，就要兴教一方”。临沂市各级领导换了一任又一任，但他们重视教育的思想始终没变。市委、市政府在明确各级领导责任的同时，承诺把有限财力优先用于教育。各级政府在财政紧张的情况下，努力提高财政性教育投入的比例。自1990年以来，该市地方财政教育拨款平均每年增长24.8%，由1.57亿元增加到1995年的3.91亿元，用于义务教育的比例也由1990年的60.85%提高到1995年的73.2%。沂蒙人民在仍不富裕的情况下，为教育慷慨解囊，全市1993年以来投入的10.23亿元中，90%来自社会各界和广大干部人民群众捐资集资。

“有米先给孩子吃，有钱先紧教育花”“宁可碗缺菜，不亏下一代”，蒙山沂水不会忘记现代沂蒙人为发展教育所作的贡献。

曾以震惊中外的孟良崮战役闻名天下的沂蒙老区在“普九”攻坚中，以超人的气魄，在经济欠发达的情况下，实现了教育事业的低起点腾飞。

二、攻坚篇：艰难的跨越

实施“两基”是我国20世纪最宏伟的计划、最伟大的创举、最艰巨的工程。“两基”的发动是空前的，其参与的范围几乎涉及各级政府和部门，涉及每个县、乡、村；“两基”的群众参与也是空前的，其动员范围几乎涉及千家万户、男女老少。

此时此刻，回望我国“两基”达标走过的数十年艰苦历程，审视我们留下的足迹，无数动人场面依然历历在目，无数感人肺腑的事迹仍在我们心头萦绕。让我们一起走进历史，重温那一幕幕波澜壮阔、感人至深的故事。

（一）群策群力：各级党委、政府攻坚“两基”速写

实施“两基”首先是政府行为。为了使“两基”目标尽快变为各级党委、政府的具体行动，各地切实把教育放在优先发展的战略地位，纷纷建立了“两基”工作目标管理责任制，层层签订“两基”目标责任书。各级政府依法履行职责，把完成“两基”纳入政府任期目标，并以此作为评价政府工作、考核衡量领导干部政绩的重要内容，实行“一票否决”。全国上下出现了“党以重教为先，政以兴教为本，民以支教为荣，师以从教为乐”的浓郁的社会风气。

党中央、国务院对实施“两基”高度重视。1996年5月，在“国家贫困地区义务教育工程”正式实施之际，江泽民总书记、李鹏总理、李岚清副总理分别为工程题词。江泽民同志的题词是：“认真实施教育扶贫工程，大力提高中华民族素质。”李鹏同志的题词是：“实施教育扶贫工程，大力提高民族素质。”李岚清同志的题词是：“认真实施教育扶贫工程，大力提高中华民族素质，为国家的繁荣富强作贡献。”

5月7日，国家教委、财政部负责人分别同河北、山西、福建、河南、湖北、湖南、海南、安徽、陕西、江西、黑龙江、四川12个省主管教育的副省长签订了“国家贫困地区义务教育工程”项目责任书。这标志着这

项旨在改变贫困地区落后面貌的宏大的教育扶贫工程进入正式实施阶段。在签字仪式后，李岚清副总理同12个省的副省长和国家教委、财政部负责同志就实施工程进行了座谈。

1998年5月7日，教育部、财政部负责人在人民大会堂分别同“三片”地区的内蒙古、新疆、青海、宁夏、甘肃、西藏、云南、广西、贵州等9省（自治区）以及新疆生产建设兵团的负责人签订了“国家贫困地区义务教育工程”项目责任书。3年内，中央和地方将投入54.9亿元，在上述地区的469个贫困县修建14942所中小学。

在党中央的高度重视和领导下，各省、自治区、直辖市党委和政府把教育放在优先发展的战略地位，把“两基”作为教育工作的“重中之重”，采取有力措施加强对“两基”工作的领导，努力加大教育投入，为确保“两基”的实施发挥了重要的作用。

翻开中国的“两基”史，那威武壮观的一幕幕动人画卷仿佛就在昨天。

浙江省素有“文化之邦”的美称。在实施“两基”中，各级党委和政府都把教育摆到优先发展的战略地位。省委、省政府落实各级党委、政府抓教育工作的目标责任制，把主要领导抓教育的实绩作为干部工作考核的重要内容，明确各级政府的主要负责人是“两基”的第一责任人，各级教育行政部门主要负责人是直接责任人，强化各级党委和政府在实施“两基”中的责任，强化政府办学行为，依法确保教育经费的“三个增长”，确保义务教育资金投入。1997年全省各级财政用于教育事业的支出达80.49亿元。经过几届政府的不懈努力，1997年浙江省通过了国家教委的“两基”总验收，成为继北京、天津、上海、江苏、广东之后全国又一个通过验收的省份。

实施“两基”，资金投入是难点，也是关键。政府行为主要应表现在不断加大教育投入上。

被称为“省级建制，地级人口，县级财政”的宁夏，各级财政都不富裕，但它们在坚持“保吃饭、保运转、保教育”的原则下，优先保证教育投入，优先保证“两基”健康运转，并广开财源用于教育。为了按期实现“普九”目标，宁夏在连年靠国家财政补贴过日子的情况下，宁可在其他方面忍耐一点、牺牲一点，也要让教育经费投入每年都有较大幅度增长。1995年以来，自治区在继续安排600万元不发达地区资金用于教育的基础上，每年增拨义务教育专项补助资金200万元，增拨实施扫盲、职业教育、民族教育专项补助资金250万元。全自治区各县、市（区）同时采取拨、征、集、捐、借、贷等多种办法，千方百计、想方设法保证对“两基”的投入需要。据不完全统计，1993年至1996年，全区教育经费总支出达到24.6亿元，每年递增近亿元。巨大的资金投入使全区中小学校的面貌发生了翻天覆地的变化，绝大多数学校做到了绿化、美化、净化、道路硬化，一大批花园式学校如雨后春笋般涌现出来。

“两基”的实施，使教育优先发展的战略地位逐步得到落实，也日益变成各级政府的行动。“科技兴市（县）、教育先行”“今天的教育就是明天的经济”逐步变成各级领导者的自觉行动。

1996年，陕西兴平市委书记苏进荣上任伊始，面对全市“普九”资金缺口大、校舍建设刚起步的巨大压力，信心百倍地在会上讲：“我们一定要把‘普九’作为给老百姓办的一件实事办响、办好。”他们发扬“拼、争、抢”精神，投资7000多万元新建改建校舍13万平方米，创造出兴平教育史无前例的辉煌业绩。该市1997年5月通过“两基”验收。

1986年，大地震后十年的河北唐山，在谋划新的社会发展目标时，一个沉甸甸的问题——教育如何促进社会经济的发展，赫然地摆在了唐山各级领导者的面前：1976年大地震后仓促建起的简易农村中小学校舍几乎一半是危房，不发展教育将给唐山的经济发展带来无法弥补的损失……。最先掂出教育分量的是市里的主要领导。在以后漫长而艰难的“普九”进程中，市主要领导几经更迭，但重视教育的信念从来不曾动摇。1994年，全市“普九”进入攻坚阶段。这一年，全市投入教育经费4.18亿元，比上年增长45.1%；地方政府用于补助贫困地区办学资金达7774.9万元；乡级财政拨款和向农民集资1.2亿元；干部职工捐款700多万元……。每一笔资金的背后，无不凝结着全市人民对“普九”大业的拳拳之心。1995 年，唐山市在河北率先普及了九年义务教育。

“事紧先为教育办，钱少先为‘普九’花”“困难不要讲，办法自己想，只要思想不滑坡，办法总比困难多”……，这些来自基层干部群众的口号，表现了他们博大的胸怀和浓浓的重教情。

2000 年 9 月，内蒙古自治区“两基”评估验收工作组宣布赤峰市松山区“两基”达标，现场响起了热烈的掌声。掌声中，人们把目光投向了松山区的“教育乡长”白云生。7 年时间，白云生走了 3 个乡镇，对十几所学校的新建、改造，使他的名字在一次又一次鞭炮声中砌进了座座崭新的教学楼。

1999 年 10 月，白云生从王家店乡调到老府镇任镇长。他决心彻底改善老府镇中小学的办学条件。改善办学条件最缺的是资金，而眼下镇里的财政状况，只能是“吃饭财政”。经过测算，危房改造和镇中学扩建总投资需 200 万元，这就是说，倾全镇财政收入之所有，也填不上这个空缺。难啊！

深夜，镇政府大院显得格外空旷寂静，只有白云生辗转反侧，难以入睡。就在这个不眠之夜，白云生暗暗为自己立下军令状：“不为老府镇的百姓办点实事，我白云生就枉来一趟！”一连 20 余天，白云生率领镇政府一班人跑遍了全镇 16 个村，他悉心听取各方意见，认真研究建校方案。功夫不负有心人，镇中学宿舍楼和拖了三年仍无雏形的教学楼同时开工，这迟到的鞭炮声终于响彻大山深处。

热浪滚滚的六月，镇中学的运动场地需要回填 2 万多立方米的土方，四里八乡的乡亲们纷纷以白云生为榜样，以极大的热情投入建校劳动。工地上热火朝天、人声鼎沸，绘就了一幅大办教育的壮丽画卷。白云生手握铁锹，一脸汗水，这位朴实的农民镇长，就是要把对老百姓的承诺一锹一锹化作现实。经过 100 天的奋战，1130 平方米和 1020 平方米的两栋双层拱脊楼房矗立于校园之中。9 间 220 平方米的学生食堂装修一新，150 平方米能同时容纳 60 人的洗浴室配备完毕，20 亩地的操场平坦如镜，教学区、生活区、运动区结构井然，花坛景点错落其间。白云生就是凭着一份沉甸甸的爱，凭着敢闯敢拼的一身正气，凭着对人民负责的一种精神，不仅解决了很多教育问题，也把全镇教育推进快车道。

各级党委和政府的重视和支持，各级党政领导身先士卒、率先垂范，使得实施义务教育由单纯的教育行为变为坚决的政府行为和广泛的社会行为。人民群众教育意识的觉醒使“两基”工作深入人心。在神州大地，“两基”不仅成为兴教的代名词，“两基”验收也成为衡量当地教育状况的标尺。

（二）众志成城：人民群众奋战“两基”写真

“两基”是中国教育史上的里程碑！在这座巍巍的丰碑上，镌刻着人民群众的重教情怀，记载着人民群众的兴教伟业；在这座巍巍的丰碑上，汇聚和凝结着12亿中国人，特别是10亿已实现“两基”地区广大干部群众的心血。在实现“两基”的道路上，广大干部群众众志成城，艰难奋进，高歌猛进，无私奉献，涌现出一批批尊师重教的光辉典型，演绎出一幕幕捐资助学的动人故事，书写出一个个可歌可泣的感人事迹。

20世纪90年代的第三个夏天，中国的人口大省，地处中原的河南省传出一个令人振奋的消息。1979年至1992年6月，全省发动群众多渠道筹措教育经费102亿元，名列全国第一，不仅基本消灭了学校危房，做到了班班有教室、学生人人有课桌凳（“一无两有”），而且96%以上的学校实现了校舍、桌凳、大门、围墙、操场、厕所“六配套”，中小学办学条件得到根本改善。有人算了笔账说，河南人民仅用了十几年时间，就完成了单靠国家拨款50年才能消灭的中小学危房，70年才能实现的“一无两有”，100年才能完成的“六配套”。这就是人民群众创造的奇迹！

甘肃会宁县素有“苦甲天下”之称，此地干旱少雨，地瘠民贫，农民年人均收入只有几百元，地方财政收入还不够发工资。就在这个穷得出了名的国家级贫困县，全县人民把重教兴学定为一条摆脱贫困、治穷治愚的法则，勒紧裤带抓“两基”。该县原边乡八岔村，山大沟深，许多农民还没有解决温饱问题。为了使村里的孩子不再披星戴月，跑十多里山路到外村去上学，全村村民拿出积攒下来准备盖房子、娶媳妇，甚至养老的钱，义务投工 4000 多个，挖土方 7000 多立方米，通过人挑驴驮将 4000 多立方米水泥、石子、砖瓦，从 5 公里以外的山下运到山顶，建起了八岔村历史上第一所小学。

“普九”展示的是一部战天斗地的宏大教育史诗，谱写的是一曲动人心扉的壮丽凯歌。

在国家级贫困县湖北省竹溪县西南大山深处的新洲乡郭家梁子村，人们久久传颂着一个传奇般感人的故事。

“脚跟不离山，伸手摸着天，八山半水一分田，半分山路和家园。”这便是民间流传的对当地自然环境的最好概括。1995 年村里决定建一所新学校，让娃娃们搬出危房校舍。建校要石头，人们到山上用铁锤开取；要木材，人们到林中去砍伐。可是，砖瓦怎么办，全村方圆 80 千米，找不到一块足以承担“任务”的泥田。村民们自发行动起来，到沟沟壑壑里寻土挖泥，然后翻山越岭用背篓背回家。用自制的木匣制成砖坯、瓦坯，晾干后，又挑到村部集中烧制成成品。有了砖瓦，村民们又卖粮、卖牲口、卖柴禾，凑足了钱，买回钢筋、水泥、玻璃、油漆等。动工建校的几个月里，几十条硬汉累病了，十几个村民负伤了，他们没有一句怨言。一座崭新的学校终于屹立在人们的面前！

郭家梁子村村民用背篓背出了一所学校，其他条件稍好一点的地方也一定能把学校建好。从此，一场艰苦卓绝的攻坚战，在这个全县年财政收入不足 2000 万元、农民年人均收入不过 400 多元的穷山沟里打响了。从此，大山深处传出一个又一个感人肺腑的故事。在不足 400 人的大东村，老百姓自发捐资 1 万元建校。上至七旬老叟，下至 8 岁孩童，到山下 30 里外的泉河，把 4 万多斤沙、1 万多斤石灰、1.2 万斤水泥用背篓、提篮、布袋运到学校，5 个月建起一座新学校。

人民群众的支持，是推动“两基”前进的不竭动力。据不完全统计，20 世纪 80 年代，全国投入 1071 亿元改善农村办学条件。90 年代，社会集资捐资教育达 1394 亿元。这其中有很多是老百姓捐出的棺板钱、养老钱、辛苦钱，更有许多人的卖鸡蛋、挖药材、打零工挣的钱……

在中华大地的偏僻山乡，土地是农民的命根子，他们“宁舍一筐金，不丢半抔土”，可为了建校，为了孩子们的将来，最平整的良田拿出来了，最难舍的旧宅献出来了。

福建永春县湖洋镇湖城村 8 位农民得知住了一辈子的老房子所处的地方要腾给新建的教学大楼后，二话不说，带上家人离开了旧居。新疆乌什县亚科瑞克乡四村在学校规划时，无法绕开农民卡斯木・依地力斯刚建好不到半年的私人住房宅基地，正当村干部为此事大伤脑筋时，卡斯木・依地力斯主动动员全家人搬了家，把宅基地让了出来，还无偿地将已硕果累累的 8 亩果园赠给学校。

故宅凝聚着情愫，土地决定着衣食无忧，但教育寄托着未来、生养出腾飞的希望。我们的人民作出了无悔的抉择。

聚沙成塔，集腋成裘，涓涓细流，汇成江海。在广东五华县，人们真切地记得 1992 年和 1994 年两次雄壮的万人行队伍，那是为全县教育基金集资的万人行，县委书记两次走在队伍的最前方，两次万人行共获捐资 420 万元。在山西临汾市曲沃县，一对新婚夫妇结婚花了 300 元，而一次就为建校捐款 3000 元。西藏拉萨市曲水县聂当乡政府办公室有这样一张统计表：仅 1992 年和 1993 年两年，全乡新建改建小学 7 所，总投资 65.9 万元，其中群众投工献料折合 59.2 万元……。而直到 1996 年，聂当乡的人均收入也只有 800 元。

中华大地澎湃着的重教潮，也激起了广大海外侨胞的桑梓情怀。据不完全统计，在实施“两基”最初的 12 年间，海外华侨华人、港澳台同胞、国际友好人士先后向福建省捐资达 18.2 亿元。一笔笔饱含爱国情怀的投资，宛如一个个动人的音符，谱写了一曲曲感人至深的爱国爱乡曲。

为建校，海外游子寄来了外币，打工仔邮回了他们的辛劳钱，老人拿出了养老费，儿童捐出了零花钱，更有不少拿不出钱的普通百姓，无私地献出了口粮、牲口……。广大人民群众毫无保留地向教育事业捧出他们滚烫的热情，用汗水与鲜血滋养出中华民族未来的希望。人民对教育的深情厚谊与支持将永载史册。今天，当你走进神州大地上的中小学校，你会神奇地发现，在许多中小学校校园里竖立着一块块建校纪念碑，那是人民捐资助学办教育的“功德碑”，纪念碑上都大致相同地镌刻着长长一串捐资建校者的名字，每个名字背后都包含着一个让人感动的故事……。数额不等的解囊相助，代表着亿万华夏儿女对教育事业的满腔热忱和无私奉献。可以说，“两基”大厦的基石就是千千万万的人民群众。在中华大地上，人民群众集资办学、捐资助学的事迹数不胜数，从白山黑水到天涯海角，从巍巍泰山到莽莽昆仑，从黄土高坡到雪域高原，从黄河两岸到长江江畔……，在我国实现“两基”达标的15年里，中华广袤的土地上唱响了声势浩大、气贯长虹的人民群众奋战“两基”的动人战歌，涌现出的可亲可敬的人物繁若星辰。华夏大地上那一座座亮丽如画的校园和现代化的教学楼，就是人们用行动铸造起的一座座耀眼的丰碑，用热血和爱心镌写出的一部部壮丽的诗篇，用勤劳和智慧创造的一个个辉煌的奇迹。这是唯有中华大地才能发生的人类奇迹！

（三）激流勇进：各级教育部门奋战“两基”素描

实现“两基”，学校是毋庸置疑的主战场。多年来，无数教育工作者用汗水与鲜血呵护和浇灌着我们的教育之花，无数的教师将自己全身心的爱倾注在他们魂牵梦绕的校园。

“两基”大业为中华民族的振兴和腾飞夯实了基础，而这座中华民族的希望大厦正是因数不胜数的教育工作者筚路蓝缕、夙兴夜寐的艰辛奉献才变得坚不可摧、固若磐石。在奋战“两基”过程中，各级教育行政部门作为各级党委和政府的“参谋”与“两基”工作的直接参与者，为“两基”立下了汗马功劳；广大的人民教师作为“两基”工作的积极参与者和忠实实行者，为“两基”作出了无私奉献。

在江苏省教育厅办公大楼前竖立着一块“两基”纪念碑，这是江苏省人民政府为纪念全省人民在“普九”中立下的丰功所建。碑文写道：“1996年，我省完成了基本普及九年义务教育和基本扫除青壮年文盲的历史任务，成为全国率先实现‘两基’目标的省份。千秋基业，百年梦想，十年努力，一旦成真。为此，省人民政府决定给江苏省教育委员会记集体一等功。”丰碑矗立在江苏大地，彪炳着全省人民的伟绩，彰显着全省教育工作者的贡献，铭刻在子孙后代的心上。

在狠抓入学率、巩固率的同时，各地教育主管部门对“普九”建校质量锱铢必较，绝不含糊。作为辽宁省教育厅一把手的李喜平在历次“普九”会议上讲话和深入基层检查工作时，始终强调“质量第一”“硬件从实，软件从严”。一次，他来到朝阳县一个村小检查“普九”工作，看到翻修改建的校舍就要完工，便走上前去仔细查看工程质量。一推墙，发现已砌好的教室墙壁一点都不结实，他愤怒地踹倒了整面墙壁。“这是什么质量？我们用的是老百姓的血汗钱呀，就盖这一脚能踢倒的教室，我们怎么向人民交代？”不久，质量过硬的崭新校舍重新建起来……

地处云南贡山县的独龙江乡是截至 1997 年尚未通公路的山乡，每逢冬季大雪封山，这里就会与外界失去联系，而这里是有着 5000 人的独龙族兄弟的主要聚居地。不论再艰苦的地方都要办教育，不论多么偏僻的山乡小镇，都不能让那里的孩子失去希望，全民的“普九”事业就是让神州大地上每一个孩子有学上！

1984 年，这里在与西藏相接的村寨办起“向红小学”，校舍建成了，教师成了难题。山高林密的地理环境，谁能不望而生畏呢？刚由怒江民族师范学校毕业的李建生得知消息，毅然决然地夹起教具，作出了回乡任教的人生选择：“我是独龙族的后代，没有理由不为家乡的教育事业作贡献！”在坚持为 20 名小学生开足课的前提下，李建生每月还要背着干粮去乡上购买粮食，从乡政府到向红小学要走足足 7 天，算上来回就是近半个月。道路两侧有深不可测的万丈深渊，摇摇欲坠的藤条“天梯”是他往返的必经之路。这条一提起来就让人胆战心寒的艰辛道路，忠实地书写下李建生矢志不移的爱教之情。艰苦算得了什么？每次听着一个个独龙族孩子经过他逐字逐句的纠正，用充满稚气的嗓音准确无误地念出“中国”，每次回望着一个个纯朴的山里娃娃注目五星红旗冉冉升起时眼里的虔诚，这位曾被共青团中央授予“优秀共青团员”称号的独龙族汉子总会像个孩子般激动不已！

在湖南永顺县，年过六旬的刘朝龙被人亲切地称为“扫把大叔”。新寨乡距县城有六七十千米路程，十几个自然村，1996 年，那里还有 486 个文盲。身为扫盲专干的刘朝龙掂得清肩上的担子，村民们白天劳动，他就利用晚上跑扫盲点，某个学员缺了课，他就上门去补。1996 年 3 月至年底，刘朝龙几乎每天晚上都去扫盲点教课，日久经年的辛苦工作换来了硕果累累的扫盲成果，全乡 486 个文盲几乎全部脱盲，刘朝龙也获得了全国“希望工程园丁奖”的荣誉称号。

如果说广大人民教师的艰辛奋斗加速了“两基”的进程，那么，教育督导工作的缜密开展则保证了过硬的“两基”质量和优良的教育效益。

在实施“两基”过程中，各级教育行政部门重视发挥督导评估作用，完善义务教育督导评估制度和以县为单位的国家与省两级“两基”检查验收制度，建立起“两基”复查、抽查、年检制度，逐步形成了督政督学相结合的教育执法监督工作体系，这成为实施“两基”强有力的保障机制。

1995 年 11 月，已到不惑之年的壮族干部覃志成出任广西壮族自治区人民政府教育督导团办公室副主任。为使自治区人民政府多渠道筹措教育经费的政策切实落实到位，覃志成提出了“可否联合审计部门，先审计教育经费，再进行验收‘两基’”的设想。这个设想很快得到了自治区教委的大力支持。一项关于建立“两基”经费审计与评估验收制度的改革措施，以自治区教委红头文件下发到各市、县。

1996 年，自治区督导办委托只有 3 名工作人员的自治区教委审计处，对申报的“两基”评估验收进行审计。种种原因导致的 6960 万元财政预算内教育经费不到位被“审”了出来。截至 2000 年 9 月底，广西教育审计部门的扎实工作不仅使拖欠的 3.13 亿元教育经费用于改善办学条件，而且使教育经费充分到位，每年几十亿元，这就是真正的效益！

“没有教育督导，就不能保障国家教育法律、法规和方针、政策的贯彻执行，就不能保障教育质量和投入效益。”人民群众亲切地形容教育督导人员“踏遍千山万水、走进千家万户、说尽千言万语、历尽千辛万苦”。这是对他们工作的客观而公正的评价。

如今，在神州大地九百六十万平方千米土地上，那一幢幢拔地而起的现代化教学楼，一座座四季常青的花园式学校，已将我们几代人的梦想变成了现实。在中国不少农村，最漂亮的建筑在学校、最美的环境是校园已是不争的事实，这已在中华大地上构筑起了一道道亮丽的风景线。不管在绵延无尽的群山中，还是在潮平岸阔的大江边，不论在繁华都市，还是在民风淳朴的小村庄，每所学校上空迎风飘舞的鲜艳国旗就是象征！

三、探索篇：迈向新世纪

日月经天，江河行地。历史，已以豪迈的步伐迈入一个新的世纪。在人类历史的接力棒从20世纪传到21世纪的关键时刻，中国政府庄严地向世界宣布实现了“两基”目标，从此中国的教育事业迈入一个崭新的阶段，教育的大发展必将为我国社会经济建设注入强有力的发展后劲。今天，当我们回顾和总结这项跨世纪的宏伟工程的业绩的时候，我们怎能不为那波澜壮阔的画卷震惊，怎能不为那动人心弦的场景感动?！中国普及九年义务教育的15年，是各级党委和政府群策群力夯实教育基础的15年，是人民群众众志成城共创奇迹的15年，是广大教育工作者无私奉献艰苦创业的15年，是我国教育事业改革与发展的15年。

（一）千秋基业

实施义务教育后，中国基础教育状况得到了极大的改善。20世纪80年代初到90年代，我国的基础教育在困境中腾飞，取得了世人瞩目的成就。“普九”工作首先从改善农村办学条件入手，实现了“一无两有”（校校无危房，班班有教室，学生人人有课桌凳），实现了校舍、桌凳、大门、围墙、操场、厕所“六配套”；在实现校舍改造的基础上，各地进行中小学办学条件的标准化建设，进行基础教育划时代的改革，狠抓义务教育的普及，在普及初等教育基础上基本普及九年义务教育，实现“两基”目标。多管齐下，分头推进，其艰巨性和难度可想而知。

在中华民族光前裕后的“两基”大业中，政府职能部门身先士卒，教育工作者一马当先，千千万万普通的人民群众更用火一样的热情铸就了中华大地的教育奠基工程。

数字说明巨变。据不完全统计，从 1981 年至 1991 年的 11 年间，我国多渠道筹措用于改善中小学办学条件的经费达 1071 亿元，其中国家财政拨款为 357 亿元，社会集资、捐资等各种渠道筹措教育经费 700 多亿元，共修缮、新建、改建中小学校舍总面积 6. 72 亿平方米，使全国中小学危房占校舍面积的比例由 1981 年的 15. 91%下降到 1991 年的 1. 6%，其中有 13 个省份降到 1%以下。全国还添置课桌凳 1. 16 亿套，教学仪器设备总值 48. 7 亿元，图书资料总值 11. 98 亿元。全国绝大多数地区基本实现了“一无两有”的历史任务。与此同时，为了加强中小学教师队伍建设，各级政府和各级教育主管部门重视改善中小学教职工的住房条件。1981 年至 1990 年全国城镇共投资 49. 92 亿元，建成住房 2111. 6 万平方米，计 40. 61 万套。人民群众高兴地把这一欣欣向荣的景象编成歌谣传诵：“‘一无两有’‘六配套’，最好的房子是学校。”过去那种“找学堂不用问，瞅见破房只管进”“泥巴屋，泥巴台，里边坐着泥巴孩儿”的中国广大农村校舍的破旧状况，如今早已变成历史的陈迹。

20 世纪 80 年代初，当我国下决心消除中小学危房时，全国中小学校舍中危房比例高达 15%以上，如果单纯依靠国家投资改造，大约需要 100 年的时间。我们仅用了十多年时间，就完成了几十年乃至上百年的艰巨任务。这个奇迹是党和政府领导亿万人民创造的辉煌业绩。

一个辉煌的乐章还未结束，又一个更加辉煌的乐章拉开了序幕。以 1986 年《中华人民共和国义务教育法》颁布为标志，我国掀起了实施“两基”的新热潮。

15 年，在历史的长河中也许只是短短的一瞬。然而，从 1986 年《中华人民共和国义务教育法》的颁布到中国政府向世界宣布实现“两基”，

15 年来，我国基础教育发生了史无前例的巨大变化。在党中央、国务院的领导下，各级政府把教育摆在优先发展的战略地位，广大人民群众齐动员，万众一心，克服困难，负重奋进，在中华大地上树起了一座座彪炳千秋、永载史册的历史丰碑！

数字化的历史诉说着教育的沧桑巨变。

1985 年全国小学在校生为 13370.2 万人，小学适龄儿童入学率为 95.9%，2000 年小学在校生为 13013.25 万人，小学适龄儿童入学率为 99.11%，小学毕业生升学率由 68.4%上升到 94.89%。15 年内小学毕业生升学率提高了 26.49 个百分点。

1985 年全国普通初中在校生为 3964.83 万人，初中阶段毛入学率为 36.76%，2000 年普通初中在校生为 6256.29 万人，初中阶段毛入学率为 88.6%，15 年提高了 51.84 个百分点；1985 年全国青壮年非文盲率 80%以上、文盲率 20%以下，2000 年全国青壮年非文盲率 95%以上、文盲率 5%以下。

全国人口平均受教育程度从 20 世纪 80 年代初期的不到 5 年提高到目前的 8 年以上。

截至 2000 年底，全国通过“两基”验收标准的县和其他县级行政区划单位总数已达 2541 个，地区人口覆盖率达到 85%以上；京、津、沪、苏、粤、浙、吉、辽、闽、鲁、冀 11 个省（直辖市）通过了教育部“两基”评估验收，全面实现了现阶段“两基”规划目标。我国九年义务教育总规模已达到 19269.5 万人，比 1990 年增加 3111.6 万人，增长 19.25%。

数字是枯燥的，然而，在这些看似枯燥的数字背后，凝结着全国 12 亿人民的心血和汗水，反映出中国实现“两基”的辉煌成果。这辉煌倾注着中国亿万人民的理想和追求，凝聚着中国亿万人民的深情和希望。它是 15 年来中国人民实施“两基”艰苦历程的记录，它好似一个个跳动着的美妙音符，组成了讴歌全国“两基”达标辉煌成果的交响曲。

一个中国几代人梦寐以求的百年梦想，许多年想办而办不到的事，在我们这代人手里变成了现实。中国实现“两基”是震古烁今的壮举。在中国共产党的领导下，经过新中国成立以来半个世纪的不懈追求和艰苦努力，中国人民以撼天地、泣鬼神的宏伟气魄，实现了世界上最大规模的义务教育，甩掉了世界上头号“文盲大国”的帽子，实现了历史性的大跨越，取得了举世瞩目、功载千秋的辉煌成就。

1993年，九个人口大国全民教育首脑会议在印度举行，中国政府向世界庄严承诺，中国将在2000年基本普及九年义务教育。中国的承诺成为世界各国关注的焦点，许多代表感慨地说，中国了不起！今天，我们可以自豪地说，我们无愧于伟大的时代！

“两基”是中华民族为辉煌灿烂的21世纪铸造的牢不可破的基石，“两基”是提高整个国民素质、增强我国社会经济发展后劲和造就跨世纪社会主义现代化事业建设者的奠基工程，是中华民族实现伟大复兴的千秋基业。九年义务教育不仅为我国高中教育发展和高等教育发展培养了高素质的生源，为国家专门人才的培养打下了坚实的基础，还为我国21世纪社会经济的发展、综合国力的提高，以及实现中华民族的伟大复兴提供了强大的智力支持、人才和劳动力储备。

一所学校就是一座丰碑，记载着党和人民对教育的无限关爱，记载着人民群众对教育的浓浓深情。在我们的“两基”取得胜利的今天，在我们的祖国跨入新世纪门槛的时候，我们永远不会忘记那些为祖国的教育事业而日夜操劳的各级党政领导，那些为实施“两基”而慷慨解囊的人民群众，那些为教育事业发展而呕心沥血的广大教育工作者！

（二）深刻的启示

从1986年《中华人民共和国义务教育法》颁布实施到2000年中国实现“两基”，在短时间里，为什么会取得如此辉煌的成绩？让我们沿着人民群众15年艰难跋涉、艰苦探索、创新改革的足迹，去领略和感受实现“两基”留给我们的经验和启示。

启示之一：坚定不移地落实教育优先发展的战略，各级党委和政府的重视，是实现“两基”的首要前提。

党中央从全党全国全局以及经济社会发展的战略高度，审时度势，高瞻远瞩，提出了实施“科教兴国”战略，把教育摆在优先发展的战略地位，先后颁布了一系列重要文件，为我国教育事业的发展，特别是“两基”的实施提供了重要的政策依据和强大的思想武器，为解决教育经费的供需矛盾，为逐步建立多渠道筹措教育经费的新机制，尽快改善办学条件，实行依法治教，推动教育事业的改革与发展，起到了决定性作用。实施“两基”是政府行为，责任主要在各级党政领导。多年来，各级党政领导认真贯彻落实党中央、国务院关于教育改革和发展的一系列方针、政策，对教育在经济社会发展中所处的战略地位有了深刻理解，自觉运用“百年大计，教育为本”“国运兴衰，系于教育”的思想指导行动，把实施“两基”放在“重中之重”的地位，千方百计采取措施，狠抓落实，克服困难，加大教育投入，为实现“两基”目标发挥了重要的作用。

启示之二：坚持不断深化改革，实行基础教育“地方负责、分级管理”办学体制，建立以政府财政拨款为主、多渠道筹措教育经费的投入体制，是实现“两基”的重要保证。

实行“地方负责、分级管理”，是我国基础教育体制改革的一项重要内容，也是实行义务教育的可靠保证。这一改革不仅从根本上解决了长期以来我国基础教育由中央政府大包大揽而又包不过来的矛盾和问题，从体制上实现了由单一办学体制向多元化办学体制的转化，由原来中央一个积极性变为地方各级政府多方面办学的积极性，而且极大地调动了各级政府和人民群众办学的积极性和创造性，增强了各级政府兴办教育的责任感和紧迫感，为我国在20世纪末实现“两基”起到了重要的作用。

以政府财政拨款为主、多渠道筹措教育经费的投入体制，是以财政拨款为主渠道，以征收教育费附加收取非义务教育阶段学费、普遍建立校办产业、实行社会集资、建立教育基金等为辅助渠道。这一体制的顺利构建，充分调动了国家、集体、群众办学的积极性，有效增加了全社会对教育的投入，为实现“两基”目标创造了许多奇迹。

启示之三：充分发动群众，依靠人民群众的力量办教育，是实现“两基”的重要推动力。

“两基”是一项宏大的社会系统工程，这项工程若没有广大人民群众的积极参与和配合，要想取得辉煌的成就是不可能的。因此，从某种意义上讲，“两基”攻坚是一场伟大的人民战争，人民群众为“两基”特别是“普九”工作出钱捐物献力，倾注了满腔热情。

我国实施“两基”最大的困难是经费投入不足，校舍、设施等办学条件严重落后。如果单靠政府预算内教育经费支出，远远满足不了实施义务教育对经费的要求。人民群众在办教育中创造出的集资办学、捐资助学办法，是依靠人民办教育的最集中、最突出的表现。可以说，我们今天之所以能取得“两基”的胜利，就在于依靠了广大人民群众的力量。这充分说明了在我们这样一个人口众多的大国和穷国办大教育，必须依靠国家、集体和全民的共同努力。

启示之四：坚持依法治教，建立“两基”督导检查制度，是实现“两基”的基本保障。

随着我国教育立法进程的加快，教育法制体系的基本形成，教育工作逐步走上依法治教的轨道。可以说，我们之所以能如期实现“两基”，正是由于坚持了依法治教，用法律保障了“两基”的实施。

在重视教育立法的同时，加强对贯彻落实教育法律法规和方针政策的监督检查，是坚持依法治教的有力保证。近年来，各地加大教育法律法规宣传力度，全国人大以及各级人大加强对“两基”的执法检查，各级教育督导机构为推动“两基”的实施均发挥了重要作用。实践证明，教育督导作为现代教育行政管理的重要组成部分，既是依法治教的重要手段，也是政府和教育行政部门依法行政的主要形式之一，是全面推进教育改革和发展的有效运行机制。

启示之五：加强师资队伍建设是普及九年义务教育的基础。

教师队伍建设，教师素质的高低，直接关乎教育和教学质量的提高，关乎我们民族的未来。教育思想、教育方针的贯彻，一代新人的培养，归根结底要依靠广大教师的教育教学实践。因此，普及九年义务教育的关键是建立一支思想素质和业务素质优良、合格而稳定的教师队伍。师资队伍建设的当务之急是大力加强教师培训工作，建立继续教育制度，提高教师思想素质、业务素质和教学水平。同时，还要认真办好师范教育，提高教师的社会地位、经济待遇和改善教师的生活、工作条件。通过学校人事、分配制度改革，建立激励机制和奖励机制，提高广大教师教书育人的积极性。

20 世纪末中国实现“两基”目标，这只是万里长征走完了第一步。展望 21 世纪，我国实现“两基”的道路依然任重而道远。普及九年义务教育是一项长期的任务。应该看到，“两基”目标的实现并不等于“普九”任务的完结。面对 21 世纪综合国力激烈竞争的挑战，我国基础教育的发展还面临许多急迫需要改革和加强的方面，“十五”期间，扎扎实实推进贫困地区普及义务教育和整体推进素质教育的任务依然很艰巨。20 世纪 90 年代，我们仅实现了“双八五”（85%人口地区实现“普九”，初中阶段毛入学率达到 85%）的规划目标，其余 15%“两基”未达标的人口地区，大多都处在我国的老、少、边、贫地区，这些地方经济薄弱，有许多人还没有彻底解决温饱，其“两基”攻坚的难度将会更加艰巨。即使已通过“两基”验收的一些地方，也仅仅达到了现阶段“两基”的基本要求，依然存在着低水平、基础弱、不全面、不稳固的现象。目前，义务教育经费严重不足，随着农村税费改革的进行，农村义务教育的经费来源将缺乏强有力的支持和保证，迫切需要建立规范稳定的义务教育投入机制。这些都是进入 21 世纪后，在我们完成新的教育发展目标时亟待解决的问题。面对 21 世纪，我国教育工作面临的困难依然很严峻，依然需要我们以超前的眼光和魄力，去开拓新的局面！

（三）走向素质教育

21 世纪如约而至，面对这个崭新的世纪，全国的教育工作者都在思考着一个问题：“基础教育该怎么办，基础教育该向何处去?”基础教育为我们创造了坚实的根基，但它又不是万能的，它不能满足现代社会对教育的全部需求，要将我国沉重的人口负担转化为人才优势，基础教育只有通过实施素质教育，才能实现全面贯彻党的教育方针、全面提高教育质量的“两全”目标。

20 世纪 80 年代中期以来，顺应时代发展、社会发展和教育自身发展的需要，一场前所未有的教育改革在神州大地广泛展开，以面向 21 世纪中国经济及社会发展需要为依据，以提高全体国民的素质为目标，“改革人才培养模式，由‘应试教育’向素质教育转变”成为我国基础教育改革的历史命题。

由“应试教育”向素质教育转变，是一次深刻的教育革命，是一次育人模式的深刻变革，是一场从教育思想到教育内容、到教学方法的深刻变革。为此，国家教委先后两次召开实施素质教育经验交流会，在全国推广湖南汨罗、山东烟台实行素质教育的经验。实施义务教育必须面向全体学生，以促进人的发展为本，实行素质教育。实施义务教育的根本宗旨是促进人的全面发展，提高全民素质。素质教育以面向全体学生，使学生德、智、体、美全面发展，让学生主动发展为要义，以提高全体国民的素质为目标，以育人为根本。因此，在实施义务教育过程中，适时地提出素质教育的理念，是实施义务教育宗旨的重要体现。义务教育既有普及程度的要求，也有教育质量的要求，二者是统一的。在全国范围内实现“两基”的同时，必须狠抓“两全”，使“两基”与“两全”兼顾，并举并重，农村教育要把为农村经济建设和农村社会主义精神文明建设服务放在突出位置，实行农科教结合，为当地经济发展服务。

正是基于对基础教育的深刻反思，20 世纪 80 年代以来，一场以“实行农科教结合”和“实行经劳教结合”，积极为地方经济建设服务为内容的农村教育综合改革和城市教育综合改革在中华大地广泛开展。

农村教育综合改革实验在抓好普通教育的同时，引进职业教育，实行“三教统筹”、农科教结合。经过深思熟虑的教育工作者对此进行了许许多多有益的探索！

实行素质教育，深化教育综合改革，不仅改革了全国基础教育传统的办学模式，使“普九”走上了一条全面提高学生综合素质的阳关大道，而且教育为当地经济服务，办出了特色，也增强了自身的吸引力，特色鲜明的基础教育在中国大地上显示出光明的未来。

教育的梧桐树，引来经济腾飞的金凤凰。教育与经济的联姻，带动了区域经济的发展，各地经济的腾飞，靠的正是其对教育的深刻理解与全力投入，靠的正是教育带来的科学普及的力量。对此，许多地方党政领导感慨地说：“‘普九’建校，不仅为国家培养了大量人才，还在当地产生了无法估量的经济效益和社会效益，真是一举三得呀！”

小到一个地区，大到一个国家、一个民族，要求温饱、求发展、求繁荣，离开实施普遍的基础教育，离开国民的文化科学水平与道德素质的普遍提高是根本不可能的。教育与经济的结合，为中国教育带来了巨大的发展潜力，也为中国经济社会的发展插上了腾飞的翅膀。

（四）迈向新世纪的脚步

“教育要面向现代化，面向世界，面向未来。”迈入21世纪，放眼世界，思索未来，我国改革开放总设计师邓小平那高瞻远瞩、响彻寰宇的话语，仿佛就回响在我们的耳畔。

21世纪初叶，“两基”仍然是整个教育事业的“重中之重”。1999年，江泽民同志在第三次全国教育工作会议上的讲话中强调：“普及九年义务教育，满足基本学习需要和提高劳动者的整体素质，要作为教育工作的首要目标，努力提高绝大多数人的教育水准。”

这次会议颁布的《中共中央国务院关于深化教育改革全面推进素质教育的决定》明确提出：“两基”是全面推进素质教育的基础。地方各级人民政府要继续将“两基”作为教育工作的“重中之重”。因此，“十五”期间和21世纪上半叶，我们必须继续坚持把“两基”放在教育工作“重中之重”的地位不动摇，努力提高“两基”的水平和质量。在占全国人口15%左右的尚未实现“两基”的欠发达地区，要继续打好“两基”攻坚战，加大对贫困地区和少数民族地区的支持力度；对占全国人口50%左右的中等发达地区，要切实抓好巩固提高工作；对占全国人口35%的城市和经济发达的农村地区，要制定高水平的“普九”目标，提高教育现代化、信息化水平。

2000年10月11日，党的十五届五中全会审议通过的《中共中央关于制定国民经济和社会发展第十个五年计划的建议》提出：“教育是培养人才的基础，对经济和社会发展具有先导性、全局性的作用，要适度超前发展”，要“继续普及九年义务教育和扫除青壮年文盲”。在我国迈向21世纪的关键时刻，教育，这个中华民族复兴的基础工程，再一次引起了党和人民的高度重视。

面对新世纪、新目标、新任务，中国教育正在以超前的意识，向着远大的目标迈进。教育部即将颁布的《全国教育事业“十五”计划》提出，“十五”期间，要继续把“两基”作为教育工作的“重中之重”，积极实施教育信息化工程，以信息化带动教育现代化，实现教育跨越式发展。

半个世纪的拼搏，15年的攻坚，人民群众用心血和汗水铸就了“两基”的历史丰碑。目前，随着全国85%的人口地区实现“普九”，在已经普及义务教育的地方，基础教育如何面向21世纪，紧跟上全国现代化建设的步伐，并适度超前发展，成为摆在全国人民，特别是广大教育工作者面前的新课题。

“一流的经济必须用一流的教育来支撑。”

在全国人民为“普九”放歌的时候，1993年12月，江苏省颁布了《关于在苏南地区组织实施教育现代化工程试点的意见》，并宣布江苏要在全国率先推进教育现代化；与此同时，天津市也向全市提出了“抓住机遇，深化改革，努力开创天津教育事业的新局面”的号召，发出了“为实现天津教育现代化而奋斗”的动员令；面对新世纪，北京市提出了以推进信息化为突破口，积极发展现代化教育，努力培养和造就高素质人才的目标；上海市提出高质量发展教育事业，形成多层次、开放式的教育发展格局，不断完善终身教育体系，努力构建学习型城市的目标。从此，义务教育第二个战略目标的序幕被拉开，中国人民实现教育现代化的新的伟大进军开始了……

忆往昔，峥嵘岁月稠；看今朝，前景更辉煌。

在中国人民告别辉煌的 20 世纪，迈入新的更加辉煌的 21 世纪的关头，历史选择了教育现代化。这个凝聚着中国人意愿的选择，必将带来我国教育事业的新的更大的创业，实现新的更大的历史大跨越。

（原载《中国教育报》2001 年 4 月 9 日第 1 版）

人类教育史上的奇迹

——来自中国普及九年义务教育和扫除青壮年文盲的报告

全面实现“两基”是中国教育发展史上的重要里程碑，是世界教育史上的空前壮举。中国在九个发展中人口大国中率先实现全民教育目标，解决了世界上人口最多国家的义务教育问题，为全世界教育水平和人类发展水平的提高作出了卓越贡献！

——题记

引子：中国创造奇迹

历史不会忘记，中国所创造的世界教育奇迹；世界将永远铭记，中国为世界全民教育作出的重大贡献。

历史不会忘记并永远铭记这两个时刻——

在人类社会迈入21世纪门槛的历史时期，公元2001年1月1日，中华人民共和国向全世界庄严宣布：中国实现了基本普及九年义务教育和基本扫除青壮年文盲的战略目标。

在人类社会迈进21世纪第二个十年的历史时刻，公元2011年11月，中华人民共和国用事实向世界宣告：中国全面完成普及九年义务教育和扫除青壮年文盲的战略任务。

历史不会忘记并永远铭记这两个巨变——

百年梦圆——义务教育是中国的百年梦想。从1986年《中华人民共和国义务教育法》颁布实施，到2000年中国初步实现"两基"战略目标，再到2011年全面完成"两基"战略任务，经过中国政府和人民25年艰苦卓绝的不懈努力，中国全面完成普及九年义务教育和扫除青壮年文盲的战略目标，实现了从一个文盲大国、人口大国向教育大国、人力资源大国的历史性跨越，为迈向教育强国、人力资源强国奠定了坚实基础。

千年飞越——"有教无类"是中华民族的千年夙愿。从"有学上"到"上好学"，从85%的入学率到100%的入学率，从全面普及到公平均衡，从西部农村率先免费到全国城乡全面实现真正意义上的义务教育免费，1亿多适龄儿童少年上学免费成为现实，中国创造奇迹。

全面实现"两基"是中国教育发展史上的重要里程碑，是世界教育史上的空前壮举。占世界人口1/5的中国全面实现"两基"目标，是世界全民教育的重大突破！

中国在九个发展中人口大国中率先实现全民教育目标，解决了世界上人口最多国家的义务教育问题，为全世界教育水平和人类发展水平的提高作出了卓越贡献！

历史流千古，时空越千年。中国教育，书写了人类教育史上的奇迹！

一、光辉历程——中国推进“两基”的奋进历程

中国全面实现“两基”目标是一项全民教育运动和重大的奠基工程，是中国教育史上最光辉的篇章，是中国教育发展的里程碑，是实现中华民族伟大复兴的千秋基业！

（一）艰难历程：中国普及义务教育之路

中国普及义务教育的梦想始于清朝末年，距今已有百年历史。1904年清政府在《奏定初等小学堂章程》的《学务纲要》中明确指出：“初等小学堂为养正始基，各国均任为国家之义务教育。”该章程还明确提出：“此项学堂，国家不收学费，以示国民教育，国家任为义务之本意。”这是我国历史上第一次由官方明确提出“义务教育”的概念，被认为是近代中国义务教育的正式发端。

普及义务教育是中华民族复兴的百年梦想。怀着这一梦想，中国人民进行着艰难的世纪接力。然而，由于政治腐败、经济落后、民不聊生，旧中国无力也无法把有志者的呼唤和人民的愿望变成现实，普及义务教育只是一句空话。

1949年，从新中国诞生的第一天起，中国政府就把提高民族素质、普及义务教育当作义不容辞的责任。改革开放开启了中国社会全面振兴发展的新航程，也真正开启了中国教育事业大发展的新航程，国家逐步把普及义务教育纳入重要的议事日程，并提升到了教育发展“重中之重”的战略高度。

1982年12月4日，第五届全国人民代表大会第五次会议通过的新修订的《中华人民共和国宪法》第四十六条规定，“中华人民共和国公民有受教育的权利和义务”；第十九条规定，“国家举办各种学校，普及初等义务教育”。这是新中国成立以来我国第一次以国家根本大法的形式对普及

义务教育作出明确规定。

1985 年，《中共中央关于教育体制改革的决定》指出，“义务教育，即依法律规定适龄儿童和青少年都必须接受，国家、社会、家庭必须予以保证的国民教育”，要“有步骤地实行九年制义务教育”。这是中央文件中首次提出实行九年义务教育。

1986 年 4 月 12 日，在北京人民大会堂，第六届全国人民代表大会第四次会议审议通过了《中华人民共和国义务教育法》，以国家立法的形式正式确立我国实施九年制义务教育。《中华人民共和国义务教育法》确立了普及义务教育制度，它的颁布和实施开创了中国教育史的新纪元，不仅使我国普及义务教育有了法律保障，而且使我国教育事业走上了依法治教的轨道。

1992 年 10 月 12 日，党的十四大提出，“到本世纪末，基本扫除青壮年文盲，基本实现九年义务教育”，从而使实施“两基”的目标被写进党的文件，成为全党全国关注的大事。

义务教育是根据国家法律规定对适龄儿童和青少年实施一定年限的、普及的、强迫的、免费的学校教育。就世界范围而言，义务教育作为一种法律制度已有近 400 年历史。中国义务教育制度从清朝末年算起，与世界上较早实施义务教育的国家相比晚了近 3 个世纪，距今也有百年历程。

中国是一个发展中国家，却承载着世界上规模最大的教育。人口多、底子薄、经济文化落后，特别是贫困地区多、人口居住分散、义务教育规模庞大、教育经费短缺、办学条件差，这是普及义务教育之初我国教育发展环境的基本特征。

中国基础教育规模之大，受教育者之多，堪称世界之最。中国人口约占世界总人口的 1/5，其中 18 岁及以下人口有 3.84 亿人。中国教育的规模到底大到什么程度？全国 1990 年有 23654 万人、2002 年有 31873 万人在各级各类学校里学习，比美国的总人口还要多。这就是我们的国情。

据不完全统计，20 世纪 80 年代初，全国中小学危房占校舍总面积的 16%。其余的校舍也多是土草房、老祠堂、破庙宇或旧民房。“有砖不过千，有门没法关，有窗垒着砖，有顶露着天”“土坯墙，椽子瓤，用材尽是箭杆杨，没过几天成危房”……，这些当年在中国大地流传甚广的顺口溜，便是当时中国农村中小学校舍的真实写照。

面对中国穷国办大教育的现实，要想在短期内实行全民教育，突破历史和现实的滞重，实现百年义务教育之梦想，中国教育面临着前所未有的严峻挑战！

（二）全民行动：中国大规模扫盲之行动

中国是世界第一人口大国，也曾经是世界头号文盲大国。新中国成立之初，我国社会主义建设中的一个突出问题是广大人民群众的文化素质低，全国总人口中文盲人口占80%以上，成为当时国家建设和实现人民当家做主权利的一大障碍。在党中央和国务院的高度重视下，全国掀起了一场群众性的波澜壮阔、持续不断的扫盲运动，扫盲教育蓬勃开展。

改革开放以来，我国进入新的历史时期，扫除文盲工作进入规范化、法制化的轨道，扫除文盲与普及义务教育一同被列为教育工作的“重中之重”。1988年，国务院颁布《扫除文盲工作条例》，对扫盲对象、标准、规划目标、政策措施作了具体规定。1993年，中共中央、国务院印发《中国教育改革和发展纲要》，提出在20世纪末，全国基本扫除青壮年文盲，使青壮年文盲率降到5%以下。在党中央和国务院领导下，各级政府积极响应，人民群众积极行动，全国城乡掀起了声势浩大的群众性扫除文盲运动，出现了“夫教妻”“子教父”“能者为师”“大家动手，扫除文盲”“有文化的都来教，没文化的都来学”的感人场面。

中国政府一直把扫除文盲与消除贫富差距和地区发展不平衡纳为一体，把扫除文盲看作提高国家竞争力的必备条件，强化基础教育改革。作为世界上人口最多的国家，经过长期不懈的艰苦努力，从1949年到1998年，我国共扫除文盲2.03亿人，成功地把成人文盲率由1949年的80%以上降到15%以下，把青壮年文盲率降到5%以下。我国城镇早在20世纪80年代就基本扫除了文盲，农村地区的扫盲工作顺利推进，历史上文盲充斥的现象已不复存在。全国由80%的人是文盲转变到85%的人有文化，这一翻天覆地的变化，是中华民族历史上前所未有的进步，也是世界人口大国亘古未有的奇迹。

进入21世纪以来，全国有近5000万人摘掉了文盲的帽子。2005年发布的《中国全民教育国家报告》显示，2001—2004年，全国共扫除文盲803万人，2005年又扫盲196万人，平均每年扫盲200多万人，青壮年文盲率控制在4%左右。这一成绩已兑现了中国向全世界宣布的2001年“青壮年文盲率降到5%以下”的目标和承诺。

到2010年，全国实现高质量的全面基本普及九年义务教育，普及九年义务教育人口覆盖率达到98%以上，扫除15岁至24岁文盲，全国青壮年文盲率降到2%以下，成人文盲率降到5%以下。我国全面实现了《中国全民教育国家报告》提出的在21世纪前20年我国全民教育发展的战略目标。

（三）精心部署：绘制教育的宏伟蓝图

实现“两基”是一项提高全民素质和增强综合国力的奠基工程。中国政府始终把教育摆在优先发展的战略地位，把“两基”放在教育工作“重中之重”的位置，给予了高度的重视。

“雄关漫道真如铁，而今迈步从头越。”贫穷的帽子我们戴了多少年，贫穷的包袱我们背了多少年，但我们不能把贫困带到下个世纪；实施义务教育我们提出了多少年，教育发展的难题困扰了我们多少年，但我们不能把实施义务教育的理想留给下个世纪。这是20世纪80年代至90年代初中国亿万人民的心灵呼唤，是历史赋予中国领导人的神圣职责，也是一个民族所有人民的期盼。

开创前所未有的事业，需要超人的勇气和魄力。1992年10月12日，在中国共产党第十四次全国代表大会上，党中央作出决策，提出把“到本世纪末，基本扫除青壮年文盲，基本实现九年义务教育”作为20世纪90年代我国教育事业发展的重要目标。

1993年2月13日，中共中央、国务院印发《中国教育改革和发展纲要》，正式把实现“两基”作为我国20世纪90年代的奋斗目标。真正把

“两基”提到议事日程，变成一个工程进行操作，是在1994年中共中央、国务院召开的全国教育工作会议上。会议确定“两基”为我国教育工作的“重中之重”，提出了“双八五”的目标，进一步明确提出了20世纪90年代我国教育事业发展的目标、任务、战略、指导方针和实施步骤。

《中国教育改革和发展纲要》及其实施意见为我国义务教育的发展绘制了宏伟的蓝图，明确提出到2000年我国教育事业发展的目标和任务是：全国基本普及九年义务教育，即以县统计占全国总人口85%的地区普及九年义务教育；初中阶段的入学率达到85%左右，全国小学适龄儿童入学率达到99%以上；全国基本扫除青壮年文盲，使青壮年非文盲率达到95%以上。由此，到2000年基本普及九年义务教育，基本扫除青壮年文盲，成为党中央、国务院确定的我国教育事业发展的“重中之重”，成为全党全社会的一项紧迫而艰巨的历史性任务。

20世纪90年代，我国仅实现了“双八五”的规划目标，其余15%的“两基”未达标的人口地区，大多是“老、少、边、贫”地区，这些地方经济薄弱，有许多人还没有彻底解决温饱问题，其“两基”攻坚的任务更加艰巨。即使已通过“两基”验收的一些地方，也仅仅达到了“两基”的基本要求，依然存在着低水平、基础弱、不全面、不稳固的现象。

在我国基本实现“两基”目标后，根据国家“全面建设小康社会”的社会经济发展目标，以胡锦涛为总书记的党中央站在崭新的历史起点上，坚持科学发展观，从建立社会主义和谐社会的需要出发，把农村教育作为教育工作的“重中之重”，以更加宏大的气魄，向着更高的目标迈进。2003年，《国务院关于进一步加强农村教育工作的决定》提出了“力争到2010年在全国实现全面普及九年义务教育和全面提高义务教育质量的目标”，并针对我国义务教育发展不平衡，农村义务教育基础薄弱、水平偏低的现状，对不同地区提出不同的目标，力争用5年时间完成西部地区“两基”攻坚任务；到2007年，西部地区“普九”人口覆盖率达到85%以上，青壮年文盲率下降到5%以下；已经实现“两基”目标的地区特别是中部和西部地区要巩固成果、提高质量。巩固提高“两基”成果、决战西部“两基”攻坚成为21世纪初我国推进义务教育改革与发展的基础性工作。

这就是中国政府绘制的普及义务教育的宏伟蓝图。

二、艰难跨越——中国推进“两基”攻坚的伟大实践

2001—2007年，我国“两基”工作进入攻坚克难、巩固提高、逐步免费的新阶段。这一阶段，我国胜利完成了西部地区“两基”攻坚计划，改革了义务教育管理体制，建立了农村义务教育经费保障机制，逐步实现了农村免费义务教育。

（一）攻坚克难：实施西部“两基”攻坚计划

2003年9月19日，温家宝总理在全国农村教育工作会议上，神情凝重地讲述了他在农村考察时看到的放心不下的“三件小事”：吕梁山区一所小学在简陋的窑洞里上课的情形，甘肃靖远一位双目失明的农妇希望孩子能上学的哭求，陕西秦岭水灾后佛坪县唯一幸存的学校里孩子们读书的身影。

“三件小事”深深打动了在座的省长、部长们的心。也就是在这次会议上，国家第一次公开提出了把实现西部“两基”当作“攻坚战”来打的计划。省长、部长们决心按照总理的要求，众志成城，再打一场教育扶贫攻坚战。

很快，一场声势浩大的攻坚战，在中国西部摆开战场。

西部是中国的欠发达地区，也是中国实现“两基”、全面推进全民教育最后的“硬骨头”。西部12个省、自治区、直辖市，地域广大、人口众多、资源丰富，约占全国2/3的国土面积。全国贫困人口有近一半在西部，国家扶贫开发工作重点县有一多半在西部。到2002年底，虽然全国已有91.8%的人口地区基本普及了九年义务教育，青壮年文盲率降到了5%以下，但由于区域之间教育发展不均衡，西部地区“两基”人口覆盖

率只有77%，仍有410个县级行政单位尚未实现“两基”，人均受教育年限仅为6.7年。

难，就难在这410个县经济社会发展滞后，教育基础薄弱，其中有贫困县215个、少数民族县309个、边境县51个；当时全国尚未脱贫的3000万人口，绝大部分生活在这些地区，人民群众贫困程度深，当地适龄儿童上学面临诸多困难；这些地区自然条件非常艰苦，多为高山、高原、高寒和荒漠、半荒漠地区，普及义务教育的办学成本、就学成本远远高于其他地区。

长期以来，由于我国义务教育尤其是农村义务教育经费投入主体的重心过低，在历经分税制、税费改革和“以县为主”的体制改革后，我国农村义务教育经费仍逃不脱“小马拉大车”的窘境。

“最大规模的教育给了最没钱的政府”，财力薄弱的县乡政府几乎承担了义务教育财政支出的全部。农村义务教育成为我国教育事业发展中最为薄弱的一环，发展举步维艰。

实现西部地区“两基”攻坚目标，是关系到我国全面建设小康社会的一项十分重要的战略任务。西部地区实现“两基”的困难，牵动着以胡锦涛为总书记的党中央新一届领导集体的心。

党中央、国务院高度重视农村教育。2003年9月，国务院召开了第一次全国农村教育工作会议，针对西部地区义务教育普及水平低、教育基础薄弱的现状，提出在西部地区集中力量打好“两基”攻坚战。

2003年12月30日，国家科教领导小组审议通过了教育部、国家发展改革委、财政部和国务院西部开发办制定的《国家西部地区“两基”攻坚计划（2004—2007年）》。

2004年7月5日，一场特殊的签约仪式在北京举行。教育部、国家发展改革委、财政部分别与西部12个省、自治区、直辖市和新疆生产建设兵团郑重签署了“两基”攻坚计划责任书，省级领导们立下“军令状”。接下来，各级政府层层签订责任书，攻坚县实行政府一把手负责制。

国家在西部“两基”攻坚中先后实施了“农村寄宿制学校建设工程”

“‘两免一补’工程”“农村中小学现代远程教育工程”“西部农村教师队伍建设工程”。2004年中央决定在4年间投入100亿元新建、改扩建一批农村寄宿制学校，使孩子们“进得来”“留得住”“学得好”。同年，中央财政扩大免费提供教科书的资助范围，2005年又将其扩大至所有国家扶贫开发工作重点县，所覆盖的中小学生人数增加到3000万人。

国家把实施“农村中小学现代远程教育工程”作为解决农村学生“学得好”的有效途径，中央和地方政府投入111亿元资金，建设了遍及全国农村的远程教育网络，使所有中西部农村中小学生可以与城市学生共享优质教育资源。孩子们高兴地说：“大山再也挡不住知识了！”

普及九年义务教育的关键是建立一支思想素质和业务素质优良、合格且稳定的教师队伍。教师队伍建设和教师素质提高，直接关乎教育教学质量的提高，关乎民族的未来。2006年，经国务院同意，教育部、财政部、人事部、中央编办启动了“农村义务教育阶段学校教师特设岗位计划”，中央财政设立专项资金，招募高校毕业生到西部“两基”攻坚县农村学校任教，及时缓解了“两基”攻坚县教师不足、素质不高的问题。

特岗教师犹如一股春风吹进了广袤的田野，农村孩子不仅能上学，还能接受好教师带来的优质教育。

“老师，我很喜欢你的课，谢谢你！”云南省寻甸回族彝族自治县先锋中学学生贺艳青，给学校新来的特岗教师董双雪写了这样一张字条。

“有时，学生会为我轻轻拍掉沾满衣服的粉笔灰，我感到很温暖。”从云南大学毕业后，董双雪和130名特岗教师一起通过考试来到寻甸山区学校任教。参与特岗教师招聘的寻甸县教育局干部老郭非常激动，他说，获聘的大学毕业生素质都比较高，适应能力也很强，他们会给边远乡村的孩子带来很多新变化，“我们的农村娃终于有了好老师”！

6年来，国家特岗计划共招聘23.5万名特岗教师，赴22个省份、1023个县、2.8万所农村学校任教。服务期满特岗教师连续3年留任比例均达87%以上。

一花引来百花开。各地纷纷按照各自的情况分别实施了地方特岗教师计划。如湖北省为解决老、少、边穷地区乡村学校合格教师紧缺和骨干教师不稳定的问题，于 2004 年启动实施了“农村教师资助行动计划”。2006 年以后，湖北省又结合特岗计划，每年选派优秀大学本科毕业生到乡镇以下农村学校任教，他们被称为“资教”教师。目前，湖北省通过这项计划已选派 2 万多名教师到农村学校任教，为加强农村中小学教师队伍建设、提高教师队伍整体素质发挥了积极作用。

“两基”攻坚计划是我国教育取得的又一个历史性成就。2007 年底，我国西部地区基本普及九年义务教育、基本扫除青壮年文盲的攻坚计划如期完成，西部地区共有 368 个县和其他县级行政区划单位实现“两基”，西部地区“两基”人口覆盖率从 2003 年的 77%提高到 2007 年的 98%，青壮年文盲率下降到 5%以下。全国共有 3022 个县和其他县级行政区划单位实现“两基”，“两基”人口覆盖率达到 99%，青壮年文盲率下降到 3.58%。这标志着我国全民教育达到了一个新的水平。

（二）全面免费：推进义务教育均衡发展的国家行动

2008—2011 年，是我国“两基”工作巩固提高、城乡免费、全面覆盖的阶段。最后西部 42 个边远贫困县实现“两基”目标，标志着我国全面实现“两基”。这一阶段，我国实现了真正的免费义务教育，强化了城乡义务教育投入的制度性保障，将义务教育全面纳入公共财政保障范围，义务教育均衡发展成为新时期的战略性任务。

在中国全面实现普及九年义务教育，解决了孩子“有学上”的问题之后，为了让每个孩子“上好学”，以胡锦涛为总书记的党中央高瞻远瞩，把促进义务教育均衡发展作为新时期教育工作的战略重点。

2006 年 6 月，全国人大常委会新修订的《中华人民共和国义务教育法》第六条首次以法律的形式提出“促进义务教育均衡发展”。这是我国法律中第一次提到“义务教育均衡发展”。

2007 年 10 月 15 日，胡锦涛总书记在中国共产党第十七次全国代表大会上的报告中提出，“促进社会公平正义，努力使全体人民学有所教”，“教育是民族振兴的基石，教育公平是社会公平的重要基础”，

“促进义务教育均衡发展”。这是党的政治报告中第一次提出“义务教育均衡发展”的思想。由此，促进义务教育均衡发展成为党中央、国务院确立的我国在新的历史时期推进义务教育发展的战略方针。

“新的学期到学校，两免一补真热闹；爸爸妈妈开怀笑，同学们乐得呱呱叫；老师轻松把名报，勤奋学习把国报。”这是2006年春季开学时流传在重庆市石鞋中学的一首新童谣。这年的春天，春寒料峭，但对于西部农村孩子来说，这个新学期却格外温暖，因为从今以后他们上学再也不用缴纳学杂费了！

2005年12月24日，国务院发出《关于深化农村义务教育经费保障机制改革的通知》，明确提出：从2006年开始，西部地区农村义务教育阶段学生全部免除学杂费，2007年扩大到中部和东部地区；对贫困家庭学生免费提供教科书并补助寄宿生生活费。

2006年春季学期起，国家农村义务教育经费保障机制改革率先在西部12个省份、新疆生产建设兵团和中部试点的农村地区开始实施，2007年春季学期开始在全国农村地区全面推行。国家为所有农村孩子免费接受义务教育买单；2008年秋季学期起在全国城市地区全面推行，实现全国城乡义务教育同步免费。

免费义务教育，这个凝聚几代中国人愿望的梦想，终于迎来了历史性的突破，逐步成为现实。随之而来的是，几年间，许多因贫困而失学的农村学生开始返校上学，农民群众奔走相告，欢欣鼓舞。据悉，仅广西壮族自治区就回流学生21万名，四川省回流的学生也达20万名之多。

由此，我国农村地区适龄儿童“上学难、上学贵”的问题得到了基本解决，农村学生入学率呈现整体性、较大幅度提升，“普九”成果得到了进一步巩固。

这是惠泽百姓、福泽未来的德政工程、民心工程和阳光工程，必将作为我国教育史上一项具有划时代、里程碑意义的制度变革载入史册。

建立农村义务教育经费保障新机制，是党中央、国务院从构建社会主义和谐社会和建设社会主义新农村的大局出发所作出的重大决策，是惠及亿万农民群众的民心工程，是促进农村义务教育持续健康发展的治本之策。新机制提出，在2006年至2010年的5年内，中央和地方各级政府将累计新增农村义务教育经费2182亿元，全部免除农村义务教育阶段学生学杂费，对贫困家庭学生提供免费教科书并补助寄宿生生活费，提高公用经费保障水平，建立校舍维修改造长效机制，巩固和完善农村中小学教师工资保障机制。这一政策惠及40多万所农村中小学、5000多万名农村义务教育阶段学生，大量因贫辍学的农家娃得以重返校园。建立义务教育经费保障新机制，是我国教育发展史上的重要里程碑，必将对促进教育公平、全面提高国民素质产生重大而深远的影响。

全部免除义务教育阶段学杂费，实现免费上学，惠及1.5亿农村学生。农民的教育负担得到切实减轻。新机制赢得了亿万农民群众的衷心拥护和热烈欢迎，广大农民群众也从义务教育经费保障机制改革中得到了最大的实惠。在不少地方，农民群众自发在中小学门前击鼓舞狮，表达自己的喜悦之情，他们还通过横幅、对联、儿歌等方式，真实地表达对党和政府无比的感激与拥戴。农民群众高兴地说："种田不纳税，上学不缴费，农民得实惠，和谐好社会。"

近年来，国家切实关注进城务工农民工子女教育，根据"以流入地政府管理为主，以全日制公办中小学为主"的方针，各地积极采取措施，使进城农民工子女就学保障状况得到很大改善。同时，各地把做好留守儿童教育、管护工作列入本地巩固提高义务教育工作的重要内容。解决进城务工农民工子女教育和农村留守儿童教育问题取得了重要成效。

2010年，党中央、国务院召开第四次全国教育工作会议，印发《国家中长期教育改革和发展规划纲要（2010—2020年）》（以下简称《教育规划纲要》），提出了今后10年我国义务教育改革发展的目标、任务和举措，重点在于促进义务教育的均衡发展和提高教育质量。

为全面贯彻落实《教育规划纲要》精神，2011年3月9日，在北京民族饭店举行的"义务教育均衡发展备忘录签字仪式"上，教育部分别与全国15个省份正式签署备忘录。历经一年半，教育部分三批先后与全国31个省份以及新疆生产建设兵团签署义务教育均衡发展备忘录。这是中国教育步入“两基”后时代，全面推进义务教育均衡发展迈上新台阶，科学引领全国义务教育均衡发展走向深入的有效途径。

义务教育均衡发展是关系国家和民族长远发展的重大战略，也是关系教育事业科学发展的迫切需要。目前，我国已经明确促进义务教育均衡发展的时间表和路线图，各地因地制宜，全力行动，力争用10年左右时间再打一次均衡发展的攻坚战，基本实现义务教育均衡发展的战略目标。

一个伟大的目标实现了，另一个伟大的目标正摆在我们面前。

（三）众志成城：春风化雨谱写新篇章

实现“两基”目标是中国教育史上的里程碑！在这座巍巍的丰碑上，记载着各级党委和政府的兴教伟业，镌刻着人民群众的重教情怀；在这座巍巍的丰碑上，汇聚和凝结着13亿中国人，特别是21世纪以来实现“两基”攻坚地区广大干部群众和教育工作者的汗水和心血。在实现“两基”的道路上，广大干部群众和教育工作者众志成城，艰难奋进，高歌猛进，无私奉献，涌现出一批批尊师重教的光辉典型。

在我国广袤的西部地区，从2004年开始，一直在进行着一场没有硝烟的战斗——“两基”攻坚战。参与攻坚的有各级党政领导和相关部门的干部，也有许许多多的教育工作者和一线的中小学教师，还有村寨里的父老乡亲。

为了实现西部“两基”攻坚目标，让党的好政策惠及每一个西部孩子，各级党委和政府作出了极大的努力，千方百计，排除万难，因地制宜，创造性地开展工作，积累了许多宝贵的经验，不断推进着“两基”攻坚进程。

2003年3月16日，甘肃省酒泉市肃州区总寨镇人民政府决定，对于永哉等12名义务教育阶段学生的法定监护人依法进行起诉。镇长马建斌向法庭递交了起诉书，依法请求判令被告人尽到监护人义务，送子女上学。经双方陈述、辩护，最终总寨镇人民法庭作出民事调解如下：“被告人继续履行监护人义务，让子女返校接受教育至初中毕业……。”第二天，

12 名监护人先后把孩子送到了学校。人民政府用法律武器捍卫了 12 名学生受教育的权利，使他们较为顺利地完成了九年义务教育。为了破解“控辍保学”难题，肃州区教育局坚持“普九”重中之重不动摇，把“控辍保学”纳入了政府工作的议事日程。仅 2003 年，全区就先后动员 247 名辍学生返校。一时间，依法督学、以情劝学、教改诱学在当地蔚然成风。

2006 年，宁夏泾源县泾河源镇年满 16 岁的回族女孩吴芹，回到镇上阔别两年的红土中学继续上初二。两年前，因为母亲生病，她不得不辍学回家照顾，后来母亲干脆反对她继续上学。2005 年春节前后，由镇里和村上的几位干部组成的劝学小组了解到她的情况后，多次上门动员她返校。了解到吴芹辍学的真正原因是家贫后，劝学小组拿定主意，由村里出面无偿给吴家 3 头奶牛，解决她家的经济困难。村主任还趁热打铁地说：“让娃儿上学吧，如今国家的政策多好啊，不仅免了娃儿上学的学杂费，还给补贴呢！再说，娃儿不上学，没有知识，将来外出打工也不容易呀！”多管齐下，终于打动了吴芹的父母，他们不好意思地说：“村里这么照顾，再不让娃儿上学，今后在村里别抬头了。”

从 2005 年至 2006 年，像吴芹这样辍学后又被劝返校的初中学生在当地达到了 1800 多人。在这个数字背后，活跃着一个个由县、乡、村领导和工作人员组成的劝学小组。由于当地群众思想观念保守，劝学小组在工作中遇到了极大的困难。有一次，县长带着劝学小组成员来到一位村民家劝学。没想到家长态度非常强硬，不仅不为所动，反而把县长一行人轰出了家门。“再难也得做工作！”截至 2006 年，泾源县全县的适龄人口初中入学率由原来的 46.7%一跃提高到 95.8%，达到了“普九”标准。

“两基”展示的是一部战天斗地的宏大教育史诗，谱写的是一曲动人心扉的壮丽凯歌。

2000 年，贵州省雷山县大塘乡也耶小学，老校长余国臻到了退休年龄却舍不得退休。也耶小学是雷山县最边远的教学点，一间小破木屋就是这所学校唯一的校舍。从教 40 多年，余国臻最大的梦想就是把校舍变大一点、上学的孩子能更多一点。

2003 年，新学校建设终于启动。但是由于当地不通公路，建教学楼非常困难。余国臻带着当地老百姓义务投工投劳，烧砖制瓦，沿河淘沙，捐献木料。20 多千米的崎岖山路，他们来回跋涉，抬水泥、背钢筋，老余校长全程参与施工。经过两年多的艰苦努力，300 多平方米的二层教学楼终于在大山深处矗立起来。上级部门派来了 4 位教师，学校的学生也从十几名变成了 69 名。看着新学校，老余校长放心地退休了。

“两基”的全面实现，使中华民族千百年来“有教无类”的梦想变成现实，使我国教育发展实现了历史性跨越。这是国家的盛事，民族的希望，世界的奇迹。

如今，在神州大地九百六十万平方千米土地上，那一幢幢拔地而起的现代化教学楼，一座座四季常青的花园式学校，已将几代人的梦想变成了现实。

如今，在中国广大农村，“最漂亮的房子是学校，最美的地方是校园”已经成为我国各地普遍的佳景。无论你在绵延无尽的山寨，还是在一望无际的平原，无论你在繁华的都市，还是在民风淳朴的村庄，每所学校上空迎风飘扬的鲜艳国旗就是象征！这已在中华大地构筑起了一道道亮丽的风景线。

在党中央的高度重视和领导下，各省、自治区、直辖市党委和政府把教育摆在优先发展的战略地位，把“两基”作为教育工作的“重中之重”，采取有力措施加强对“两基”工作的领导，努力加大教育投入，为确保中国全民教育的实施发挥了重要的作用。各级党委、政府的重视和支持，各级党政领导的身先士卒、率先垂范，使得实施义务教育由单纯的教育行为变为坚决的政府行为和广泛的社会行为。在神州大地，“两基”不仅成为重教兴国的代名词，“两基”验收也成为衡量当地教育状况的标尺。

三、辉煌成就——中国实现“两基”的历史贡献

占世界 1/5 人口的中国用 25 年时间，实现了全民教育目标，实现了

中华民族“有教无类”的千年夙愿和义务教育的百年梦想，为中华民族在新世纪实现民族复兴的伟大理想奠定了坚实的基础。

25年来，在党中央、国务院正确领导下，在各级党委、政府认真落实，教育系统齐心协力，社会各界共同关心下，我国的“两基”事业在普及程度、教育质量、教育公平、教育投入等方面都取得了重要成就，全面完成了普及九年义务教育、扫除青壮年文盲的重大战略目标，改变了中国教育的基本面貌，实现了教育发展的历史性跨越。

（一）世纪丰碑：中国教育的历史跨越

中国全面实现“两基”目标，是中国教育发展的历史丰碑，是中华民族伟大复兴道路上最绚丽的篇章。从1986年《中华人民共和国义务教育法》的颁布，到基本实现“两基”，再到全面完成，从85%的区域到100%的范围，历经25年的艰苦努力，“两基”目标全面实现，百年梦想终成现实。

2011年底，随着我国西部42个边远贫困县实现“两基”目标，全国所有县和其他县级行政区划单位、所有省级行政区全部通过普及九年义务教育和扫除青壮年文盲的国家验收，实现“两基”目标，全国人口覆盖率达到100%，初中阶段毛入学率超过100%，青壮年文盲率下降到1.08%。2010年我国人均GDP为4283美元，排在九个发展中人口大国的第三位，比2000年上升一位，小学净入学率和初中阶段毛入学率均达到发达国家水平，15岁及以上成人识字率在九个发展中人口大国中排第一位，接近发达国家平均水平。

“两基”目标的全面实现，大大提高了我国义务教育的办学水平，尤其是西部地区教育的整体水平。全国义务教育巩固率和毕业率不断提高。2010年全国小学在校生五年级巩固率为99.3%，比1990年提高了17个百分点；全国初中三年巩固率为93.8%，比1990年提高了7.6个百分点。大山再也挡不住知识，知识的阳光照进了祖国的每个角落，教育成就了亿万孩子的人生理想。

“两基”目标的全面实现，极大改善了我国义务教育阶段学校办学条件，尤其是西部地区的办学条件实现了根本性改善。我国“普九”工作首先从改善办学条件入手，实现了“一无两有”（校校无危房，班班有教室，学生人人有课桌凳），实现了校舍、桌凳、大门、围墙、操场、厕所“六配套”；在实现校舍改造的基础上，各地进行了中小学办学条件的标准化建设。多管齐下，齐头并进，学校面貌发生了巨大变化。

“两基”目标的全面实现，大幅提升了我国国民素质，人力资源开发水平实现重大突破。全面实现普及九年义务教育，使我国初中及以上学历人口比例从1982年的近25%提高到2010年的61.75%，也使全国人口平均受教育年限从20世纪80年代初的不到5年提高到2010年的9.5年，大大促进了人民群众文化素质的提升，为我国社会发展和经济腾飞提供了必备的人力资源。

“两基”目标的全面实现，逐渐缩小了城乡教育的差距，极大地促进了教育公平和社会公平。城乡学校在教师学历、公用经费标准等教育资源配置方面的差距明显缩小。随着义务教育经费明显增长，国家实施免费义务教育政策，中央政府加大专项投入，地方政府加大对义务教育的投入力度，大大促进了民生改善、教育公平和社会公平。

中国全面实现“两基”目标，为世界全民教育和文明进步作出了重大贡献。目前，在九个发展中人口大国中，我国是唯一一个全面实现全民教育目标的国家。中国实现“两基”目标，所取得的全民教育的突出成就，获得了国际社会的高度评价。联合国教科文组织认为，中国为世界全民教育发展作出了突出贡献，是发展中国家推进全民教育的成功范例。

（二）基本经验：举国之力的伟大壮举

在一个13亿人口的大国实现“两基”目标，是国家意志和民心民意的高度契合，是国家举全国之力，集中人力财力物力，推进全面实施义务教育发展和扫除青壮年文盲的一次成功尝试，充分体现了党中央、国务院发展教育的坚强决心，凝聚了各级政府和部门的智慧与创造，倾注了教育工作者的心血和汗水，同时，也积累了宝贵的经验。

实现“两基”是党中央、国务院实施科教兴国战略和执政为民理念的具体体现。“两基”是实现科教兴国战略的基础，是教育工作的重中之重。实现“两基”，是缩小城乡差别，促进教育公平和社会公平，推进义务教育均衡发展的根本途径。实现“两基”满足了人民群众最基本的教育需求，也体现了发展为了人民、发展依靠人民、发展成果由人民共享的执政理念。

实现“两基”是各级党委和政府高度重视的结果。“两基”是一场持续时间长、参与人数多、自上而下的国家工程，各级领导高度重视，很多地方的党政主要领导亲自担任“两基”攻坚领导组组长，对这项举国的工程予以高度重视。教育、财政、发展改革等部门明确职责，合理分工，协调配合，“两基”工程是中央与地方、教育部门与其他相关部门同心协力、合力攻坚的示范。

实现“两基”是一个科学决策的过程。中国地域之大，发展之不均衡，给“两基”的实现带来了难度。中央政府和教育主管部门，从一开始就认识到了这些工程的艰巨性，就提出了“分步走”的战略。20 世纪 90 年代，在国家和地方财力不足的情况下，率先在东部和中部地区实现“两基”目标。待国家财力增加之后，工作的重点放到了西部攻坚上来。针对“两基”的最薄弱环节，中央实施了一系列重点工程，有的放矢，逐个突破，解决一个个老大难问题。

实现“两基”，靠的是一种精神。“迎难而上、坚忍不拔、艰苦奋斗、无私奉献”，这 16 个字是参与“两基”攻坚的人们，用 25 年的心血和汗水提炼出来的“两基”攻坚精神。正是秉承这种精神，他们薪火相传，接力完成了“两基”大业。这种精神，也是“两基”给我们留下的宝贵财富。

（三）重大贡献：影响深远的伟大成就

“两基”目标的实现，是新世纪中国教育取得的新的伟大成就，标志着我国义务教育进入了一个新的发展阶段。

“两基”为推进义务教育均衡发展奠定了坚实基础。义务教育均衡，首先是办学条件的均衡，是师资的均衡。“两基”目标的实现，迅速提高了农村地区，尤其是西部贫困地区的办学条件，缩小了城乡之间的差距。

“两基”提升了人民群众对教育的满意度。办学条件改善了，上学免费了，学校质量提高了，老百姓纷纷送子女上学了。重庆市云阳县一位退休教师用一首诗来赞美“两基”：“欣逢盛世感叹多，‘两基’攻坚结硕果。喜看西部正崛起，为我中华展气魄。”

“两基”促进了社会和谐。义务教育是国民素质教育。发展农村教育，不断缩小城乡教育的差距，确保全体青少年儿童都能享有接受良好义务教育的机会，是构建和谐社会和建设社会主义新农村的一项基础性、战略性工程。可以预见，“两基”目标实现之后的高素质劳动者，将成为推进我国社会主义现代化建设、构建和谐社会的生力军。

“两基”为建设人力资源强国奠定坚实基础。建设人力资源强国和创新型国家，是新的历史时期我国社会主义现代化建设的战略目标。“两基”目标的实现，促进了国民素质整体提高，为建设人力资源强国奠定了基础。

“两基”为人口大国发展教育提供了成功的范例。在世界九个发展中人口大国中，我国率先运用国家体制，通过实施国家工程，大力推动经济欠发达地区义务教育发展，全面实现义务教育。我国普及义务教育的巨大成就，为世界全民教育的发展作出了应有的贡献，举世瞩目，得到了国际社会的认可和好评。

伟业铸千秋，丰碑耀中华。全面实现“两基”是一项奠基中国未来的千秋伟业，为中华民族的伟大复兴奠定了坚实基础。面对新世纪、新目标、新任务，中国正在向着现代化的宏伟目标迈进，中国教育正在以全新的思想理念，向着《教育规划纲要》指引的远大目标奋勇前进。

面向现代化、面向世界、面向未来，中国教育任重道远，前景光明！

（原载《中国教育报》2012 年 9 月 9 日第 1 版）

发展篇

北京大学未名湖、博雅塔（《中国教育报》资料图片）

风雨百年

——北京大学建校百年启示录

北大是常为新的，改进的运动的先锋，要使中国向着好的，往上的方向走。

——题记（摘自鲁迅《我观北大》）

作为一所与世纪同行的高等学府，北大的百年是与祖国的命运紧紧联系在一起的，它是百年中国近现代史的缩影。

作为一所与祖国共兴衰的高等学府，北大的百年校史浓缩了中华民族思想文化科学教育的百年振兴的历史。

100年来，北大在中国走向现代化的历史进程中起到了重要的先锋作用，形成了“爱国、进步、民主、科学”的优良传统。

1998年5月4日，北京大学迎来她的百年华诞。把这一北大人当年高举五四运动旗帜、喊出“民主”与“科学”口号的日子定为校庆日，不仅是对具有划时代意义的五四运动的永久纪念，而且突出反映了北京大学与这场伟大运动的深远渊源。

100年来，北京大学作为中国的著名学府，始终以振兴中华民族为己任，发扬“爱国、进步、民主、科学”的优良传统，不仅以出人才、出成果著称于世，而且以研究和传播新思想、新文化而为人所称道。

回首百年，世界上有哪一所学校能够像北大一样，将一所学校的经历和命运与国家和民族的发展息息相连?！放眼21世纪，在未来的百年即将启程的时刻，承载着民族希望的北大将迈向更加辉煌灿烂的明天。

一、百年的历程

走进古朴庄严的北大校园，漫步在未名湖畔，扑面而来的是历史的辉煌。红楼、古塔、石碑，处处凝结着历史的印迹；翻开北大档案馆那厚重的历史卷宗，我们的思绪沿着历史的时间隧道疾驰，眼前展现的是一幅幅史诗般的画卷。

北京大学是中国历史最悠久的大学之一，创立于1898年，初名京师大学堂，是戊戌维新运动的产物，也是中国近代第一所由中央政府创办的国立综合性大学。

1894年甲午战争之后，中国面临着被帝国主义瓜分的危险。为了救亡图存，康有为、梁启超、谭嗣同等，发起了变法维新的资产阶级改良运动。他们认为，要救亡图存，只有学习外国，维新变法。而维新变法必须从废科举、立学校做起。

在康有为、梁启超等维新志士的积极推动下，1898 年 6 月，光绪皇帝下“明定国是诏”，宣布变法。于是由梁启超草拟了《京师大学堂章程》，规定大学堂的办学方针是：中学为体，西学为用，中西并用，观其会通。章程还规定各省学堂皆归大学堂管辖。因此，京师大学堂不仅是全国的最高学府，也是全国最高的教育行政机关。

1898 年 9 月，变法运动失败后，各种新政措施大多被取缔，唯有大学堂“以萌芽早，得不废”。其后，清廷顽固派虽力图将其办成一所读经的封建书院，但大学堂寻求进步与革新的传统却绵延不断。

创建于民族危机当头、变法图强之际的北京大学，被历史和现实同时赋予与中华民族血肉相连、荣辱与共、百折不挠、自强不息、勇于奋进的命运和精神。19 世纪末，中国处在新旧社会转变的历史关键期，一些先进的知识分子都在探索祖国向何处去的问题。尽管各人主张不同，但他们有一个共识：中国落后的关键是国民素质低下，拯救中国之道必须从兴教育起。“兴学图强”成为那个时代的主流意识。在这种背景下诞生的京师大学堂，从其创办起就肩负着一种神圣的使命，这种“以天下兴亡为己任”的责任感一直延续至今。100 年来，这种人文精神深深地融入了北大的传统，也融入了北大师生的血脉，并深刻地影响着中国社会。100 年来，北大就像一个赤子，时刻把国家和民族的命运与自己的命运联系在一起。1903 年，为反抗沙俄企图吞并我国东北的阴谋，大学堂师生开展了拒俄运动。这是北大历史上的第一次爱国主义运动。以此为开端，从拒俄运动到五四运动，从“三一八”惨案到“一·二一”惨案，从“一二·九”运动到“反内战、反饥饿、反迫害”运动，每当国家和民族危难的关头，北大师生都踊跃站在斗争的最前列。

北大是中国社会新旧变迁的缩影。北大的百年历史，给人们一个视角，使我们看到了一所著名大学对一个民族的兴衰进退的重大历史责任，以及对一个国家社会历史进程的重大影响。北大的百年历史，给人们深刻的启示，证明了一所著名大学必须以天下兴亡为己任，始终站在历史的潮头，走在时代的前列，不但应当成为引进世界先进文明技术成果的前哨窗口，而且应当成为维护本国优秀传统文化的中流砥柱；不但要造就能够攀登科学文化高峰的科学家和高技术人才，而且要造就能够治国兴邦的政治家、能够强国富民的实业家和建设祖国的高素质人才。

二、思想的光辉

作为一所与世纪同行、与祖国共兴的高等学府，北大已不仅仅是中国的一所最高学府，她还是中国新文化运动的中心，是五四运动的发祥地，是传播民主、科学思想和马克思主义的最初基地，是中国共产党早期活动的重要场所。

1916 年 12 月 26 日，著名的民主主义革命家、教育家和思想家蔡元培被任命为北京大学校长。他提出“循思想自由原则，取兼容并包主义”的办学主张，对北大进行了卓有成效的改革，先后聘请了陈独秀、李大钊、鲁迅等一批既具有革新思想又具有真才实学的著名人物来校任职任教，促进了北大的思想大解放和学术大繁荣。

从 1915 年 9 月起，中国兴起了新文化运动。陈独秀是运动的领袖人物之一，他创办《新青年》杂志，提出反对封建复古主义思想，主张民主与科学。1917 年，陈独秀出任北大文科学长，将《新青年》杂志由上海迁至北京，李大钊、胡适、鲁迅、钱玄同、沈尹默、刘半农等一大批教授以《新青年》为阵地，对封建思想进行了猛烈抨击。北大成为反对旧思想、旧文化，提倡新思想、新文化的中国新文化运动的中心。

1917 年俄国十月革命胜利，马克思主义传入中国。其时任北大图书馆主任的李大钊大力扩充宣传新文化、新思想的书籍，并领导成立了“北京大学马克思学说研究会”，使北大成为学习、研究和传播马克思学说的重要阵地。1918 年秋，毛泽东来到北京大学，在图书馆工作了半年。他充分利用北京大学的条件，广泛接触各种新思想，探求革命真理和学习马克思主义。

伟大的五四运动首先是由北京大学发起的。1919 年 5 月 4 日，北京学生在天安门集会，反对帝国主义侵略和北洋军阀政府投降卖国的行径。集会上宣读了由北京大学代表许德珩起草的宣言，喊出了“外争主权，内除国贼”的口号，北大和其他学校学生 3000 多人举行示威游行，引发了震惊中外的五四运动。五四运动极大地推动了中国人民的革命斗争，开启了中国民主革命的新时期。

五四运动后，马克思主义在中国广泛传播。作为一种新思想、新文化，马克思主义首先在北大完成了它在中国传播的发轫。李大钊是中国第一个接受并传播马克思主义的人。他在北大任教期间，率先将马克思主义理论引入中国的大学课堂。在他积极带领下，“北京大学马克思学说研究会”“北京大学社会主义研究会”相继成立，北大产生了一个学习、研究、传播马克思主义思想的特殊群体。北京大学涌现出了一批具有初步共产主义思想的知识分子，邓中夏、黄日葵、高君宇、何孟雄、范鸿等就是其中的卓越代表。他们在李大钊的领导下，于 1920 年 10 月成立了北京共产主义小组，成为北京大学最早的一批共产党员，为我国北方的共产主义运动奠定了根基，为中国共产党的成立作出了贡献。据考证有关资料，在中国共产党 1921 年建党时期，8 个地方党组织的负责人中，有 6 个出自北大；仅有的 53 名党员中，有 21 名是北大的学生和教员；中共“一大”的 13 名代表中，有 6 名在北大学习或工作过。有学者坦言，假如没有北大，中国的现代史也许就要重写。

历史不会忘记，历史将永远铭记，北大在中国民主革命、社会主义革命和社会主义建设中作出的不可磨灭的贡献。资料表明，仅民主革命时期，就有 90 多位北大人献出了宝贵的生命，北大的沙滩红楼是中国民主革命时期的一个象征。在中国现代经济、科学、文化、教育发展史上，北大也起到了重要的作用。北大开风气之先，中国现代高等教育的许多重要学科在北大率先设立。100 年来，许多科学巨匠、文化大师聚集北大，创造了一大批重大的思想文化科技成果。承传着百年传统和人文精神的熏陶，北大学子数次喊出了时代的强音。从最早引进西方文明，传播马克思主义和科学民主思想，到马寅初“新人口论”，再到现代股份制理论、国学研究等，北大为中国革命、共和国的建设和改革作出了历史性的贡献。从1919年五四运动高喊出“外争主权，内除国贼”，到80年代初喊出“团结起来，振兴中华”的时代强音，从1984年在天安门国庆大典举出“小平您好”，道出人民的心声，到90年代初宣言“治国平天下，先从修身起”，每一次的呼喊，无不闪耀着思想的光芒，凝聚着北大精神的魅力。

北大是中国重要的思想宝库。透过北大的百年史，我们仿佛看到了中国社会百年的奋斗历史，感受到中国人民一个世纪英勇不屈的艰难历程，看到了中国百年“救亡图存”“英勇奋进”的思想脉络。一所学校与一个国家的命运如此息息相关，一部百年校史几乎浓缩了一个民族思想文化科学教育的百年振兴的历史，这是世界上任何学校也无法与之相比的。这是北京大学的光荣和骄傲，也是中华民族的光荣和骄傲。

三、精神的魅力

100年来，北京大学在中国走向现代化的历史进程中起到了重要的先锋作用，形成了光荣的革命传统和优良的学术传统。走进燕园，百年老校积淀的文化传统，赋予了这里浓郁的人文气息。无论是沙滩的老北大红楼，还是未名湖畔的湖光塔影，无不折射着北大的百年历史，令人联想起北大“爱国为民、闳放求真、民主科学、改革进步”的优良传统，它们与北大融为一体，已经成为北大精神的光辉象征。

在北大的百年历史中，有新旧两个时代，大约各50年。在旧中国，北京大学从1898年12月创办到1949年由人民政府接管，经历了整整50年。这是中国人民反帝反封建的民主革命斗争风起云涌并取得最后胜利的伟大年代。半个世纪中，革新与守旧、进步与反动、革命与反革命的斗争始终在学校中激烈地进行着。北大的爱国进步师生发扬“五四”精神，始终站在斗争的最前列，形成了光荣的革命传统，为中国人民的解放事业作出了重要贡献。与此同时，北大在教学和学术研究方面，也一直存在着民主、科学和进步的传统，形成了既敢于创新又严谨治学的风气。由于有这两方面的传统，北京大学在这 50 年的各个历史时期都涌现出了一批又一批先进分子、革命领袖人物和在学术上有造诣的学者、教授和科学家。他们在不同的时期和不同的方面，对民族作出了重要贡献。

走出陈腐，远离“风雨如晦，鸡鸣不已”的年代，1949 年，中华人民共和国成立，中国历史从此进入了一个崭新的发展时期。与此相适应，北京大学的历史也进入了一个新阶段，北大师生以国家主人翁的精神为社会主义建设和改革作出了巨大的贡献。1958 年，北大建立了中国第一个原子能系，为国防科技战线培养了一批领导和技术骨干。与此同时，北大开始研制计算机，到 1973 年，北大成功研制出中国第一台每秒运算百万次的电子计算机，并同时培养了我国第一批计算机、半导体物理和器件方面的人才。60 年代，北大与兄弟单位联手，研制成功人工合成的牛胰岛素，这是世界上首次用人工手段合成具有生物活性的蛋白质，对生命科学研究产生了重大的理论意义和实际意义。80 年代，北大研制出计算机激光汉字编辑排版系统，使中国印刷业结束了铅与火的历史而步入光与电的时代。以之为主导产品的北大方正集团公司已成为中国最大的校办产业和世界最大的中文出版系统开发与供应基地。同理科科研并驾齐驱，北大文科也取得了不凡的科学成果。且不说 50 年代提出“新人口论”的巨大理论意义和实际意义，近年来对于邓小平理论、中国传统文化、社会主义市场经济、社会主义民主与法制以及“一国两制”的理论与实践的研究等，都有许多重大建树。

北大的优良传统有着丰富的内涵。作为一所百年老校，北大将光荣的革命传统与优良的学术传统紧密结合、相互渗透，随着时代的发展和历史的前进交相辉映，从而使北大不仅成为中国新文化运动的摇篮、五四运动的发源地、中国传播马克思主义的最初基地，也成为中国最大的教育中心和科学研究中心，成为人才的宝库、科学的殿堂，为国家和民族作出了不凡的贡献。这两个方面的优良传统交织在一起，就是“爱国为民，闳放求真，民主科学，改革进步”16个字。北大的百年史，就是一部爱国主义史，一部为国家和民族的振兴富强而奋斗的历史。在北大，爱国为民的精神不但体现在历次爱国运动中，而且体现在培育人才和对科学高峰的攀登中。为了追求真理，北大人前仆后继，勇于探索，甚至不惜流血牺牲，他们以“思想自由，兼容并包”的办学思想，海纳百川，囊括大典，网罗众家，以探求真理，造福社会。“民主”与“科学”是新文化运动和五四运动时期北大师生高举的两面旗帜，至今仍有着现实意义。北大是永不停息的，总是站在时代的潮头，朝着国家和民族希望的方向前进；北大改革进步，最少保守思想，总是追求卓越，反对平庸，有所开拓，有所进取，这些都是成就今日北大的深刻渊源。

北大的优良传统可概括为“爱国、进步、民主、科学”。这一传统在学风上的体现就是“勤奋、严谨、求实、创新”；体现在人文传统和人文精神上，就是严谨、创新和甘为人梯的精神。每一名“北大人”都自觉地把自己定位在甘做别人的人梯上。他们坦言：每一名“北大人”都深知，自己的成长都踩在别人的肩上，每一名“北大人”也都准备着让自己的肩膀被人踩。这一优良传统、优良的学风校风和百年形成的人文精神传统，是一代又一代“北大人”薪火相传积累下来的宝贵财富。在新的历史时期，秉承着这神圣精神的魅力和庄严无畏的思想，北大的百年华诞，需要的更是精神的追索和传统的创造性转化。

四、世纪的期待

大凡经过北大南大门的人，都会被那块矗立着的醒目的“百年校庆倒计时牌”吸引。这座建筑整体采用一本翻页书的造型，既象征着北大是一所知识的殿堂，又预示着北大将翻开新的一页。

100年，对于一个人来说，也许是走向衰老的象征，但对于一所著名的大学来说，则是青春的萌动。北大仿佛一位与世纪同行的老人，就要走过她风雨沧桑、壮丽辉煌的百年历程；北大又仿佛一位风华正茂、充满活力的青年，正满怀朝气地迎接新世纪的到来。

回首百年，时间将永远记住，历史曾在这里凝聚闪光，从沙滩红楼到燕园博雅，北大曾屡开中国教育、科学、文化的先河。百年风雨兼程，北大的校史充满了为民请命的鲜血，闪现着思想的光辉。“北大人”以其惊天动地的革命业绩和沉潜深邃的学术思索，共同汇聚成一幅壮丽的时代诗篇，凝铸成一段可歌可泣的历史画卷。

展望21世纪，时代充满机遇和挑战。在新世纪的钟声即将敲响的时刻，作为一所与世纪同龄的百年名校，再造北大新的百年辉煌，已成为“北大人”庄严而神圣的使命。

风雨红楼，精神不泯，继往开来，再造辉煌。走过辉煌，“北大人”把目光凝聚到了下一个百年：到下世纪初叶，把北大建成世界一流大学！

（原载《中国教育报》1998年4月28日第5版）

世纪清华

——写在清华大学建校90周年之际

自强不息，厚德载物。

——题记

在新世纪第一个春天里，清华大学迎来了建校 90 周年。90 年前诞生的清华学堂，记载着帝国主义强加给中华民族的奇耻大辱。而清华大学的 90 华诞，则相伴着社会主义祖国的灿烂辉煌。清华大学的 90 年，是与祖国荣辱与共的 90 年，也是清华人为祖国的现代化不懈奋斗的 90 年。清华大学，堪称中国高等教育的见证和缩影。

一、世纪变迁——从留美预备学校到红色工程师的摇篮，清华正迈向世界一流大学

清华大学的前身清华学堂，始建于 1911 年，是清政府用美国“退还”的部分“庚子赔款”而建立的一所留美预备学校。辛亥革命后更名为清华学校，1925 年设立大学部，1928 年正式更名为国立清华大学。自 1911 年清华学堂成立到 1929 年最后一级留美预备生毕业，先后培养和选送的留美生有 1099 人。在 1955 年国家首批公布的 236 名中国科学院学部委员中，有清华这一时期的留美生 34 人，占 14.4%。

从 1928 年以后，清华大学进入了一个新的发展阶段。1929 年清华建立研究院，在国内大学中开创科学研究之先河。文、理、法、工兼有的学科结构逐步形成。由于学风严谨、师资力量雄厚，又有“庚子赔款”的支持，办学经费充裕，在梅贻琦校长的主持下，清华大学至全面抗战前夕已是全国一流的高等学府。1937 年全面抗战爆发后，清华举校南迁湖南长沙，与北大、南开联合成立长沙临时大学。1938 年该校因战事所迫，又迁往昆明，于同年 5 月开学，定名为西南联合大学，是当时国内规模最大的高等学校。在战时极其困难的条件下，自 1938 年至 1946 年，西南联大共有毕业生 2522 人。他们中的许多人名扬中外。诺贝尔奖获得者杨振宁、李政道就是当时清华研究院物理学部毕业的研究生。

抗战胜利后，1946 年清华大学迁回北平原址复校。新中国成立之初，清华大学设有 26 个学系，23 个研究所，是一所综合性大学。

1952 年 6 月，全国高等院校进行了大规模的院系调整。清华大学的

文、理、法、农学科均被调出，成为多科性工业大学。为了开创新中国的高等教育事业，为了新中国成立初期工业大规模建设的需要，清华人在蒋南翔校长的带领下，不失时机地兴建了原子能、电子及自动控制等新技术领域的10个专业，并逐步建立了工程物理、工程化学、工程力学数学和自动控制等系及一批研究机构，使清华大学迅速发展成为一所具有强大实力的多科性工业大学。从1949年到“文化大革命”前，清华大学作为“红色工程师的摇篮”成为青年人向往的地方。

“文化大革命”之后，清华大学经过拨乱反正、恢复整顿，逐步建立了正常的教学秩序。党的十一届三中全会以后，在党的基本路线的指引下，按照邓小平同志“教育要面向现代化，面向世界，面向未来”的指示，清华大学进一步明确了“一个根本（学校的根本任务是培养人才），两个中心（学校既是教育中心，又是科学研究中心），三方面结合（教学、科研、社会主义建设实践相结合）”的办学方针，以“着重提高，在提高中发展”为指导思想，进入了一个蓬勃发展的新时期。改革开放20多年来，学校大力推进教学、科研和管理体制的改革，加强了学科的调整和建设，学校结构和面貌发生了深刻的变化。在此基础上，学校于1993年正式提出了建设世界一流大学的奋斗目标，并通过“211工程”、“九五”规划和“绿色大学”计划等分项实施。今日清华已是我国高层次人才培养的重要园地和科学研究、技术开发的重要基地。

清华大学作为国家重点支持的高等学校，在改革开放中逐步形成了“综合性、研究型、开放式”的办学模式，在建设世界一流的、有中国特色的社会主义大学的道路上阔步前进。

二、爱国奉献——与人民大众紧紧相连，清华人用青春和热血铸就了清华精神

清华是美国用中国的“庚子赔款”余额建立的，美国政府的本意是在中国知识分子当中培养一批“追随美国的精神领袖”。而学校又偏偏建在

了被英法联军洗劫过的清华园和近春园。面对着被焚毁的断壁残垣，清华师生的民族耻辱感时时涌上心头。

虽然清华大学的初期发展中渗透着西方文化的影响，但是清华毕竟是植根于20世纪中国的清华，在她90年的历程中，清华学子的心与人民大众紧紧相连。他们曾经为抗击日寇投笔从戎，为推翻国民党的腐朽统治拍案而起，更为了新中国的建设义无反顾地扎根于天南海北，让美国造就“追随美国的精神领袖”的梦想成为泡影。千千万万清华人用自己的青春、热血和才华铸就了“爱国、奉献、敬业、自强”的清华精神。

在抗日战争和解放战争时期，清华大学有不少学生投笔从戎，为民族解放奔赴战场。新中国成立以后，更有数以万计的清华学生为了新中国的建设义无反顾地扎根于天南海北。校友王淦昌在上级征求他的意见，是否愿意隐姓埋名从事“两弹一星”研究工作时，他回答说：“我愿以身许国！”这掷地有声的回答是清华人对祖国和人民无比忠诚的最好表达。清华学生曾在“文化大革命”之后百废待兴之际喊出了“从我做起，从现在做起”的肺腑之言，得到全国青年的响应。在世纪交替之际，“我的事业在中国”正在成为清华学子激励报国之志的响亮口号。因为他们在闻一多、朱自清等人生活过的地方长大成人。“诗人主要的天赋是爱，爱他的祖国，爱他的人民”——闻一多教授的著名诗句让清华人的心灵震颤，而朱自清教授宁肯饿死也不领美国救济粮的“正气歌”则成为清华学生人生新起点的第一课。

1914年，梁启超在清华作题为“君子”的演讲，以《周易》“天行健，君子以自强不息”“地势坤，君子以厚德载物”勉励学生，此后“自强不息，厚德载物”成为清华的校训。

自强不息，要求清华学生具有奋发图强、勇往直前、争创一流的品格。如梁启超所言：“君子自励犹天之运行不息，不得有一曝十寒之弊。”“学者立志，尤须坚忍强毅。”“见义勇为，不避艰险。”

厚德载物，要求清华学生具有团结协作、严以律己、无私奉献的胸怀。如梁启超所言：“君子接物，度量宽厚，优大地之博，无所不载。君子责己甚厚，责人甚轻。” “名高任重，气度雍容，望之俨然，即之温然。”

清华师生以“自强不息，厚德载物”这 8 个字自励、自勉，演绎出清华校风、学风和体现时代精神的清华文化。

早在 20 世纪 30 年代，朱自清教授曾这样说：“清华的精神是实干。”在离开母校 67 年之后，季羡林教授这样表述母校的精神——“清新俊逸”，他说：“什么叫‘清华精神’呢？我的理解就是：永葆青春，永远充满了生命活力，永远走向上的道路。”

“行胜于言”是清华校风的一种表述，它镌刻在 1920 级校友送给母校的日晷基座上。它体现的不仅仅是清华人务实的精神，还反映了清华人不畏艰难、顽强拼搏，在实干中一步步逼近目标的那种永远向上的活力。

“严谨、勤奋、求实、创新”是清华学风，它的正式提出是在 20 世纪 80 年代中期，是对清华历代相传的优良学风的高度概括。它要求清华学生摒弃浮躁、懒惰、粗枝大叶、墨守成规等陋习，辩证地塑造了清华学生行动与思辨、学习与创造、务实与求新的作风，成为清华毕业生在国家各个岗位取得良好声誉的坚实基础。正是在这样的优良传统和作风的熏陶下，清华大学培养了一批又一批治学、兴业和治国之才。

三、春风化雨——名副其实的大师之园，清华为国培养栋梁材

1991 年，在清华大学校庆 80 周年之际，朱镕基为母校题词：“水木清华，春风化雨，教我育我，终生难忘。”

清华大学建校 90 年来，培养了 10 余万名毕业生，他们之中涌现了一大批学术大师、兴业之才和治国之才。

“所谓大学者，非谓有大楼之谓也，有大师之谓也。”这是清华大学老校长梅贻琦的治校名言。在 90 年的历史中，清华大学培养、造就、吸引、凝聚了一大批大师级的科学家、工程学家、思想家、文学家、教育家以及

党和国家的各级领导骨干。

在航空航天技术发展的过程中，记载着清华人不朽的业绩：华凤翔有“中国近代航空先行者”之称；梁守槃是中国火箭事业的奠基人，是海防导弹的总设计师；中科院卫星设计院第一任院长赵九章，被誉为“中国卫星的头号功臣”，他领导进行了中国第一颗人造卫星“东方红一号”的研制工作；钱学森被誉为“中国导弹之父”；长征二号捆绑式运载火箭总设计师王德臣、技术总顾问屠守锷，以及探空火箭专家杨南生等清华校友，都为我国航空航天技术跻身于世界先进行列贡献了自己的智慧和心血。

在原子能科学领域，吴有训、钱三强、王淦昌、彭桓武是新中国原子科学技术的先驱者、奠基者；邓稼先被称为“两弹元勋”，为我国原子弹、氢弹的研制成功作出了重大贡献。在这项事业上作出贡献的汪德熙、朱光亚、周光召、唐孝威、王承书、曹本熹、胡仁宇等都是清华校友。1999年9月，国家表彰“两弹一星”功勋23位，清华人自豪地发现，这里面有14位清华校友。而那些长期从事“两弹一星”事业，至今仍然奋斗在这些关键岗位上的清华人更是不计其数。

在工程技术领域，国家重大工程建设项目中，到处有清华人奋斗的足迹：在葛洲坝、小浪底、二滩、三峡等，哪里有水利枢纽大工程，哪里就有清华人；清华校友林宗棠是我国第一座万吨水压机的总设计师，江欢成主持设计了上海“东方明珠”电视塔，吕彦直是南京中山陵和广州中山纪念堂的设计者。从一汽、二汽到鞍钢、宝钢，从打石油翻身仗到建造先进的原子能电站，清华校友奉献着聪明智慧和青春年华。

1986年3月，王淦昌、王大珩、杨嘉墀、陈芳允四位毕业于清华大学的科学家向国务院提出了《关于跟踪研究外国战略性高技术发展的建议》，在邓小平同志的支持下，经过各方论证，“863”计划由此诞生。

许多人可能想不到：伟大剧作家曹禺的传世之作《雷雨》是在清华念书时坐在图书馆里写成的；《围城》的作者钱钟书，著名戏剧家洪深、英若诚，外交界的章汉夫、乔冠华、章文晋和远东国际法庭首席法官梅汝敖等均出自清华。在中国近现代的大师级著名人物中，经济学泰斗、著名教育家马寅初、陈岱孙，著名哲学家金岳霖、张岱年、冯友兰，著名语言学家季羡林、王力等均是清华校友。

据统计，在中国科学院院士中，清华校友占近30%；在中国工程院院士中，清华校友占近20%。在1500多名两院院士中，清华校友达400多人。由此我们可以看出清华作为一所高等学府在中国的分量。

清华园是有地界的，而清华是没有地界的。目前，清华大学的毕业生已经分布在世界各地，奋斗于祖国的各行各业。他们以“振兴中华”为己任，为我国的政治、经济、科技、文化的发展作出了重要贡献。

四、顶天立地——勇攀科学技术高峰，为国民经济主战场服务

新中国成立后，众多的“共和国之最”都出在清华大学这块科技和文化的沃土上。国家科技奖是衡量高等学校科技水平和综合实力的重要标志。1978年到2000年，清华大学获得国家级科技成果奖279项（包括国家自然科学奖、国家发明奖、国家科技进步奖、国家级星火奖），获奖数居全国高校第一。

国家实行专利制度以来，清华从1985年到2000年共申请专利1929项，授权专利1116项，成为我国第一专利大户。

此外，清华大学承担的“863”计划项目（民口）占全国的1/10；设立在清华大学的国家重点实验室占全国的1/10；SCI收录的论文数由1993年的全国高校第五名上升到1999年的第二名，EI和ISTP收录的论文数多年保持高校第一……

在基础研究和高新技术研究方面，清华大学相当活跃：作为国家“863”计划重大项目的高温气冷反应堆已建成并实现临界，由清华牵头建成的中国教育与科研计算机网运行良好，设在清华的国家计算机集成制造工程研究中心获得美国制造工程师学会设立的CIMS应用与开发“大学领先奖”。最近几年，一维纳米材料的可控制合成、电磁式生物芯片的研制、

“航天清华一号”微小卫星成功发射、柔性输变电系统的技术研究、碾压混凝土薄拱坝的研究建造、集装箱检测技术的研究和产业化等一系列重大成果得到社会的公认。

“顶天立地”是清华大学对科技研究和技术创新工作的新要求。所谓“顶天”，是指完成国家重大项目攻关、高新技术研究和基础研究，在世界科技前沿拼搏；所谓“立地”，是指面向企业、面向地区，为国民经济主战场服务，使科研和经济紧密结合，促进科技成果转化为现实生产力。

自 1993 年提出建设世界一流大学目标以来，清华大学的科研经费从 1993 年的 1.4 亿元增加到 2000 年的 7.3 亿元，年增长率在 20%以上。

在与社会的密切联系中，清华日益成为新知识孕育生长孵化器、高新技术辐射源和社会经济发展推动力。目前，清华与国内外的企业、地区、省市、高校以及研究院所建立了广泛的合作渠道。1995 年成立的“清华大学与企业合作委员会”与近百家国内外大型企业关系密切；学校同北京、河北、广东、山东、江苏、浙江、云南、新疆、宁夏、江西、辽宁、重庆等 14 个省、自治区、直辖市建立合作关系，并与广东、河北等联合建立了“科技风险投资开发基金”，与深圳、北京分别合办了深圳清华大学研究院、北京清华工业开发研究院等。与此同时，以同方和紫光为骨干的清华大学企业集团，无论在产值和利税方面都保持着每年几乎 50%以上的增长速度，校办高新技术产业在推进科技成果产业化方面发挥了重要的作用。

20 世纪的风雨变幻孕育和造就了清华，与人民荣辱与共，为祖国无私奉献，10 余万名曾经在清华园学习和工作的清华人写成了清华的历史，铸就了清华精神。清华精神集中体现的是中华民族几千年来形成的优良传统和美德，并在 90 年历史渊源中，由清华的学生、教师不断承传和升华，由清华的文化、环境不断孕育和积淀，让这些具有清华鲜明特点的传统和美德更加绚丽。

清华人提出，在 2011 年建校 100 周年之际，清华大学将要跻身于世界一流大学的行列。为了这个目标，清华人已经埋头苦干了许多年，这种目标的确立可以追溯到10年前、20年前，甚至更早。因为清华人在把“自强不息、厚德载物”作为自己的校训时，就决定了要争取把每一件事情都做到最好。

清芬挺秀，华夏增辉。清华大学有着辉煌的历史，更有着美好的未来。在中华民族的伟大复兴中，清华大学已经成为并继续担当科教兴国的生力军。

（原载《中国教育报》2001年4月24日第5版）

世纪风华

——北京师大与百年中国高等师范教育

学为人师，行为世范。

——题记

一部北京师范大学（以下简称“北京师大”）的发展历史，就是一部中国高等师范教育的发展史。拨开历史的尘埃，穿越时间的隧道，让我们一起去感受北京师大与百年中国高等师范教育荣辱与共，承载的百年沧桑，传承的世纪辉煌。

2002 年 9 月 8 日，是北京师大建校百年华诞。百年风雨，百年沧桑，百年奋斗，百年辉煌。她在改革的大潮中诞生，伴随着中国革命的洪流发展，历经旧民主主义革命的洗礼，以及以五四运动为开端的新民主主义革命与社会主义革命和建设的锤炼，为中华民族的崛起作出了卓越的贡献，在中国教育史上写下了辉煌的一页。

北京师大是中国高等师范教育的开端，是中国师范教育的旗手，也是中国现代教育的缩影。

一、中国高等师范教育的开端

纵观世界教育发展史，师范作为专门培养教师的教育机构，最早起源于 17、18 世纪的法国和德国。在中国，师范教育产生于 19 世纪末 20 世纪初。1897 年盛宣怀在上海首创南洋公学，特设的“师范院”为中国师范教育之始。1902 年，京师大学堂设立师范馆，为我国高等师范教育之始。因此，北京师大不仅是我国设立最早的高等师范学校，而且其建设的过程也真实地记载了我国高等师范教育发展的历程。

19 世纪末，清政府在中日甲午战争中失败，被迫签订了屈辱的《马关条约》。之后，帝国主义掀起了瓜分中国的狂潮，民族危机日益严重。中国的有识之士痛感时局之危急，急起救亡图存。许多爱国志士提出，救国之本在于开办新学、培养人才。1898 年，清政府制定《京师大学堂章程》，规定京师大学堂分普通学与专门学两类，同时设师范斋和编译局等部门。以后，历经“戊戌变法”、义和团运动、八国联军侵占北京等变故，京师大学堂停办。1902 年，清政府派张百熙为管学大臣，主持重建京师大学堂。因考虑国家需材孔亟，先设速成科，下分“仕学馆”和“师范馆”。师范馆首先招生，于 1902 年 12 月 17 日正式开学。京师大学堂的师范馆，不仅是北京师大的前身，也成为中国现代师范教育的源头。

1904 年，清政府颁布的《奏定学堂章程》把师范教育单列系统，把师范学校分为初级（各省设立的师范学堂）和优级（京师大学堂的师范馆）两类，专门制定了师范学堂章程，详细规定了办学宗旨、学科分类、课程设置、入学要求、毕业效力义务等。1908 年 5 月，京师大学堂优级师范科改名为京师优级师范学堂，这是我国高等师范学校独立设校的开始。京师优级师范学堂根据当时的实际情况，编制课程，引进国外现代课程，编撰教材，初步奠定了我国师范教育的基础。从此，我国有了比较完善正规的师范教育体系。

中华民国成立之初，军阀混战，民不聊生。但国内的有识之士仍不忘发展现代教育。1912 年，京师优级师范学堂改为北京高等师范学校。1923 年，在社会各界的支持下，经当时的教育部批准，北京高等师范学校改为国立北京师范大学校。这是中国历史上第一所师范大学，是中国教育史上的重大事件，它预示着中国教育将步入一个崭新的时期。

一部北京师大的校史，就是一部中国高等师范教育的历史，也是一部浓缩了的中国革命和建设的历史。北京师大师生不但致力于钻研学问，而且时刻关心祖国的命运。1919 年 5 月，北洋政府代表准备在出卖主权的巴黎和约上签字的消息传到了国内，3 日晚，北京高等师范学校工学会星夜与北大等学校联络，4 日，北京高等师范学校的队伍最先到达天安门广场，与相继赶来的北大等学校学生一起，愤怒声讨北洋政府的卖国行径。在这一震惊中外的历史壮举中，北京高等师范学校学生为五四运动的发生和发展起了重要的作用，使北京高等师范学校成为五四运动的策源地之一。

1937 年 7 月，卢沟桥事件发生，日本侵占了北平，国立北平师范大学被迫迁往西安，与国立北平大学、国立北洋工学院组成西安临时大学。1938 年春，西安临时大学迁至汉中，并改名为国立西北联合大学。国立北平师范大学改为国立西北联合大学教育学院，后改为师范学院，1939 年独立为国立西北师范学院。1940 年，国立西北师范学院奉命迁往甘肃兰州，在黄河岸边的荒滩上再次平地起家，为西北地区的普通教育和高等教育的发展均作出了卓越贡献。

1949 年，一轮红日照亮了中国大地。沐浴着新中国的曙光，中国的教育事业从此获得了新生。1949 年，北平和平解放，复用“北京师范大学”原名。新中国成立后，党和政府对高等师范教育的发展非常重视。进北京不久，毛泽东主席亲临北京师大探望老师黎锦熙等教授，听取他们对建国、办学的意见。不久，毛主席又为北京师大题写校名。毛主席还亲自召见北京师大校长，指示各行政机关应为办好北京师大提供方便，使北京师大在全国师范院校中起到“示范”的作用。在党和政府的关心和扶持下，“七五”“八五”期间，学校被确定为国家首批重点建设的十所大学之一；“九五”期间，学校被首批列入国家“211 工程”建设计划。

二、中国师范教育的旗手

中国高等教育，包括中国高等师范教育，从诞生之日起，就同近代中国革命一样，经历了艰难而曲折的历程。自京师大学堂师范馆建立至今，既是中国现代教育曲折发展的 100 年，也是中国现代史曲折发展的 100 年。

戊戌变法前夕，梁启超在其起草的《京师大学堂章程》中提出设立“师范斋”的设想，并疾呼：“欲革旧习，兴智学，必以立师范学堂为第一义。”戊戌变法失败后，围绕京师大学堂，清政府内部新旧势力斗争非常激烈。清廷任命的管学大臣孙家鼐提出的有关设立仕学院等 8 大事宜中，对于师范斋，讳莫如深，不赞一词。在这种情况下，梁启超等维新派所构想的高等师范教育，无从谈起。1902 年，张百熙受命筹建京师大学堂后，他勇敢地继承和发展了梁启超的师范教育思想，强调“办理学堂首重师范”，创设了京师大学堂师范馆，从而推动中国高等师范教育最终迈出了历史性的第一步。

辛亥革命后，民国政府在全国划定了 6 个高等师范区，北京为首区。

1928 年，国民政府一度把北平 9 所大学合并为国立北平大学。在师生们的极力反对下，1929 年国立北平师范大学恢复独立，1931 年国立北平大学女子师范学院并入，形成新的国立北平师范大学。新校形成后，北京师大整合学科设置，正待重振雄风之时，1931 年至 1932 年国内又出现了取消师范大学的激烈争论。

其实，自 1921 年学制改革后，原来全国 6 所高师中，除北京师大之外，或相继与普通大学合并，或停办，只有北京师大仍独树一帜，坚持师范教育办学方向，积极探索高等师范教育的发展道路。这场争论虽未通过，但却使学校的建设受到了很大的影响。

在我国高等师范教育的历史上，再一次有关高等师范教育的争论，发生在 1966 年“文化大革命”以前，当时在高等师范教育中出现了两个口号的争论：一个口号是高等师范教育要“面向中学”，另一个口号是要“向综合大学看齐”。有人甚至提出了要取消师范院校。1961 年，在全国师范教育会议上，大家就高等师范教育办学中的有关问题进行了讨论，一致认为，高等师范教育不是办不办的问题，而是如何办好的问题。实际上这场争论并没有结束，这一问题到 20 世纪 80 年代又一次被提了出来。这次争论的实质就是对师范教育本质的认识。许多专家提出师范教育应强调师范性与学术性的一致。在争论中，北京师大始终站在争论的最前哨，从理论和教师教育的价值上提出了许多真知灼见。同时，学校在教师教育的实践中不断探索，注意拓宽专业，加强科研，不断提高学校的办学水平，为学校未来的大发展奠定了坚实的基础。

历史是最好的镜子。100 年来，尽管人们关于师范教育的争论一直没有停止过，不时有人主张取消高师院校的设置，但是我国相对独立的高师院校不仅没有被取消，相反中国高等师范教育自成体系，获得了蓬勃发展。从京师大学堂师范馆设立，到京师优级师范学堂，到北京高等师范学校，再到北京师范大学，百年学府薪火相传、一脉相承。今天北京师大不仅成为我国高等师范教育的领头雁，而且成为国内外知名的高等学府。这说明，百年高师的发展符合我们穷国办大教育的基本国情。我国是个教育大国，各级师范教育不仅支撑着目前世界上规模最为庞大的基础教育巨厦，也对中国社会和教育事业的发展起到了巨大的作用，作出了巨大贡献。今天，站在新世纪新的起点上，回眸历史，我们如何评价师范教育的作用都不为过。

秉承百年历史积淀，历经百年风雨沧桑，建校百年来，北京师大始终高举高等师范教育的旗帜，在“学为人师，行为世范”的校训鞭策下，逐步形成了“爱国进步，诚信质朴，求真创新，为人师表”的优良校风。师生们始终把热爱祖国、追求进步作为崇高理想和教学科研工作的动力，把诚信待人、质朴立身作为行为准则和教师的道德标准，把求真创新作为鞭策自己的科学精神，把为人师表作为一生的自我追求，为中国师范教育的发展谱写了辉煌的篇章。

三、中国现代教育的缩影

我国的现代教育产生于19世纪末20世纪初，京师大学堂是我国第一所国立高等学府，其师范馆也是我国完整意义上的教师专业化的起点，几乎与我国现代教育体系的建立和现代教育思想理论的引进同步。因此，从京师大学堂师范馆建立至今的百年，是我国现代教育从萌芽到成长、发展、壮大的百年。北京师大是历史的见证，也是中国现代教育的缩影。

1902年，清政府颁布了《钦定学堂章程》，是为“壬寅学制”，正式规定了师范教育分师范馆与师范学堂两级，已初步有了师范教育初、高级形式的明确观念与体制构想。这是中国第一个比较完备的新教育制度。当时“壬寅学制”虽然颁布，但并未实行，1904年清政府重订学制，另颁《奏定学堂章程》，规定师范教育分优、初两级，优级高于高等学堂，初级高于普通学堂。由此中国师范教育脱离了各学堂，开始形成了独立的组织系统。

京师大学堂师范馆作为中国高等师范教育的起点，其意义是深远的。从教育理念看，京师大学堂是近代中国第一所现代意义上的国立大学，师范馆是其核心和基础。百年来，师范教育作为整个教育工作的母机，已成为国人的共识；从教育体制上看，师范馆的设立，以及脱离大学堂另立学堂，则标志着近代中国独立设置的高等师范院校系统的确立；从学校课程体系看，师范馆所设计的专业课程与教育课程混编的课程结构和教师养成范式，也从根本上奠定了百年来中国高师办学的基础与模式。

早在京师大学堂师范馆时代，学校就积极引进国外教育学、心理学等课程，引进国外的先进教育理论，聘请国外学者来校任教、讲学，同时，建立教育研究所，培养了一大批自己的教育理论家，开始探索有中国特色的教育理论。1920 年，北京高等师范学校开办教育研究科，招收高师和专门学校的毕业生及大学三年级优秀学生，此举开创了我国高等学校通过考试招收研究生的先河。1922 年教育研究科第一期毕业生 16 人被授予“教育学士”学位，这是我国首次给学生授予学位，也是中国教育史上的一大盛事。1921 年，北京高等师范学校增设了理化、博物、数理研究科，之后又续办了国文、英语、史地研究科，同年，招收女生与男生同班上课，成为较早招收女生的大学。至此，北京高等师范学校已发展成为一所学科门类齐全，不仅能培养师范与中等学校师资及教育行政人员，而且能培养各科专门学术人员的高等师范学校。

历史的积淀，使有着百年历史的北京师大具有深厚的学术底蕴和优良传统。新中国成立以来，特别是改革开放以来，北京师大在新的时代获得了蓬勃发展的动力和生机活力，呈现出蒸蒸日上的新气象。目前北京师大拥有 7 个国家基础科学人才培养基地，1 个国家级重点联合实验室，1 个国家专业实验室，1 个国家级基础性研究所，6 个教育部重点实验室；拥有 50 个博士点，95 个硕士点，12 个博士后科研流动站。多年来，北京师大积极扶持和巩固基础优势学科的建设和发展。特色学科、基础学科与应用学科的结合，师范专业与非师范专业的结合，以及不同课程体系的相互渗透，使北京师大的学科建设和人才培养模式具有了新的内涵。教育学和心理学是在全国具有优势和实力的特色学科，中文、历史、哲学、数学、物理、化学等学科是在全国居于领先地位的基础学科，而在基础学科基础上形成的一大批新的应用学科，则成为学校适应社会经济发展和建设要求的新的生长点。

在为国家培养大量具有学士、硕士、博士学位的高级专门人才，在瞄准世界前沿和国内热点科学研究，成为国家为数不多的教学和科研两个中心的同时，北京师大还承担了为国家培养培训高等学校和中学师资，以及地方教育行政部门管理人员的任务。教育部相继在北京师大设立了“全国中小学教师远程教育研究中心”“全国职业教育师资培训重点建设基地”“教育部教师资格认定指导中心”“教育部小学校长培训中心”等，依托北京师大开通了中国基础教育网、中国中小学教师网、中国高等学校教师网等。

四、探索新世纪高师发展新道路

作为人民教师的摇篮，教师队伍建设的工作母机，在百年的发展历程中，北京师大逐步形成了严谨、求实、刻苦、创新的良好校风与学风，凝聚了一大批学贯中西、融汇古今的学术大师，成为我国培养优秀师资、各类专门人才以及进行多学科、高水平科学研究的重要基地。新中国成立后，特别是改革开放以来，北京师大为国家培养了 10 多万名社会主义现代化建设人才，其中在我国基础教育战线的特级教师就有 400 多名。他们在不同的岗位上作出了光荣的业绩，为国家的发展和民族的振兴作出了重大贡献。

传承于京师大学堂的优良传统，北京师大走过了百年辉煌，在庆祝建校 100 周年的今天，在新世纪开启之际，北京师大人正在构想着新的学校发展的宏伟蓝图。

21 世纪，随着知识经济的出现和信息时代的到来，世界高等教育正在发生着深刻的变革，面对新的机遇和挑战，北京师大人将如何继承百年名校的优良传统，与时俱进，再创辉煌？这是时代赋予这所百年名校的历史命题。为实现百年学府的新辉煌，2001 年北京师大在学校党代会上就自己未来的办学思路，作出了重大的抉择，明确提出了实现学校“转型”

和创办一流大学的新办学目标。学校“‘十五’发展规划纲要”提出的发展目标是，将北京师大建设成为综合性、有特色、研究型的世界知名大学。在“十五”期间，实现“向以教育科学、文理基础科学为主要特色，文、理、工、管协调发展的综合性、研究型大学转型，为将北京师范大学建成综合性、有特色、研究型的世界知名大学，奠定坚实的基础”。

北京师大的转型，是高师发展的历史大趋势，也是百年学府与时俱进的必然选择。随着教师教育多元化与教师教育专业化的实现，时代对高师教育发出了深情的呼唤。适应时代的发展，北京师大在新世纪开始的转型，将着重致力于结构的调整和体制的创新。在学科结构方面，北京师大在保持传统基础学科优势的同时，增加适应社会需要的应用性学科、新兴学科和交叉学科，实现学科结构的综合性；在专业设置方面，在保持师范专业的同时，调整和增加非师范专业，实现专业设置的弹性和多元化；在人才培养模式方面，逐步改变传统的本科 4 年培养教师的模式，试验“4+X”的培养计划，以体现人才培养多元化、满足社会发展需要和以人为本、因材施教、因材受教的教育理念。此项改革将专业教育与教师养成教育相分离，前者由各专业实施，后者由教育学院进行，为创造“大学+师范”的辩证分合的新型教师教育范式，提供积极的探索经验。这一转型将从本质上预示着北京师大历经百年的发展正在通过内在的超越，实现由传统向现代的转型。

百年学府，世纪风华，继往开来，再造辉煌。北京师大建校百年的发展历程深刻地启迪我们：先进的教育理念是教育发展的前提基础，不懈的改革进取、求实创新是学校发展不竭的动力源泉，优良的校风、学风和长期积淀形成的大学精神是学校发展的内在精神支柱，鲜明的办学特色是学校兴旺发展、迈向一流的关键所在，教师教育的多元化和专业化将成为教育发展的历史大趋势。祝愿北京师大迎着新世纪的曙光，把握时代的脉搏，弘扬百年名校精神，与时俱进，在未来的发展中为国家教育事业和社会发展作出新的更大的贡献！

（原载《中国教育报》2002 年 9 月 5 日第 1 版）

交大西迁

——献给交通大学建校100周年暨迁校40周年

20世纪50年代，一批交大人毅然放弃了上海舒适的生活和工作条件，响应党的号召，自愿来到西北，以拓荒者的精神，为祖国建设奉献了青春，创造出举世瞩目的奇迹。

——题记

这是一个充满生机和挑战的年代！

这是一个富有开拓和奉献的年代！

1955 年，对于新中国来说，是个极不平凡的年份；对于交通大学来说，是个值得特别纪念的年份。4 月，国务院决定将具有悠久历史的交通大学由繁华的上海迁往古都西安。翌年，一辆辆专列由上海徐家汇车站开出，满载着交大师生员工和家属支援、开发、建设大西北的片片深情，浩浩荡荡地开往西安。

40 年前，一批交大人毅然放弃了上海舒适的生活和工作条件，响应党的号召，自愿来到西北，以拓荒者的精神，为祖国建设奉献了青春，创造出举世瞩目的奇迹。

40 年后的今天，在我们的祖国日新月异，国家重新提出开发建设西部的新的历史时期，在交通大学建校 100 周年暨迁校 40 周年来临之际，寻找昔日创业者的足迹，缅怀他们的不朽业绩，有着划时代的意义。

新的时代呼唤着祖国美好的明天，祖国美好的明天期盼着开创业绩的新的拓荒者。

一、历史的回忆

翻开西安交通大学档案馆那厚重的历史卷宗，我们的思维沿着时间隧道急驰，看到了一幅幅史诗般的画卷。

交通大学初名南洋公学，1896 年创办于黄浦江畔的上海，1921 年定名为交通大学。

1955 年，党中央、国务院从国家重点建设总体布局和支援大西北的战略出发，决定将沿海一些重点工厂、学校内迁。3 月 30 日，高等教育部党组根据中央方针提出了《关于沿海城市高等学校 1955 年基本建设任务处理方案的报告》，上报国务院。次日，国务院二办即批呈陈毅副总理，后经陈云副总理批示同意，报经刘少奇、朱德、彭真、邓小平等中央领导圈阅，交通大学内迁问题就这样决定了下来。同年 4 月初，交通大学内迁西安作为国务院召开的全国文教工作会议的决定见诸正式文件。

在陈云副总理对高教部党组报告批示同意的第三天，1955年4月9日，交通大学校长彭康根据高教部电话通知，即刻在校党委会议和校务委员会会议上作了传达，并讨论和公布了《关于迁校问题的决议》。4月14日，彭康校长即指派任梦林总务长去北京高教部接受新校址的筹建任务。任梦林总务长带着基建科王则茂科长一起赴京，在听取了高教部刘皑风副部长关于交通大学迁校和在西安建校的意见后，随即赴西安察看选择校址。

5月，正值小麦灌浆时节。彭康校长从北京直接到西安，并电请交通大学朱物华、程孝刚、周志宏、钟兆琳、朱麟五等几位全校最有名气和影响的老教授奔赴西安，共同察看和商议校址问题。

几经踏勘，他们在西安和平门外东南近郊的一片麦田里选定了校址。后经考证，新校址坐落在唐代都城长安长乐坊遗址上，与对面著名的唐代兴庆宫遗址和龙池遗址隔路相望，占地84公顷。

面对一望无际的麦浪，临风波涛滚滚，踏勘校址的钟兆琳教授高兴地欢呼雀跃，他仿佛已从这渐黄的麦田中看到了自己的课堂，看到了带领学生做实验的实验室。迁校工作也立刻得到了陕西省、西安市人民政府和西安人民的热情支持，听说要从上海迁来一所有名的大学，西安人民十分受鼓舞，就近的皇甫庄党支部热情宣传动员，农民们自觉地拿出土地让给学校。

9月的西安，秋雨绵绵，淅淅沥沥地下了一个月。刚刚雨过天晴，1000多名建筑工人便开赴工地，在一片麦田里夜以继日、争分夺秒地施工。那个时候的建设速度之快和工程质量之高令人难以想象，不到一年时间就完成了10万平方米的建设任务，从而保证了第一批迁校师生教学和生活用房的需要。

1956年8月的西安，秋高气爽。继1956年7月张鸿副教务长等首批教职工和家属迁往西安后，8月10日，在苏庄副校长的率领下，交通大学的上千名师生员工和家属浩浩荡荡乘专列由上海徐家汇车站出发开往西安。一年级新生 2133 人，9 月初直接到西安新校址报到。9 月 10 日，学校在西安当时最高级的礼堂——人民大厦礼堂举行了隆重的开学典礼，一所 6000 人的交通大学在古城西安新址出现了。

繁忙的搬迁伴随着有条不紊的管理顺利进行。上海部分设立了特资贮运组、人员搬迁组、装箱打包组和秘书组；西安部分设立了人员接待组、物资接运组、管理组、内部搬迁组和总务组。从 4 月到 8 月，200 节车皮的仪器设备、400 节车皮的行李家具陆续碾过陇海路运往西安。这期间，平均每天有 150 吨物资启运和到达，这时候的交大，全校只有 2 名司机、1 名学徒，他们和迁校组的工人师傅们一起，发扬忘我的劳动热情，夜以继日地投入装配、搬运等突击任务，有的同志连续工作达 36 小时，昼夜运输，完成数千吨物资的接运任务。就这样，从上海运来的 1400 台机器，没有一台受损失。

为了做好后勤服务，在上海、西安两地政府的支持下，从上海动员迁来了成衣部、修鞋部、理发部、洗染部和煤球厂等 5 个服务性行业的职工，初步形成了西安的“上海村”。这样，随着 1956 年暑假大批师生、1957 年寒假部分技术基础课教师迁至西安，教学仪器、图书档案和家具等也源源不断地运来西安。

1957 年春，毛泽东《关于正确处理人民内部矛盾的问题》的讲话发表，使正在组织迁校的交大师生深受鼓舞。在学习讨论中，大家对由来已久的交大迁校是否必要展开了讨论。

由于当时交通大学的迁校问题涉及各个方面，再次惊动了中南海，引起了日理万机、为国事操劳的周恩来总理的重视。1957 年 5 月 23 日国务院和高教部举行会议，决定采取民主协商的办法，解决交大迁校问题。23 日至 25 日，周恩来连续三天听取各方面的意见。28 日下午，周总理在听取交通大学领导的汇报之后，当晚又邀请交通大学的陈大燮、程孝刚、沈三多、林海明、殷大钧教授等到中南海座谈，座谈会从晚上 7 时一直开到次日凌晨 2 时。

会后，周总理又听取了与交通大学西迁有关的上海造船学院、南洋工学院、西安动力学院、西北工学院、西安航空学院以及中央有关部委、上海市委、陕西省委、西安市委等各方面的意见。

6月4日，周总理在西花厅寓所召集包括交通大学彭康、苏庄等同志在内的少数领导同志开会，接着，在国务院召开的关于交通大学迁校专题会议上作了长篇精辟的讲话。

周总理在客观分析了当时迁校的形势和建设方针后指出：1955年决定交大内迁，支援西北建设是必要的，当然也不是没有想到交大内迁的困难。解决这个问题的着眼点是从一切有利于社会主义建设，一切为了更好地动员力量为建设社会主义服务。周总理十分动情地说：“西北是中华民族的发源地。‘中国革命发源于东南，成功于西北’，太舒服了不能锻炼培养青年，应该去锻炼经得起风霜。西北是苦，不仅有风，而且有大风，引导青年克服困难，应该是求之不得，要敢于向学生讲这些话。交大已到西安的8000多学生、职工及家属，经历了一年风霜是好的。”“现在上海余下的1000多名学生和几百名教职工，如果大家能接受，我并不放弃全搬的可能，年老体弱不能去的可以不去，有时去讲讲学。”

接着，周总理高瞻远瞩，对交大的迁校问题提出了两个办法：(一) 坚持搬西安，少数不能去的不勉强；要有多数人去，交大的老底子还保存，……西北是欢迎的，看远点还是有利的。(二) 搬回上海的方针，这又有三个方案。一是交大搬不动，原因在教师而不在学生，不愿去的占了多数；二是形势也许可，所以可以回去，也有有利的方面。第一方案，高的方案：多留些专业在西安；第二方案，低的方案：全部回去，一个不留。这恐怕不好，交大师生也于心不忍，是不可取的。第三方案，折中方案：对师生进行动员，愿留西安的可留西安，这样，留一部分、转一部分，对支援西北也有很大好处。

周总理最后说：“问题提到这里来，我不能不把问题全面讲清楚，由交大自己讨论，决定后报高等教育部批准。”“杨部长让我下决心，决心不好下，还要请大家再考虑。总的原则是求得合理安排，支援西北方针不能变。”

会上，周总理指定高教部杨秀峰部长到上海、刘皑风副部长到西安向交大师生传达，讲清楚，与大家一起讨论、解决交大迁校问题。

国务院会议之后，杨秀峰部长和彭康校长、刘皑风副部长和苏庄副校长等分别到上海、西安向交大师生传达周总理讲话。在上海和西安党政领导的参与帮助下，学校多次召开民主党派、工程技术界人士、交大师生代表等座谈会，反复学习讨论周总理讲话精神。此刻，社会各界对交大迁校也给予了极大关注，上海各著名人士也纷纷发表意见，赞成交大西迁。中国科学院郭沫若院长、交大校友钱学森等也来信，勉励交大师生要从全国大局着眼，担负起建设西北的责任，到西北去创造历史，以上火线的精神和拓荒者的精神，投入火热的建设阵地。

经过反复商议，1957 年 6 月 23 日，杨秀峰部长在交通大学党委扩大会上提出交通大学分设西安、上海两部分的方案。6 月 25 日，在交大党委会上，彭康校长提出了解决迁校问题的原则和方案：交大分设西安、上海两部分，统一领导；新专业在西安，与新专业有联系的也可在西安；两地重设专业由上海抽人加强；动力机械系全部迁往西安。6 月 30 日，交大召开校务委员扩大会议，彭校长提出的方案获得原则通过。方案对西安、上海两地专业设置提出了原则并作了具体安排，其中西安设 21 个专业，上海设 15 个专业。

7 月 29 日，交通大学向高教部呈报了解决迁校问题的方案。8 月 4 日，高教部呈国务院二办并报总理《关于交通大学迁校及上海、西安有关学校的调整方案的报告》，周总理阅定这一报告后，于 9 月 5 日亲笔写信给杨秀峰部长："8 月 4 日高教部报告和 9 月 4 日你的来信均阅。关于交通大学解决迁校问题及上海、西安有关学校的调整方案，前已口头同意，现再正式函告批准，请即明令公布，以利进行。" 9 月 12 日，国务院发出《关于交通大学迁校问题的批复》，批复称："国务院同意你部 8 月 4 日所报关于交通大学迁校及上海、西安有关学校的调整方案，希即照办。"

由此，迁校工作继续顺利展开。从 9 月 2 日起，陆续有大批教职工和学生迁往西安，到1958年寒假和暑假，电工、电力两系和机械系的师生迁到西安。至此，西迁宣告顺利完成。

交通大学迁校后，形成西安部分和上海部分的新格局。1959年3月，中共中央将交大西安、上海两部分列入全国16所重点高校。是年6月2日，教育部在给国务院二办并报总理的报告中说：“1959年经中央批准交通大学迁往西安。嗣于1959年根据交通大学内部的实际情况及当时上海、西安两地的需要，报经国务院批准，对该校迁往西安的具体方案作了调整，决定交通大学的大部分专业及师生迁往西安，作为交通大学的西安部分；小部分留在上海并与上海造船学院及筹办中的南洋工学院合并，作为交通大学的上海部分；西安及上海两部分在行政上实行统一管理。两年来交通大学西安、上海两部分在专业设置和师资设备的调整方面，已初步就绪，并且都有了很大的发展和提高。自去年将两个部分分别下放给上海市和陕西省管理后，由于两个部分规模都很大、距离又远，行政上再实行统一管理，有许多不便之处。特别是考虑到两个部分都已确定为全国重点大学，培养干部的任务都很重，长期下去对工作是不利的。为此，我们拟将交通大学西安及上海两个部分从现在起分别独立成为两个学校，上海部分改称上海交通大学，西安部分改称西安交通大学。原交通大学校长彭康同志改任西安交通大学校长……”对于这个报告，国务院7月31日批复教育部：“即可照办。”

交通大学西迁是我国高等教育史上的一件大事，也是交通大学发展史上的盛举。从迁校到分成两个部分到后来独立命名，交通大学从一所大学发展成为两所大学，并且都成了全国高校重点建设单位。正如教育部原部长蒋南翔评价说：“西安交大的迁校是我国在调整高等教育事业战略布局方面的一个成功范例。西安交大的建设和发展，促进了我国大西北的经济建设和文化建设，对于实现祖国社会主义现代化，具有重要的意义。”

迁校是范例，这是西安交大人最感自豪的事情。

二、艰难的历程

逝去的岁月啊！/你的脚步何其匆匆。/在古城，你已带走了我的四十个春秋。/如今对镜观白发，/勾引起许多往事。但——难以忘怀的，/还是那西迁建校的动人岁月。

读着这位亲身参加过西迁建设的老人的诗句，那充满字里行间的盈盈深情，使人仿佛感受到了往昔那段艰难的峥嵘岁月。

历史虽然是昨天的故事，但它是一个时代的缩影，是一个时代的人物风貌和人的精神的光辉写照。1956 年 8 月的上海，骄阳似火。上千名交大师生员工和家属整装待发，企盼着启程的日子。8 月 10 日，一列专列从上海的徐家汇车站出发，经过 40 多小时的长途大奔波，呼啸着开进西安车站。然而，等待这批上海人的西安，并不是繁华的都市，没有宽畅的柏油马路，等待他们的只是一片未开垦的黄土地。

8 月的西安正值雨季，道路泥泞，走上去泥水溅衣。当时学校正在进行基建，没有一条正规的道路，到处是灰土，大家形象地称这种路是“下雨水泥路，天晴扬灰路”。这对于走惯了上海柏油大马路的人来说，实在不方便。那时学校在一片田地里施工，没有一棵树，田野空旷，夏天烈日炎炎，冬天北风刺骨，这对南方来客的确是个艰难的考验。当时从教学区通往学生区的路上，要跨一条长达 20 米的深沟，师生们来往要走临时用竹排搭成的浮桥。遇到下雨天，道路泥泞，桥面很滑，好多学生在那里摔过跟斗。然而，每天来来往往的师生们却情绪饱满，嘴里哼着跳跃的歌儿，脚下踩着咯吱响的竹排，生活充满阳光。

毕业离校十几年的老交大人，无论走到哪里，也难以忘怀他们当年的草棚大礼堂。刚来时学校没有活动场所，工人们就用从南方运来的毛竹搭了个能容纳 5000 人的草棚大礼堂。就在这个简陋的活动场地里，白天他们开过大会，听过报告，晚上他们放过电影，演过节目，在草棚内度过难忘的岁月。

50年代的上海，许多教师家里已经通上了煤气管道，而在西安，他们则要自己做煤块。据一些老交大人回忆，那时没有打煤球的设备，教师们只能用土和煤搅在一起打煤饼，晒干后用，打一次煤饼就得用一天时间，而一个月就得花去一个星期天解决家里的燃煤问题。

那时西安的生活用品不足，以至于连牙膏、牙刷之类的日用品也得从上海带，工作用的小螺钉、灯泡也从上海带。总之，出差回一趟上海，教师们把能带来的都带来了。

尽管工作、学习和生活条件十分艰苦，但大家精神振奋，以苦为乐，心里向往的是新中国美好的未来，追求的是尽快投身到改变祖国落后面貌的火热的建设大潮中。为了西迁支持西北建设，不少交大老教授自愿放弃了上海优越的生活条件，处理掉上海的“小洋房”，携儿带女，只身或举家西迁，有的还动员了自己的亲戚朋友一起到了西安。

在今天的西安交大，师生们永远怀念着一位令人敬仰的老人，那就是率领他们迁校的老校长彭康。彭校长是著名的哲学家、教育家。1953年7月到交通大学任校长兼党委书记，西迁后任西安交大校长兼党委书记，在交大工作了长达15年之久。他正确的教育思想，活跃的思维，经常深入基层的身影，都深深铭刻在交大人的心坎里，成为老交大人谈不完的话题。为了支援西北建设，他亲自踏勘校址，组织迁校，率领交大师生来到黄土地上奋斗，在这里一直工作到他生命的结束。交大的师生永远不会忘记他。如今在美丽的校园里塑着他的半身汉白玉雕像，茵茵绿草，簇簇鲜花，寄托着交大人无尽的思念。

还有他，钟兆琳教授。钟先生“文化大革命”前就是一级教授，是我国电机制造业的拓荒者和奠基人。他是开拓大西北的积极倡导者、实践者和建设者。先生早年留学美国，怀着教育救国的思想，1927年毅然放弃美国优越的工作和生活条件负笈东归。他常对学生讲，不把西北开发建设起来，中国就没有真正的繁荣昌盛。在当年交大西迁中，他不仅在校务委员会上率先举手赞成，而且身体力行，卖掉了自己在上海的住宅，把已经瘫痪在床的夫人安顿在上海，孤身一人来到大西北。他和青年教师一起吃食堂，一起和学生在课堂上耕耘。西迁后他时刻谆谆教导学生和青年教师树立献身于开发大西北的理想。先生一生立志建设大西北，矢志不移。直到80岁高龄，他还不辞辛苦前往新疆和甘肃等地考察，还想着学习维吾尔语，好为新疆人民服务。一直到去世前不久，他还对开发大西北提出建议，并对未能亲自去宁夏考察感到终生遗憾。先生临终时，谆谆告诫儿子，他去世后将骨灰安放西安，安放在他钟爱的黄土地，安放在他献出了一生的大西北。

一级教授陈大燮，是我国著名的热工专家。在上海时，毛主席曾接见过他两次。迁校时，他卖掉在上海的房产，和夫人一起来到西安，为建设和发展西安交大呕心沥血，辛勤工作了一生。临终前，他把自己一生积蓄的3万元捐给学校做了奖学金。他的夫人去世后，又把陈先生留给她的1万元生活费、医疗费也捐献给学校。他们不仅在生前而且去世后也要为自己所热爱的学校作贡献！

数学教授张鸿，早年留学日本，党中央和国务院发出支援西北建设的号召后，他毅然携病妻弱女，带头来到西安创业，以满腔热情，不分昼夜地投入紧张繁重的建校工作。那时在交大校园，人们常常会看到下班半小时后，他才离开办公室，拎着饭盒走进食堂。在他的影响下，不少思想上有过波动的教师，终于下定决心迁来西安。张先生一心扑在工作上，生活十分俭朴。三年困难时期，党和政府为了保证对高级知识分子的部分副食供应，采取了发“红卡”的特殊措施，但张先生的“红卡”却一直没有用过。他宁肯自己生活艰苦一些，也不愿给政府增加一点负担。

在交通大学迁校、建设的日子里，像彭康校长和钟兆琳、陈大燮、张鸿教授这样一心一意为交大建设无私奉献的人数不胜数。

还有他们：吴之凤教授卖掉上海的钢铁厂、小洋房，举家来到西安；周惠久教授的爱人当时在上海一家医院工作，已是有名气的医生了，可为了周先生的事业，他们一家全来了；陈学俊教授，卖掉上海的房产，携家西迁，最初的日子，他的两个孩子要靠坐农民的马车去进城上学；殷大钧教授家有88岁老母亲，自己患有胃病，他克服困难，动员全家，带领老母亲和家属6口人迁到西安；赵富鑫教授，如今已是耄耋之年了，迁校时他已到知天命年纪，记者问他为什么也要举家西迁时，赵老朗朗地笑笑："五十多岁我还算年轻，到西北有好多事可以做呀！"

……

迁到西北的交大人，不仅仅是自身奉献，而且是举家奉献，他们当中有的只身来到西安，家属留在上海；有的夫妇俩一起来到西安，孩子留在上海由父母照顾；有的举家西迁。

周龙保教授满含热泪向我们叙述了一件往事。他们夫妇刚来西安时，两个孩子都小，那时西安供应紧张，为了让两个孩子吃到白糖，他在上海的母亲把每天早晨买粢饭团时夹的白糖，一点点剥出来，用纸包好，积攒起来，托人带到西安送给孙子吃。现在他已是博士生导师，这些年来有许多单位邀请他去工作，都被他一一拒绝了。他说："我的根在交大，我的事业在西北。"

听着周龙保教授的话，许多在场的老教授的心弦都被拨动了。在西迁的交大人中，谁家没有一段动人的故事，谁没有一段奋斗的经历？

万百五教授是家里的独子，西迁时他丢下年迈的父亲，来到西安。他的父亲是上海有名的动画家万古蟾，老人住在上海，他的两个孩子出生后就送到上海交给家里管，那时他们夫妇在学校工作忙，上海的爷孙们就互相照顾着生活，先是爷爷照顾孩子，后来孙子大一些，又照顾爷爷。每每提到这段往事，万百五教授的内心就涌动着酸楚。在西迁的交大人中，像万百五教授这样独子、独女的人不少，他们扔下个人的小家来到西安，想的、为的是祖国的大家庭！这就是老一代知识分子的人生境界和崇高追求。

三年困难时期，西安粮食紧张，教工们两人一组步行往返20多里到北关去抬面粉。当时为了生产自救，学校号召师生在校园里开垦生产，教师们便结伴到西安浐河去打猪草，养猪改善生活。困难时期，学校食堂的稀饭打到碗里可以当镜子照，许多师生开始水肿。为了照顾水肿的师生，学校想办法搞来豆腐渣，得病的人，每人每天可以得到两斤豆腐渣作为营养品。

是啊，交大人留给我们的不只是奉献、牺牲，留给我们的不只是在一片荒芜的处女地上矗立的那座全国乃至全世界著名的高等学府，他们留给我们的是一座无字的精神丰碑，是一首中国知识分子为祖国建设英勇奉献的壮丽凯歌。

献了青春献子孙。在西迁老一辈的行列中，陆续有他们的第二代、第三代加入建设交大、奉献西北的队伍里来。

40 年来，他们当中的许多人曾有过各种各样的机会返回上海，或者到沿海发达城市，或者出国工作，但他们没有离开这块热土，这块令他们热爱的黄土地，坚定信心执着地为开发大西北作贡献。奉献者的精神是感人的，创业者奋斗的艰辛是令人永远难忘的。为了祖国的西北建设，交大人奉献了一代又一代知识分子的情怀，奉献了一代又一代建设者的辛劳。

西迁中，为了使广大教职工和学生到西安后生活便利，交大的后勤职工付出了艰辛的劳动，后勤职工的周到服务直到今天还在西安交大传为佳话。

博士生导师蒋大宗告诉我们，那时的后勤服务工作做得可真细，你只要提出家里有什么家具要搬到西安，后勤职工就会包扎捆绑得结结实实，登记造册得清清楚楚。等你人到西安时，这些东西已经在分配到的新宿舍摆放得整整齐齐，屋角还有一堆解渴的西瓜。

当时的西安马路坑坑洼洼，有的地方根本骑不成自行车，只能步行。有的地方没有路灯，遇到雨天，从交大到火车西站免不了跌几次跤，弄得浑身是泥。在迁校的日日夜夜里，紧张时，一天从上海来的货少则三趟，多则五趟。后勤职工有时通宵不得休息，最紧张时三天三夜没合过眼。有一天凌晨 4 点多，负责接运货物的朱长庚同志在货车上清点货物时晕倒在铁轨上，幸亏装卸工人发现及时把他抬到路边，才避免了一场灾难。就这样，他醒来后硬是忍痛坚持把一车货物点完。

他叫胡全贵，是西安交大的老花工。他的家在上海郊区，来到西安时还不到40岁，为西安交大的绿化事业奋斗了一生。一辈子种花、栽树，交大的一草一木都留有他辛劳的汗水。哪棵树该移了，哪片草坪该修剪了，都清楚地记在他的心里。1973年，老人退休回家前在校园里走了一圈又一圈，最后抱着他亲自栽种的大树痛哭不已。他是眼看着一棵棵幼苗在自己的亲手培育下长成参天大树，成为遮蔽烈日的绿荫，成为点缀校园的美景，他实在舍不得离去。是啊，假若生命无限，假若人永远不老，胡师傅甘愿在这里奋斗到无限！

一晃40年过去了，当年的创业者老了。如今，他们当中的一些人已长眠于自己为之奋斗过的黄土地，许多人已经退休，还有不太多的人仍在岗位上站好最后一班岗。可他们带来的事业发展了。如今的西安交大，已从当年的荒地上立起，成为鸟语花香的美丽校园，成为人才培养的摇篮，成为为国民经济作贡献的科研基地，成为与国际上近百所大学和科研机构进行学术交流的著名学府。正是他们，用自己的牺牲和奋斗，换来了一所成果辉煌的新交大。

前来西安交大参观、进行科研合作的国内外友人看到学校美丽的校园和办学成就时，往往发出这样的感慨：作出这样的成绩，沿海付一倍力气，你们得付五倍、六倍的力气。是这样，确实是这样啊！

1995年，在国家教委主持的西安交大“211工程”部门预审会上，当中共陕西省委书记安启元充满深情地说“西安交大迁校40年来，为西北特别是陕西社会经济的发展作出重大贡献。陕西人民永远不会忘记你们，人民感谢你们”时，在场的许多交大人都被感动得热泪盈眶，掌声震响大厅的穹顶，经久不息！

因为人民承认了他们付出的劳动！

在采访的日日夜夜里，我们曾与60多位西迁过来的教授、干部促膝而谈。我们不止一次地问这些西迁人：“您为当年的行动后悔过吗？”“您觉得吃亏吗？”得到的回答几乎是异口同声的：“我们不后悔，我们的选择是自愿的，我们听党的话。”“吃亏不吃亏，要看用什么尺子量。我们在大西北为祖国贡献了一所著名大学，这是我们最大的荣耀。”尽管不论过去还是现在，他们的生活与在上海相比都有着很大的差别，尽管他们当中的许多人心里不平衡过，思想上出现过波动，但对于自己的选择，他们还是感到无比的自豪！

这自豪来自40年的无悔选择！

这自豪来自40年的艰苦奋斗！

这自豪来自一个新中国知识分子对祖国建设事业的高度责任感和赤子心！

这自豪来自西安交大人在新的历史时期继续肩负的光荣使命！

这自豪来自他们铁心建设大西北的坚定信念。

在纪念西迁40年的座谈会上，蒋璐教授想起保尔·柯察金的那段名言：“人的一生应当这样度过：当回忆往事的时候，不因虚度年华而悔恨，不因碌碌无为而羞愧，他可以自豪地说：‘我的整个生命和全部精力，都已奉献给世界上最壮丽的事业——为人类的解放而斗争。’”是啊，40年过去了，回首往事，西迁的人们也可以自豪地说，我们把自己的一生都献给了交大的壮丽事业。这批读着《钢铁是怎样炼成的》的人们，就是这样奉献他们的青春的。

听着这一个个如歌如泣的动人故事，我们在想，交大西迁留赠给青年人些什么呢？我们漫步校园，在一间教室的大墙上，看到银光闪闪的16个大字，那就是“爱国爱校，追求真理，勤奋踏实，艰苦朴素”。噢，我们找到了答案，并希望这答案能给今天的青年人带来新的启迪。

三、辉煌的成就

交通大学仿佛一位意志刚强的世纪老人，走过了她波澜壮阔、壮丽辉煌的整整一个世纪；交通大学又仿佛一位充满活力的初生婴儿，正满怀朝气地迎接新的世纪的到来。

陈毅副总理曾经断言：“交通大学迁校对不对，十年以后作结论。”如今，当你跨进西安交大雄伟宽阔又别具匠心的校门，1800余亩广袤土地上，已是楼宇栉比、校舍林立。这里绿草如茵，桦柏竞秀，花园似锦，景色宜人，你能不感到这是一个奇迹吗？事实证明，交通大学经受了迁校的重大考验。迁校后，西安交通大学和上海交通大学都得到了很大发展，保持了全国高校的一流水平，为国家培养人才和发展科学技术事业作出了重大贡献。

如今，她们都成为国家教委直属高等学校中全国重点建设学校，成为拥有理科、工科和人文社会学科的多科性大学，成为我国高层次人才培养和科学研究的重要基地，成为国内著名、国际上有较大影响的高等学府。

西安交通大学现设有10个学院、43个系、53个专业。学校现设11个国家级重点学科，72个学科（专业）可授硕士学位，33个学科（专业）可授博士学位，有9个覆盖28个学科（专业）的博士后科研流动站；有49个专门研究机构和1个国家级工程研究中心；有72个实验室，以及9个国家级重点实验室、重点学科专项实验室。在校学生已由迁校初的3000余人发展到现在的13000余人，其中硕士生1800余人、博士生900余人。迁校40年来，为国家培养高级专门人才6.2万人，其中40%的毕业生在西北和西南地区工作，大多成为生产第一线的骨干。学校在校教师1850余名，其中教授300余名、副教授520余名，有中国科学院和中国工程院院士5名、博士生导师140名、国务院学位委员会委员1名、国务院学科评议组成员11名、国务院科技专家委员会及专家组成员3名，100余名教师在全国专业教学指导委员会及全国教材编审委员会担任重要职务。学校同20多个国家和地区的70多所大学与科研机构签订了学术交流合作协议。

自1978年至今，学校完成鉴定的科研项目共1096项。其中获国家奖励104项；获省级科技成果奖494项；获全国发明展览会金奖10项、国际博览会金奖18项，获授权专利303项。1980年以来，成果应用推广创经济效益累计达15亿元以上。

交通大学这棵在上海生活了60年的大树，经过西迁之后，很快生根、开花、结果。一个在西安这片荒芜的黄土地上，白手起家，茁壮成长起来；一个留在上海，自力更生，茁壮发展起来。40年后的今天，两所学校，一个屹立于祖国的西北，一个雄居祖国的东南，共同为我们的社会主义建设作出巨大贡献。

更令人惊奇的是，交通大学自1896年创办以来，在其100年辉煌的历史中拓展成为西安交通大学、上海交通大学、北方交通大学、西南交通大学和台湾交通大学5个姊妹学校。一棵大树，在经过伤筋动骨的分离后，不仅没有大伤元气，而且愈加兴旺发达，这真是交通大学的骄傲！

历史永远忘不了，历史将永远铭记着。40年前一批上海人来到西北，扎根黄土地，为了祖国和民族的富强，为了西北地区的发展，那艰苦奋斗、顽强拼搏、奋力开拓的精神，将永远铭刻在我们民族的历史中，流传在人们的心坎中。他们没有辜负周总理对交大西迁的期望，他们无愧于先人，无愧于前辈，也无愧于后人。

历史往往有着惊人的相似之处。今天，在我们伟大的社会主义祖国发展的新的历史时期，党的十四届五中全会和八届全国人大四次会议提出的“九五”计划和2010年远景目标纲要，重新提出了加快西部经济和社会发展的问题。

没有西部地区的繁荣昌盛，就不可能实现我们整个国家的繁荣富强；没有西部地区的社会稳定和民族团结，就不能够保持我们整个国家的社会稳定和民族团结；没有西部地区的振兴，就不可能达到我们整个中华民族的振兴；没有西部地区的基本现代化，就不可能有我们整个社会主义现代化建设的成功。这是多么伟大的决策，建设大西北，40年前交大人就打了个前哨战。

此时此刻，江泽民总书记和西安交大老教授钟兆琳先生的话语仿佛又回荡在我们的耳畔。老先生开发大西北的未尽业绩，老先生多年的夙愿期待着我们去完成。

时代呼唤着我们，祖国呼唤着我们，大西北呼唤着一切有志青年去建功立业！

愿一切有识之士踏着先辈的足迹去融入大西北拓荒者的行列！

（原载《中国教育报》1996年3月24日第5版）

求实篇

2004 年 9 月 22 日，宁夏回族自治区固原市原州区三营中学学生在接受远程教育（《中国教育报》资料图片）

特困生，世纪末的话题

——高校“特困生现象”及其解决的思路和对策

我国是个贫困人口较多的国家，贫困地区约占全国国土面积的60%以上。在这样一个人口多、底子薄的发展中国家办高等教育，其难度是可想而知的。为了解决高校特困生问题，中央和地方各级政府充分发挥主渠道作用，付出了执着的努力，社会各界纷纷向特困生伸出了援助之手，学校向社会承诺：“不让一个大学生因经济困难辍学。”

——题记

写在前面的话

1997 年，随着我国高等院校全面“并轨”招生，高校特困生问题日益成为社会关注的焦点。本学期新生入学前夕，国务院办公厅发出通知，要求各级政府、各高等院校和社会各界都来关心高校特困生问题。有关方面提供的信息表明，目前，在我国一般高等院校中，家庭经济困难的学生占 10%—20%，特别困难的学生为 5%—10%。按这个比例计算，我国普通高校本专科学生中，贫困生数量约为 80 万人，其中，特困生近 30 万人。有关人士预言，随着高校“并轨”招生的全面实行以及高校招生规模的扩大，这个数字还将呈上升趋势。特困生的存在，日益成为高等学府中的一个特殊现象。特困生问题，亦成为 20 世纪末高等院校的一个重要问题。那么，面对特困生现象，国家、社会、学校应承担怎样的义务？特困生自己应该怎么办？特困生问题解决的出路又在何方？

一、特困生现象透视

时下，随着我国社会主义市场经济体制的建立，特别是高等教育改革的深化，我国高校现有招生就业制度正在从国家包学、包分配的“两包”，逐步向学生缴纳一定培养费用上学、毕业后自主择业的“两自”转化；高校招生方式实行全面“并轨”招生。这一制度的改革对于推动我国高等教育的发展，激发学生奋发学习，促进教育质量的提高有着重要的意义。然而，由于我国经济发展不平衡，贫困地区多，加之受人们生活指数日益提高等因素的影响，在高校内部出现了一些经济上困难，难以达到学校所在地最低伙食标准，且无力缴纳学费及购置必要的生活和学习用品，甚至无力维持学业的大学生。应该看到，特困生问题不是招生“并轨”后出现的新现象。由于社会、经济、地理位置等因素的影响，这一问题长期以来客观存在，只不过在计划经济条件下，国家包揽了大学生上学的主要费用，家庭困难学生享受国家发放的人民助学金，这一问题没有凸显。今天，在社会主义市场经济条件下，高等教育属非义务教育，国家不再负担每个公民上大学的费用。而且，据了解，在招生“并轨”的高校中，因缴不起学费报不了到的现象很少，事实上，学生最大的经济负担不是学费，而是生活费。高校特困生产生的原因是多方面的，特困生的家庭也有多种类型，可概括为：一是来自经济不发达的老、少、边、穷地区的困难家庭。这些地区自然条件恶劣，经济发展缓慢，这是造成学生家庭经济困难的主要原因。二是委培生、自费生家庭。随着1997年高校并轨招生政策的全面实施，这个问题将不复存在。三是父母双亡或单亲家庭，包括烈士子女家庭、优抚家庭等。这些家庭缺少劳动力，经济来源少，经济上无依靠，生活困难。四是由于天灾人祸等出现的困难家庭。这些家庭受到自然灾害，如水灾、旱灾、火灾等影响，或家庭发生意外事故，如家人重病、残疾、伤亡等，家庭负债累累，学生生活费用没有来源。五是农村多子女家庭。六是城市因企业效益差而下岗的职工家庭。据有关学校调查，在特困生中有65%是来自经济不发达地区，15%为父母双亡或单亲子女，尤以并轨后入学的学生最多。

我国是个贫困人口较多的国家，贫困地区约占全国国土面积的60%以上。在这样一个人口多、底子薄的发展中国家办高等教育，其难度是可想而知的。就目前高等学校“并轨”收费改革而言，学校一年收取几千元的学费，仅占一个学生全部教育费用的20%到25%，公民上大学的费用，实际上绝大部分仍由国家负担，国家为此背上了巨大的财政负担。据估算，若每个特困生每年补助100元，国家每年就要投入3亿元。看来，单靠国家“包下来”是不现实的，因此，必须树立新的观念和意识。

——上大学要缴费。高等教育是非义务教育，逐步实行高校上学收费制度，是我国高等教育发展的必然趋势。新中国成立以来，由于我国学习苏联教育模式，实行人民助学金制度，学生考上大学就成了国家的人，基本上不存在因为家境困难而不能完成学业的情况。受这一观念的影响，不仅社会上一些人对高校收费制度改革不理解，一些大学生也没有形成通过自己勤奋努力来完成学业的意识。纵观世界高等教育的发展，高等教育缴费上学早已成为世界高等教育发展的大趋势。因此，转变观念，树立缴费上学的意识，主动适应社会主义市场经济体制及高等教育改革的形势，乃是当务之急。

——不能笼统地把特困生困难的原因归于缴费上大学。据调查，特困生感到最困难的是生活费用和额外学习的支出，学杂费支出只占一部分，而学校学杂费收入中有很大一部分又返还于学生。以北京大学为例，学校从收费中拨出40%用于学生奖学金，30%用于教学条件的改善，30%用于学生生活条件的改善。

——家庭经济困难的考生及其家长要量力而行。在选报志愿时，不一定非要报考收费较高的热门学校和热门专业，可报考那些国家急需的而收费少或免收学杂费的学校（专业），如师范、农林、水利、地矿、气象、公安等院校以及基础学科方面的专业。

——特困生要自立自强，克服暂时困难，积极配合学校的各项资助工作，依靠自己学有余力的劳动，坚持完成学业。

二、社会济困助学在行动

为了解决高校特困生问题，中央和各级政府充分发挥主渠道作用，付出了执着的努力。中央财政在经费困难情况下，1994 年从总理基金中特拨 1.2735 亿元，并决定在普通高校设立勤工助学基金。1995 年再次拨款 2.1735 亿元，1996 年又追加拨款 1 亿元，累计拨出 4.5 亿元专款，专项用于资助高校困难学生。各级地方政府和有关部门也纷纷根据各自的财力，安排专项资金用于资助困难学生。广东省政府拨款 4000 万元，设立奖贷学基金；辽宁省政府筹措 5000 万元，设立“寒窗基金”，资助特困生；今年高校新生入学前夕，上海市政府在连续 4 年拨款 5010 万元基础上，又拨款 1500 万元，用于资助高校困难学生；天津市在全市高校设立“困难学生助学基金”；河北省今年从财政拿出 5000 万元建立“寒门学子基金”，用于资助特困生。

1993 年以来，国家教委先后出台了《关于对高等学校生活特别困难学生进行资助的通知》等一系列文件，初步形成了以奖学金、学生贷款、勤工助学基金、困难补助和学杂费减免（简称“奖、贷、助、补、减”）为主体的多元化的高校困难学生资助体系。许多高等院校提出了“不让一个大学生因经济困难辍学”的工作目标。高校作为直接感知特困生疾苦的机构，为解决特困生的困难付出了巨大的努力。清华大学目前在校内建立了200多个固定勤工助学岗位，设立了帮助困难生的助学金制度，使大部分特困生每年可获得800—1000元的资助。复旦大学在校内建立了“自立奖”，用以奖励在社会实践、勤工助学等方面表现杰出的学生。

为了不让一个学生因经济困难而辍学，各高校普遍建立了勤工助学机构和基金，划出部分教育经费，建立贷学金制度，建立困难生补助基金，等等，初步形成了一系列高等院校资助特困生的方式和渠道。特困生只要品学兼优，不仅可以得到一笔可观的奖学金，还可申请获得无息贷学金，并申请得到定期或临时困难补助。各校还从实际出发制定了一系列优惠政策，如学生毕业时如愿到艰苦地方建功立业，可免还贷款。

高校特困生问题，亦引起社会的关注。特困生的状况牵动着社会各界人士的心弦。1994年，哈尔滨新中新有限公司出资180万元，设立了“金龙卡特困助学金”，并向社会发出了“关心当代学子就是关心祖国的明天”的倡议。与此同时，共青团中央的“96济困助学”活动也开始启动实施。河北廊坊一位普通女工从电视上看到北大特困生状况后，带着家中仅有的1350元坐早班车到北大，要求资助一名特困生，在学校勤工助学中心工作人员的再三恳求下，才肯留下姓名。

真情似海，爱心如潮。如今，从天山脚下到东海之滨，从东南沿海到牡丹江畔，社会各界纷纷把目光投注到特困生的身上，人们纷纷向高校特困生伸出了热情援助的双手。

三、在自强中奋起

小黄来自新疆石河子兵团农场，母亲没有固定工作，父亲半身瘫痪。母亲靠打零工养活一家 4 口人，还要供他和妹妹上学。贫穷的家庭环境，使他的童年太短太短，几乎从上学起，命运就对他近乎残酷。父亲患上了精神分裂症，怕他上学花钱，一次次把他心爱的书掷到院子的井里，他吓得不敢回家，晚上只好在草堆里住上一夜。那时，他对父母说："我最大的愿望就是你们让我去上学。"为了协助母亲支撑这个家，他从初中起每天放学回家帮助母亲炸麻花，然后到连队门口去卖。直到高考前三个月，他几乎每个星期天和节假日都要陪伴着母亲卖麻花。

别林斯基有句名言，不幸是一所最好的大学。生活的不幸不仅没有压倒他，反而磨炼了他的意志。1994 年，小黄考入西安交通大学，实现了他梦寐以求的心愿。他每学期都要干五件事——正常学习、学生会工作、跨专业选课、计算机程序培训、家教，他把本专业学习作为第一位，同时跨专业选课，以超人的毅力，发奋学习，拼命工作，不仅学习成绩名列前茅，而且依靠勤工助学收入补足了生活费。上学期，他依靠自己的双手，通过家教等勤工助学活动，不仅挣足了自己所有的生活学习费用，还积攒了 1600 元。

"一个人的潜力是无限的，就像一个弹簧，只要未达到它的断裂极限，它就能承受。重要的是你有没有勇气，有没有信心，敢于往自己的弹簧上加力。"采访中，小黄把自己日记中的这段话抄下来，留给记者，让全国高校所有的特困生能与自己共勉！

苦难是人生的老师。特困生的生活是艰难的，他们当中的一些人为了少花钱，只好从吃饭及日常生活中一点一滴地节省，有的学生有时只能靠白开水泡馍生活。然而，大多数贫困生自强不息，与贫困抗争，勇敢地向前走着。他们用自己的双手改造环境，创造学习氛围，制造出一个个感人的奋斗故事。

小肖来自农村，4 年前父亲被癌症夺去了生命，从此她和 60 多岁的母亲相依为命。1995 年，她考入了某大学物理系。上学时母亲卖掉家里所有的余粮给她凑了 1000 元，姨妈给了她学费和生活费。有热心的人来学校联系资助特困生，学校考虑她是个女孩子，想给她提供一次资助的机会，可她说啥也不肯。她说：“让人资助我总觉得内心愧疚，我想依靠自己的力量，自食其力。”学校担心她稚嫩的肩膀担不起生活的重负，本想让记者做工作，可听着她的话，看着眼前这个小小年纪而又自强不息的女孩子，我们坚信了她的选择。小肖告诉我们，她现在每个月除完成学习任务外，还利用周末带两个家教，每月可挣 200 多元，除去 100 多元生活费，每月还结余 100 元，还可攒足下学期的学费。

从国家对上大学“全包”到收取适当费用的“两自”，从习惯于靠父母养活到靠自己劳动挣学费，这中间，大学生无疑要经历诸多观念的转变和精神的嬗变。特困生正在艰难地以实际行动在贫困中奋起，他们中的大多数人刻苦勤奋，自强不息，为了学业，与命运、与贫穷、与苦难抗争。“只要自强不息，贫困不是障碍”，这是许多特困生的心声。面对贫困，许多特困生自立自强，在奋进中留下了一条艰辛的求学之路。然而，令人惋惜的是，有些特困生却因贫困而一天天走向自卑、消沉。他们把自己缩进自我的小世界里，自我封闭，不与同学交往，长而久之，造成性格和心理扭曲。小陈来自广西山区，1994 年考入某大学。入学以来，她怕同学看不起自己，一直没有向学校和同学提到自己的家庭困难。开学两个月，突然有一天，她托同学带了一封信交给辅导员老师，自己偷偷去了火车站，准备回家。辅导员老师看到信，带领同学们匆匆赶到火车站把她接回了学校。学校给了她 600 元困难补助，后来又给她安排了一个勤工助学岗位，可她干了不到一周，觉得丢人，坚决不干了。她只好靠学校减免学费和发放的困难补助费生活，可怜的自尊心使她丧失了一个人应有的自强，成为一个坐享其成的懦夫。

同是贫困，对于刚强者来说是一笔财富，对于懦夫来说是一种灾难。其实贫困并不是与生俱来的耻辱，耻辱的是在贫困面前抬不起头来。面对困难，笑对人生，自尊和自信就会回到你的身边。特困生，挺起胸大步朝前走，这个世界属于他，属于我，也属于你。

四、解决特困生问题，出路在哪里？

特困生问题的出现不是高等教育体制改革本身导致的，它是由我国地区经济发展不平衡，贫困地区多，个人分配差距扩大等诸多原因造成的。然而，面对高校特困生逐年增加的趋势，面对高等教育由公费转向收费的趋势，解决特困生问题的出路在哪里？其主要途径应当是：

——依靠勤工助学，扶助起一种精神。作为有一定劳动能力的青年，贫困生简单地等待别人资助并不可取。开展勤工助学是解决高校特困生生活困难的重要途径，勤工助学不仅可克服大学生的依赖心理，培养学生自立自强意识，还可推动学生走向社会，积极适应社会主义市场经济形势，运用自己的知识和能力，自己动手、丰衣足食，变“输血”为“造血”，变“供给型”补助为“经营型”帮助，这是资助困难学生的长远之计。

特困生并不是现在才有的，可以说，有困难家庭就会有贫困学生。早在20世纪30年代，我国一批精英人物如周恩来、邓小平等都曾在法国勤工俭学，邓小平曾在巴黎刻过蜡版。记者在采访中了解到，如今活跃在我国科技界、学术界的科学巨子、学术泰斗、专家学者中，有不少人年轻时为了求学都不同程度有过勤工助学的经历。

目前，全国已有369所部属院校建立了勤工助学基金，各校相继成立了勤工助学办公室或勤工助学中心，负责管理学校的勤工助学工作，但勤工助学的岗位则多局限在校内。据统计，上海市高校依靠自身优势已建立了30个勤工助学基地和实体，固定资产达304.59万元，校内勤工助学岗位有3万余个，校外岗位有2.5万个，全市85%以上的困难学生得到不同程度的资助。清华大学从1994年至今已有3万人参加校内勤工助学，特困生既增加了收入，也培养了自立能力，树立了顺利完成学业的信心。因此，高校的勤工助学活动，一要立足学校，学校要改变用工制度，适合于学生从事的临时工岗位尽量让学生来担任；二要针对学校勤工助学岗位不足的现象，逐步开辟社会市场，建立一批校内外勤工助学基地和市场；三是勤工助学内容要由劳务型向智力型转变，这是勤工助学发展的必然趋势。助困不是权宜之计，更重要的是培养学生自立自强的意识，培养一种精神。

——改革和完善贷学金制度。我国属发展中国家，国家财政困难，仅仅依靠国家拨款和社会资助解决困难学生问题是不现实的。靠捐款捐物等慈善行为毕竟解决不了根本问题，对大多数特困生来说，他们更关注的是如何建立一套合理的制度。国外许多国家的实践表明，高等教育贷学金制度是行之有效的助学措施。据联合国教科文组织学生资助问题专家伍得霍尔博士统计，目前已有30多个国家实行学生贷款制度，其中既有美、英、日等发达国家，也有印度、加纳等发展中国家。贷款基金主要由政府提供，也有捐赠和银行融资等。能否按时偿还贷款是这项政策能否顺利实施的关键。国外大多采用“分期付款”的方式，如英国规定学生须在5年内分60次付清借款，美国则是10年分120次还清本金与利息，瑞典是每半年一次，20年内还清。我国贷款基金不足，制约了贷款制的运行。国务院批转国家教育委员会、财政部《关于改革现行普通高等学校人民助学金制度的报告》，其中规定：“由中国工商银行提供的学生低息贷款资金，列入国家信贷资金计划。”“学生偿还贷款，只还贷款原额。银行按低利率计算的利息，由学校从国家核定的高等学校事业经费预算中支付。”而中国工商银行工银发〔1986〕字第351号文件规定：“普通高等学校必须将主管部门核拨经费划出一部分，存入中国工商银行学生奖、贷学金账户，作为对学校学生贷款的资金来源，……贷款不得大于存款。贷款利率由工商银行给以优惠，暂定为月息0.25%（年息3%），按季计收，学校存在工商银行的奖、贷基金，银行不计付利息。”中国工商银行收了学校的经费不付利息，学校反而要向银行缴纳学生奖贷学金的利息。据了解，目前学校的贷学金大多由学校内部垫支，是由学校将国拨教育经费的一部分和收取学生学费的一部分组成，未与银行发生联系。学校垫资，占用了有限的教育资金，且经费少，加上毕业生分布各地，又没有制度保证，学校回收贷款困难重重。尽管国家规定学生可以毕业后分期偿还贷款（可延长至毕业后6年），但由于学校操作过程中困难很多，只能要求学生毕业前一次还清，否则扣发文凭，这就失去了“贷学”的本意。由于得不到国家银行的支持，贷学金制度在大部分高校半途而废。就学生而言，借贷过程复杂，需申请、审核、填表、担保和地方政府盖章，许多特困生嫌麻烦，宁可不贷；有的学生怕有负债风险，能不贷就不贷。尽管学校规定学生如毕业后愿去艰苦行业，贷款可免去，但不少学生怕因此影响其毕业后择业，也不愿贷款。这使贷学金制度在高校推行起来很困难。

从长远看，应该由银行或其他金融机构发放和收款，使学生与学校的借贷关系转变为学生与银行或专业金融机构的经济关系。这种贷款可以是无息或低息的，在还款方式上可采取在学生毕业后若干年内分次偿还。高校也要教育、督促享受贷款的毕业生如期偿还贷款。国家可建立有关法律制度以确保按期还贷，并从贷款额度和还款方式上逐步改革，这是解决学校特困生问题的治本之法。

贷款上大学，对特困生来说多了一种债务，多了一种压力，但更多了一种自立意识。借款要还，与其说多了一种压力，倒不如说是多了一种动力，多了一份毅力。

——建立依靠政府、学校、学生和社会各方面共同努力的困难学生资助体系。特困生问题是一个社会问题，解决这一问题需要全社会的共同关注和支持。首先国家和各级主管部门要进一步完善有关政策制度，使资助困难学生的工作逐步走向规范化、法制化轨道；学校是资助困难学生的主体，目前，我国高校的资助经费都用在“奖、贷、助、补、减”上，在这5项中，奖学金占了大部分份额，据了解，困难学生能获得奖学金的只是一小部分。如某大学共有奖学金100多项、300多万元，直接面向困难学生的仅有7项、约30多万元。现阶段要重点解决困难学生问题，奖学金和困难学生补助的支出结构是否应该适当调整？此外，学校在从思想上关心爱护、经济上资助困难学生的同时，要不断深化教育教学改革，积极推行完全的学分制，真正使学分制变成一种灵活的方式，使困难学生有条件从事勤工助学完成学业，使学有余力的学生提前修完学分提早毕业。

社会各方面都来关心支持资助困难学生工作。某重点大学的统计结果表明，目前学校、国家和社会对困难学生资助金额所占比例为 7：4：2。学校在困难学生资助方面付出了艰苦的努力。解决高校特困生问题呼唤社会支持。在发挥政府和学校主渠道作用的同时，动员社会力量资助也是很重要的，应倡导多建立社会资助基金。就目前资助形势来看，主要以无偿资助为主，这种形式虽然能节省学生精力以投入学习之中，但也有诸多不利因素。如有些学生不能正确理解资助者的意愿，因此产生心理压力，反而影响了学业；有些学生由于长期不劳而获，以为钱来得容易，便随意挥霍浪费。鉴于此，选择适当资助形式，让学生通过做一定的社会服务工作和劳动获得报酬，这样既可对学生进行思想道德教育，又可改善他们的经济条件，不失为一条良好的途径。尽管一些有识之士曾呼吁高等学校同样需要希望工程，但有关人士认为，在高校实行一对一的资助是不现实的。大学生不同于小学生，他们愿通过自己的劳动获得报酬。

——建立高等教育备用保险金，也可作为解决特困生问题的一条途径。社会保险制度是我国经济体制改革的一项重要内容。中国人民保险公司河北省分公司在全省开办了高等教育备用保险金业务，规定被保险人在保险有效期内考取正规大学，保险公司负责给付高等教育金；被保险人未能考取大学或大专的，保险公司付一次性满期保险金。这不失为解决特困生问题的有益尝试。

有关解决困难学生问题的对策，请听来自第一线主管学生工作者的声音：清华大学主管勤工助学工作的学生处副处长顾思海说：“解决高校特困生问题，国家、学校、社会、家庭都应当努力。不能简单地认为高校特困生的出现就是高校改革造成的，是学校资助不够，全社会各方面都要努力。”北京大学勤工助学中心办公室副主任王少峰说：“特困生的根源不在教育本身，全社会都应给予关注，由学校解决治标不治本，根本还在社会共同富裕。就目前看，还是国家、社会、学校、个人，大家都来想办法。”

根据我国国情，困难学生的资助体系应以勤工助学和贷学金为主，以奖学金、减免学杂费和社会保险为辅，使资助和自助相结合。从长远看，高校困难学生资助应纳入社会保障体系，以社会化助学贷款为主，使之走上社会化、正规化的轨道，这是市场经济发展的必然趋势。总之，要从根本上解决高校特困生问题，最终期待着中国社会彻底摆脱贫困。

五、贷学金在高校推行困难重重

1997 年 9 月，上海市教委与上海浦东发展银行合作，在全国率先试行面向普通高校学生的社会化助学贷款，为推进高校招生制度改革提供了极为重要的保障措施。12 月初，记者就此项贷款的运作情况走访了上海部分高校和市有关部门，深感贷款起步平稳，但尚需各方努力推进。

这项助学贷款的申请对象为 1997 年在上海各高校入学的本、专科和硕士、博士研究生新生，以及上海籍赴外省市就读的高校新生。助学贷款包括学费和生活费两类，学生可以申请其中一项，也可以同时申请两项。贷款的最高金额不超过上海市教委审核确认的学费标准和大学生基本生活费标准，即最高一年贷款为 7000 元。与以往的各种贷款相比，这项贷款的最大特点，一是贷款额大，大到即使身无分文，只要申请到助学贷款，学费和生活费就有基本保证；二是完全商业化操作，学生不仅要寻找担保人，与银行签约，成为真正意义上的法定债务人，还要承担国家规定的贷款利息。

1997 年上海高校共招新生 4.51 万人，其中非上海生源为 1.8 万人。根据市教委学生处的调查认定，高校中经济困难学生约占学生总数的 22%，特困生占 10%，按此推算，全市新生中属特困者约为 4500 人。据了解，目前全市高校共有 420 名新生的贷款申请递交浦发银行，仅约为特困学生数的十分之一。有关人士分析，因新生入学前多已筹措好了第一年的学杂费和生活费，贷款人数少也在情理之中。

记者在采访中了解到，许多高校充分肯定社会化助学贷款，认为这是高校管理、帮困助学的改革方向。但同时又指出，目前贷款利率过高和担保人范围过小是推进社会化助学贷款急需关注的两个重要问题。

1997 年 9 月助学贷款出台时，根据中国人民银行的规定，学生助学贷款按一年期固定资产贷款利率计算，为 10.08%。全国存款利率下调后，助学利率及时下调到 8.64%。但在实际贷款时，仍有相当部分学生认为该利率过高，难以承受。

根据浦发银行的有关规定，助学贷款的担保人必须是具有上海市常住户口、有固定工作和稳定收入的人，或是注册在上海、有在上海的抵押物的企业法人，即担保资格的区域性特征明显。由于特困学生绝大部分来自老、少、边、穷地区，很少能够找到符合上述要求的担保人。上海市教委针对这一情况作出规定，来自国家确定的贫困地区的学生、入学前属农业户口的学生、孤儿及父母一方亡故的单亲家庭学生、享受民政部门定期补助的残疾家庭学生和少数民族中的贫困学生由市教委担保。

尽管如此，但数量更多的贷款申请者可能仍无法找到担保人。为此，许多学校的同志提出，应逐步扩大贷款担保人范围，让学生原籍所在地企业、学生家长或监护人更多地承担担保人义务。对于学校是否可以作为担保人介入学生贷款，上海高校意见颇为分歧。一种意见认为，社会化贷款的实施，就是要解脱学校的这种义务，如果参与担保，一旦追究还贷责任，学校就会涉及诉讼，牵涉大量精力，从根本上会影响助学贷款社会化的健康发展。另一种意见认为，学校参与担保是推进助学贷款的过渡性措施，在现阶段仍是必要的，以体现帮困助学宗旨。

记者在调查中发现，学生中有一种较为普遍的心态，即“借债”应是父母之事，自己只要读好书就对得起父母的养育之恩。部分学生对自己的偿还能力缺乏信心。一位老师指出，加强大学生自立自强精神教育，不仅是推进社会化助学贷款的现实需要，更是培养面向 21 世纪一代新人的长远要求。

在今年申请助学贷款的 420 人中，上海交通大学占了 325 个名额。上海交通大学为什么会有这么多的学生对这项助学贷款情有独钟呢？记者在采访中了解到，这主要是因为该校鼓励措施较为完备和有力。学校从今年起已取消了新生校内贷款，并对参加贷款者每人发放1000元的奖励金。同时规定，需申请贫困学生奖学金者，必须是已参加助学贷款的学生。断了无偿贷款的“奶”，开通了社会化贷款进校园的路，又对学生予以部分奖励，帮助分担学生付息压力，这些措施无疑对推动社会化助学贷款起了很好的作用。

由此可见，在高校推行社会化贷款制度，首先要大学生转变观念，树立贷款上大学意识，同时社会必须建立一套科学的贷款机制和偿还机制。

（原载《中国教育报》1997年12月31日第3版，《新华文摘》1998年第3期全文转载）

学校的师生关系怎么样？

——新时期中小学师生关系大调查（之一）

全面推进素质教育，是当前我国现代化建设的一项紧迫任务，是我国教育事业的一场深刻变革。素质教育关系到每一个孩子，关系着创造性人才的培养，关系着我国教育的未来。教育是一种复杂的社会行为，也是在群体约束下的个体行为。实施素质教育，教师是关键。素质教育的关键问题是师生关系问题，师生关系是教学过程中的核心问题。因此，大力推进素质教育，没有教师积极参与课程和教学改革是行不通的，不解决好师生关系这一教学过程中的核心问题是不行的。在当前条件下，搞好素质教育，除转变观念外，师生关系问题不可忽视。为此，在有关专家学者的大力支持下，我们利用近一年的时间，组织人员对新时期中小学师生关系问题进行了大调查，此项调查旨在引起教育行政部门、学校、教师、家长以及社会对这一问题的广泛重视和研究，以全面推进素质教育的开展。

——题记

师生关系是一个动态的行为，由于社会经济发展等多方面因素的影响，在每一个时期有着不同的表现。研究新时期的师生关系对于推进素质教育，培养21世纪的创新人才，推动教育教学改革，提高教育教学质量和水平，促进孩子们的健康成长都有着重要的意义。

教师是“人类灵魂的工程师”，教师职业被誉为“太阳底下最崇高的职业”。教师在教育过程中有着特殊的不可替代的地位和作用，专职教师的出现，导致了人类教育史上的第一次革命。因此，教师对于学生的知识教育和人格培养作用，是任何人，包括社会、父母都不能替代的。而良好的有利于学生创新意识和创新能力培养的师生关系，不仅是教学过程的核心，还是素质教育深入推进的关键所在。

本次中小学师生关系调查采取问卷的形式，问卷内容涉及师生心理、行为、行动、情感以及课堂教学和日常生活、休闲等师生关系的方方面面。为了使问卷调查科学有效，在有关教育专家的指导下，我们制作了学生卷、教师卷、家长卷三个版本。根据我国教育发展的现状，我们选取发达地区、中等发达地区和贫困边远地区，即上海市、湖南省和宁夏回族自治区三个省份抽样调查，在同一省份又选取城市、城郊接合部、农村等不同地域的小学、初中和高中校进行了调查。调查共发放问卷6000份，其中学生问卷3000份，回收率76.5%；家长问卷1500份，回收率70.9%；教师问卷1500份，回收率77.2%。

从问卷调查结果看，新时期我国中小学师生关系总体上体现出师生间尊师爱生的优良传统，体现出教师敬业、乐教、爱生，学生尊师、好学，家长重教重学的特点。同时，也应看到，随着我国社会主义市场经济的发展，知识经济时代的到来，以及社会就业对知识层次要求的提升，社会家庭对学生期望值的增大，新时期的师生关系发生了明显变化，表现出的倾向性问题是教师高压，学生厌烦，学生负担过重，师生感情产生隔膜，师生之间知识传递的渠道在拓宽，而感情沟通渠道在缩小。请看来自第一线的调查报告。

一、学生对学习生活感受怎样？教师现在从教的心情好吗？

从学生调查问卷看，在回答“你觉得学校里的生活”如何时，57%的学生认为很有劲或比较有劲；38%的学生认为说不清或不大有劲；认为很没劲的仅占5%。在回答“你觉得下课和平时与老师在一起”的感受时，认为很开心和比较开心的占48%，无所谓开心不开心的占40%，不大开心和很不开心的占12%。对“大多数老师上课的感觉”，认为很愉快和比较愉快的占66.8%，说不清的占23.2%，不太愉快和很不愉快的占10%。

而从教师问卷看，在回答“你觉得自己做教师目前心情”如何时，10.4%的教师认为心情很舒畅，38.5%的教师认为比较舒畅，32.7%的教师认为还算舒畅，14%的教师认为不太舒畅，4.4%的教师认为很不舒畅。在回答“你觉得与学生在一起的感觉”时，教师认为很愉快和有愉快感觉的占71%，无所谓感觉的占8.3%，有令人讨厌的感觉的占0.4%，愉快还是讨厌视不同学生而定的占20.3%。从问卷调查看，绝大部分师生对学校学习、生活、工作的感觉和心态是比较好的。

二、学生家长对教师满意程度，教师对自我形象感觉如何？

关于学生对教师的满意程度，在回答对班主任的印象时，学生认为自己的班主任很好和比较好的占73.5%，一般的占18.7%，不大好和很不好的占7.8%。回答对班主任很喜爱和比较喜欢的占63%，说不清的占23.8%，不大喜欢和很讨厌的占13.2%。关于对全体任课教师的满意程度，从回收问卷看，对全体教师很满意的占20.1%，大部分满意、个别不太满意的占65.4%，少数满意、多数不满意的占7.2%，很难说满意还是不满意的占6.7%，都不满意的占0.6%。关于家长对教师的满意程度，从回收问卷分析，88.5%的家长表示很满意和比较满意，7.9%的表示说不清，3.6%的表示不太满意和很不满意。

从教师问卷看，在回答“您觉得自己在学生心目中的形象”如何时，88.4%的教师认为很好和比较好，11.3%的认为一般，0.3%的认为不怎么好。在回答“您觉得学生对老师的信任”问题时，教师认为所有学生都很信任自己的占14%，认为大部分学生信任自己的占76.2%，认为部分学生信任自己的占5.2%，认为少数学生信任自己的占1.7%，认为说不清楚的占2.9%。在回答“您觉得自己的性格、情趣、爱好等在教师岗位上”很适合和比较适合的占68.5%，基本适合的占23.8%，不太适合和很不适合的占7.7%。从调查问卷分析，学生和家长对教师的满意程度与教师的自我感觉基本相当。

三、学生有心里话向谁说？教师能和学生成朋友吗？

学生在回答“你觉得自己有心里话时最想找谁说”时，回答最想找班主任或最想找某位教师的仅占4.8%，最想找父亲或母亲说的占12.2%，最想找要好的同学或朋友说的占67%，找不到要说的人的占15.9%。

在家长问卷中，回答“您孩子有心里话喜欢跟谁说”时，41.5%的家长认为孩子跟同学朋友说，2%的家长认为孩子跟教师说，36.5%的家长认为孩子跟父母说，20%的家长认为孩子跟谁也不说。在回答“您的孩子最愿听也最相信的是谁的话”时，家长认为孩子听教师话的占50.4%，听朋友话的占9.2%，听父母话的占32.9%，听电视或报刊上的占5.9%，听明星的占1.6%。

在教师问卷中，回答“在与学生交知心朋友问题”时，61.2%的教师表示很愿意和所有学生交朋友，20.9%的教师表示只能与一部分学生交朋友，5.3%的教师表示只能与少数学生交朋友，8.6%的教师表示不存在与学生交朋友问题，4%的教师表示说不清楚。由此可见，教师、家长的自我感觉和良好愿望与学生的思想实际还有一定的差距。调查表明：61.2%的教师很愿意与所有学生交朋友，而仅有4.8%的学生有了心里话最想找老师说，这样老师和学生能成为朋友吗？这个问题值得教师、家长、其他教育工作者以及教育行政部门深思和研究。

四、学生有困难首先想到找谁？12.3%的学生想到找教师

从学生问卷看，在回答“你在学习、生活中遇到了困难，需要别人帮助的时候，你首先想到的是找谁?”时，12.3%的学生回答找班主任或找某位教师，10.8%的学生回答找父母，60.5%的学生回答找同学，16.4%的学生回答找其他人。在回答班主任对自己的关心程度时，认为班主任对自己很关心或比较关心的占57%，一般的占34%，不太关心的占7%，很不关心的占2%。认为班主任以及其他任课教师对全班同学都很喜爱的占17.9%，喜爱大部分同学的占37.9%，只喜爱少数同学的占25.2%，都不太喜爱的占1.4%，说不清的占17.6%。

五、教师工作是职业、专业还是事业？把工作当作专业的仅占3.1%

在教师问卷中，就“您认为在中小学做教师是一项职业、专业还是事业”的问题，表示把教师工作当作一项职业干的占50.2%，把教师工作当作一项专业干的占3.1%，把教师工作当作一项事业干的占46.8%。上海、湖南、宁夏三个不同省份的调查结果显示，越是发达地区教师的事业感越强，越是贫困地区教师的职业感越强。但无论是发达地区，还是贫困地区，教师均缺少专业感，缺乏专业意识（见表1）。从不同教龄阶段教师对这一问题的认知情况分析，刚工作的青年教师和教龄在20年以上的老

教师的事业感强，教龄在 6 到 20 年之间的中青年教师的职业感强，而青年教师的专业意识比老教师强（见表 2）。

表 1　不同地区中小学教师对教师是职业、专业、事业的认知情况

地区	职业		专业		事业	
	人数（人）	百分比（%）	人数（人）	百分比（%）	人数（人）	百分比（%）
上海	143	41.6	11	3.2	190	55.2
湖南	186	51.7	12	3.3	162	45.0
宁夏	243	55.7	12	2.8	181	41.5

表 2　不同教龄教师对教师是职业、专业、事业的认知情况

教龄	职业		专业		事业	
	人数（人）	百分比（%）	人数（人）	百分比（%）	人数（人）	百分比（%）
5 年及 5 年以下	98	48.0	10	4.9	96	47.1
6—10 年	93	50.0	11	5.9	82	44.1
11—20 年	221	57.1	9	2.3	157	40.6
20 年以上	160	44.1	5	1.4	198	54.5

六、教师最关心学生什么？教师眼中学生的学习情况

学生问卷中，在回答“你认为老师平时对同学关心的好的方面是什么”时，学生被要求从思想品德、学习成绩、学习能力、身体健康、心理健康、同学友爱、爱好特长、课余生活 8 个选项中依次选取 4 项。从回收的有效问卷看：①首选项为思想品德时，学生认为教师关心思想品德的占 60.9%，关心学习成绩的占 32.1%，关心学习能力的占 3.1%，关心身体健康的占 1.4%，关心心理健康的占 1.5%，关心同学友爱的占 0.4%，关心爱好特长和课余生活的各占 0.3%。②将学习成绩作为首选项时，学生认为教师关心思想品德的占 7.3%，关心学习成绩的占 52.6%，关心学习

能力的占 23.4%，关心身体健康的占 7.6%，关心心理健康的占 5.4%，关心同学友爱的占 1.9%，关心爱好特长和课余生活的占 1.8%。③以学习能力为首选项时，学生认为教师关心思想品德的占 7.6%，关心学习能力的占 29.7%，关心身体健康的占 22.3%，关心同学友爱的占 8.7%，关心爱好特长和课余生活的占 2.2%。④将心理健康作为首选项时，学生认为教师关心学生心理健康的仅为 22%，关心同学友爱的为 21.4%。

教师问卷中，在回答“您觉得学生现在读书、学习情况”如何时，19.6%的教师认为学生学习很轻松或比较轻松，24.5%的认为不轻松也不吃力，44.4%的认为比较吃力，11.5%的认为很吃力。

七、家长为孩子选学校还是选教师？眼下给教师送礼的家长多吗？

家长问卷中，在回答“如果可能，您愿为孩子选择的学校”的问题时，家长回答选择学校有名气，但班主任很一般的仅占 6%；选择学校很一般，但班主任特别负责的占 82%；选择大多数教师教学很有水平，但对学生关心很一般的占 12%。从上海、湖南、宁夏三个不同省份综合分析，无论是发达地区还是贫困地区，与择校相比，学生家长更愿意选择教师。由此可见，在全面推进素质教育的今天，教师队伍建设以及教师素质的提高，显得特别重要。

关于学生家长给教师送礼的看法，在回答“节日或老师有红白喜事，您的态度”时，只有 3.2%的家长表示设法给教师送礼，21.9%的家长表示可打电话问候一下，54.5%的家长表示让孩子看着办，20.4%的家长表示不管。

八、学生对家教的感受，家长、教师对家教的态度

从学生问卷看，在回答“据你知道，同学们接受‘家教’最主要的原因”时，认为教师的课上得好的占 3.4%；认为教师的课上得还可以，同学在学习上还有困难的占 50%；认为教师的课上得还可以，同学自己还想更上一层楼的占 30.5%；认为与教师的上课无关，主要是想再多学一些的占 16.1%。在回答“接受‘家教’的感受”时，认为很有帮助的占 18%，比较有帮助的占 61.3%，很少有帮助的占 14.7%，没有什么帮助的占 6%。在回答“同学接受家教”的原因时，认为是父母强迫的占 14%，是教师建议的占 10%；父母要求、自己也愿意的占 61%，父母没要求、自己提出的占 15%。

家长在回答“父母出钱，让孩子接受‘家教’或学校补课的态度”时，家长完全赞成的占 41%，认为适度可以的占 49%，说不清的占 3%，认为没办法的占 4%，反对的占 3%。在回答“您的孩子接受‘家教’的情况”时，回答从来没有接受过的占 39.4%，很少接受的占 38%，经常接受的占 22.6%。

教师在回答“您对教师业余时间进行有偿‘家教’的态度”时，54.8%的教师回答既理解也赞同，28.8%的教师回答可以理解但不赞同，2%的教师回答不理解但赞同，2.8%的教师回答坚决反对，11.6%的教师回答说不清。在回答“您觉得让学生去接受课余的有偿‘家教’对学生”的影响时，教师认为很有帮助的占 13%，认为有所帮助的占 70%，认为无所帮助也无什么危害的占 7%，认为不但无帮助而且很有害的占 4%，认为说不清的占 6%。

九、教师教学工作作风民主吗？最理想的师生关系是什么？

学生在回答“你或你的同学有了缺点或错误，你觉得教师的态度”时，63%的学生认为教师的态度比较宽容，但要求是严格的；9%的学生认为教师比较宽容，但要求不太严格；20%的学生认为教师要求很严格，但是不宽容；8%的学生认为教师没有什么要求，仅批评教育而已。在回答“你或你的同学在课堂上或平时，在某些问题上的看法与教师不一样时，你觉得教师的态度如何”时，认为学生有自己的看法教师很高兴的占75%，认为学生有看法教师不太高兴的占13.7%，认为教师想方设法把学生的看法压下去的占11.3%。在回答“你们学校里是否有教师对同学体罚或变相体罚（如罚站、罚抄书、罚写字等）”时，学生回答一位教师也没有的仅占18.3%，回答有极少教师的占40%，回答有一些教师的占33.2%，回答有很多教师的占8.5%。

教师在回答“课堂内外，在某些事情上，当学生与您的看法不一致的时候”时，教师认为很高兴，鼓励学生发表自己看法的占64.3%；无所谓高兴不高兴，但是允许学生发表自己看法的占32.8%；不高兴，有限度地让学生发表自己看法的占2.4%；很不高兴，不能容忍学生有不同看法的占0.5%。教师回答“您在教育教学活动中，很多事情”与学生商量的占61%，很少与学生商量的占31.8%，不与学生商量自己作决定的占7.2%。在回答“有人认为适当体罚是必要的，您的看法”时，教师反对对学生的任何形式体罚的占34.7%，认为可以理解但不参与的占38.3%，认为体罚确有一定效果，不能盲目反对的占27%。

最后，在回答本次调查问卷针对学生、老师、家长共同设置的“您对目前的师生关系是否满意？为什么？”“您认为怎样的师生关系是比较满意的？请谈谈看法”等问题时，根据问卷抽样分析，学生对目前师生关系满意的占27%，比较满意但认为不足的占34%，不满意的占24%，认为一般的占2%，拒绝回答的占13%。满意的理由是“因为自己学得轻松开心、效果也不错”，“因为老师不仅注意在课堂上认真教学，在课外也注意同我们进行一定的交流，能理解我们的心理，对错误能正确引导”。不满意的理由是“老师对我们不了解，不知道我们的想法，而只关心学习成绩”，“师生之间没有交流，互不理解”，“因为老师只是对个别同学很关心，对有钱、有权的学生家长利用他们为自己办私事而格外优待，当个别同学犯错误时，有时会进行讽刺挖苦”。

学生认为比较理想的师生关系应当是：“老师同学互相帮助、成为朋友、共同进步。”“老师应该不仅在课堂上在学习上关心我们，在课外也能和我们友好相处，不要时时摆出一副老师的架子，对成绩好或差的同学一视同仁。我们学生要对老师尊重，有困难能向老师诉说。对老师不要有恐惧感。”“老师能真正理解学生，师生间做到‘上课是师生，下课是朋友’，学生能体谅老师的苦心。”“融洽、无隔膜、坦诚相见。”“在平时是朋友，在课堂是师生，互相尊重，互相理解。”“老师爱学生，学生尊敬老师。”

教师认为比较理想的师生关系是：“互相理解、互相信任、互相尊重，建立起民主、平等、亲密的新型师生关系。” “课上是老师、课下是朋友。”

家长认为比较理想的师生关系是：“上课时应该是老师，课余时像朋友。”“既是师生关系，又是朋友关系。”“孩子心中信任老师，有心里话也愿意跟老师说。” “老师爱同学，同学尊敬老师，老师与同学像朋友一样。”

从调查问卷分析，无论是学生、教师，还是家长，大家认为最理想的师生关系是师生之间能成为朋友，课堂上是师生，平时是朋友，互相尊重，互相理解。学生应当尊敬教师，教师应成为学生的“良师益友”。

在“您认为现在的师生关系与您在做中小学生时感受到的师生关系相比，情况如何”的回答中，从教师问卷抽样分析，教师认为现在的师生关系“与以前相比，复杂得多，自己当学生时，对老师即使有意见，也绝对服从，现在的学生思想活跃，想法很多”，“多了势利，少了真诚”“很难沟通理解”。也有教师认为“比过去淡漠”。从家长问卷看，11.3%的家长认为没有多大进步，22.9%的家长认为差不多，8.3%的家长认为教师太讲物质利益，7.7%的家长认为差多了。

百年大计、教育为本，教育工作直接关系到祖国的未来，教师所从事的工作直接关系着下个世纪民族的命运。全新的教育观念，科学合理的教育思想、教育模式和教学方法以及良好的师生关系，对于培养21世纪创新人才和塑造学生健康人格有着重要的作用。特别是在我国全面推进素质教育的今天，师生关系这个教学过程中的核心问题不可忽视。

（原载《中国教育报》1999年9月1日第1版）

师生关系解读

——新时期中小学师生关系大调查（之二）

在教育过程中，教师是教育教学活动的主体，学生是学习活动的主体。只有做到教师主体和学生主体亲密合作，才能取得良好的教育效果，这是实现素质教育的前提。

——题记

这次师生关系问卷调查，从学生问卷反映的情况看，当学生遇到困难的时候，只有12.3%的学生首先想到教师，“心里有话要说的时候”，只有4.8%的人找教师说。而从教师问卷调查出的一些结果看，却有90.2%的教师认为“所有学生”或者“大部分学生都很信任”自己，而且确实有82.1%的教师愿意与“所有学生”或者“一部分学生”交朋友。而当问到“有人认为，对学生适当的体罚是必要的”时，居然有65.3%的教师表示“可以理解”，或“确有一定效果”。对此，上海市教育科学研究院副院长顾泠沅教授分析说，现在我们中小学师生关系的状况，用一句话来概括，是知识传授的渠道在拓宽，感情沟通的大门在缩小。

这绝不是危言耸听，细细一想，这个概括真的很准确，很生动。在教育过程中，教师是教育教学活动的主体，学生是学习活动的主体。只有做到教师主体和学生主体亲密合作，才能取得良好的教育效果，这是实现素质教育的前提。所以，教育，特别是中小学教育，不仅是一种传递知识的教育，还是一种爱的教育。中小学生具有很大的可塑性，教师良好的教育对学生世界观的形成及人格完善有着重要的作用。因此，在上海就有校长提出了“一切为了学生，为了一切学生，为了学生一切”的办学思想。

一、真心诚意地关心学生，为什么走不进他们的心？

“教师应当尽一切可能关心、帮助每一位学生。”对这句话，有89.3%的教师是赞同并力求做到的，而且有61.2%的教师真心诚意地愿意与学生交朋友，有71%的教师认为与学生在一起“很愉快”和“有愉快的感觉”。而且从学生问卷和家长问卷来看，对教师比较满意的比例也较高，家长达88.5%，学生达85.5%。但“关心”和“满意”的结果似乎并不理想，比如学生有心里话要说的时候，有困难需要人帮助的时候，很少去找教师。从我们调查的另外几组数据来看，也能说明这个问题。比如学生问卷中，有25.2%的人认为教师只喜爱少数学生；有40%的人认为与教师在一起，无所谓开心不开心；有 85.6%的人说教师“很少”或“从来不参加”学生的课余活动和游戏；有 61%的人认为教师与学生“接触不多”或“很少接触”；有 50.7%的学生认为教师对自己“了解不多”或“很少了解”；学生有自己的看法时，13.7%的学生感觉“教师不太高兴”。而当问到“你们学校里是否有教师对学生体罚或变相体罚”时，只有 18.3%的学生回答说“一位教师也没有”。这样一种现状，教师即使有再好的愿望，有再美的设想，也是没法实现的。与学生真心实意交朋友，让他相信你，尊敬你，与你无话不谈，非一朝一夕之功，是要付出情感、付出代价的。

调查中，有位家长给我们讲述了这样一个故事：有一个小男孩，特别聪明好学，但胆子比较小。有一天，班上一个学生丢了东西，老师立即现场查问，当问到他时，胆小的他脸“腾”地一下就红了，这个自以为是的老师马上宣布：“我知道是谁偷了，最好他自己承认。”边说边拿眼睛望着小男孩，他脸更红了，班上同学似乎也明白是怎么回事了，也都一齐看着他，小男孩窘极了。这还不算，下课了，那位老师又把小男孩叫到一边：“是不是你拿了？”孩子有口难辩，只知道哭。于是这位老师居然就向全班学生宣布，东西是这个小男孩拿的！从此，小男孩再也不爱读书了。当然，也许这个故事极端了一点，但生活中，这种比较武断的教师是很多的。试想，如果这样对待学生，与他们对话都困难，何谈走近他们？更不用说走进他们的心灵深处了。

教师也有自己的苦衷。一位有 16 年教龄的教师说：“我当学生时，对老师即使有意见，也绝对服从。哪像现在的学生，思想活跃，想法很多。”另一位青年教师的回答是，现在的学生“很难沟通和理解”。学生们则认为：“老师对我们不了解，不知道我们的想法，大多只关心我们的成绩。”“老师只关心个别同学。”“有许多老师都不认识他们的学生。”

与学生沟通不够，又觉得自己担负的责任重大，不能误人子弟，时时渴望学生成才、有出息，但一切又不一定如愿；学生不听话，工作生活又有那么多压力，说不定还与领导同事闹矛盾，这种种，怎能使一些教师有好心情？所以“对学生适当的体罚”，38.3%的教师“可以理解”，27%的教师认为“确有一定效果，不能盲目反对”。而且令人深思的是，越是不发达地区，这两项比例越高，如宁夏，分别是40.3%和34.2%。这也许从某一个方面说明，城市或者发达地区，教师对学生体罚还是有所顾忌的，或者说教师对学生的惩罚方式要文明一些。但是据我们个别调查，教师们在回答这个问题时是有所保留的。有一位教师在我们一再保证不说出其姓名和所在学校名时，告诉我们，现在不应该调查是否有体罚现象，而要调查还有哪所学校没有体罚现象。

二、多数教师热爱教师职业，为什么把它当专业努力钻研的不多？

本次调查回收的有效教师问卷共1140份，其中高中教师占40.4%，初中教师占47.9%，小学教师占10.4%，看不出是中学还是小学教师的问卷占1.3%。从教龄来看，11—20年和20年以上的教师比较多，分别占30%以上；从职称来看，中高级职称的教师比较多，达68%。按说被调查者整体水平和素质是高于全国中小学教师平均水平的，可是当被问到“您认为做中小学教师是职业、专业还是事业”时，选“职业”的占50.2%，选“事业”的占46.7%，而选专业的只有35人，占3.1%。这说明，我们有将近一半的教师仅仅是将自己所从事的教师工作作为养家糊口的手段，作为一种职业。这就提出一个值得深思的问题。如果一个人将自己所从事的工作仅仅当作一种职业，而不倾注情感和心智，那么他顶多只能成为一个“匠人”而已。用到教书上来说，他就只能成为一个“教书匠”。学校是教书育人的地方，培养出来的“产品”是特殊的，是具有知识、思想的人才，如果教师只是机械地照本宣科，怎么可能培养出高质量的人才？难怪有专家撰文大声疾呼：“现在大多数教师缺的不是知识，而是对学生的情感和爱心。”

做教师，是一种谋生的手段，还是一份伟大的事业？值得用毕生精力去追求吗？长期以来，可能我们很多教师都是自觉或不自觉地在这两者间徘徊，或者两者兼而有之。对自己要求高的，能把它当作一份事业就很不错了，而很少有人想到，做教师的最高境界是把它当作专业，做教师最快乐的事是穷尽毕生之力，研究如何做一名最优秀的、最受学生欢迎的教师，而这方面恰恰是我们现在所缺少的。难怪全国有1000多万名中小学教师，真正称得上教育家的却很少。事实上，做教师有许多的学问，其间有许多东西可钻研，有许多东西可探讨，只要努力，也能作出了不起的成绩，也能成为专家学者。过去，我们的教育行政部门很少有这样的要求。"热爱教师这份工作，对学生充满爱心，教学质量高，这就足够了。"难怪有的教委主任就曾经这样要求他手下的教师。也许在过去，人们这样评价一位教师——能恪守职责，有着崇高的事业心——就是一名好教师。然而在知识经济时代，仅有这些已经不够了，时代呼唤具有更多专业特长的专家型的优秀教师。

这三种对教师工作不同的选择，对教师的日常教学有极大影响。如问到"您觉得自己做教师，目前的心情"时，把教师当作职业的教师（以下简称"职业者"）中，认为"很舒畅"的仅占4.7%，"比较舒畅"的占29.2%，"很不舒畅"的占7.2%；把教师当作事业的教师（以下简称"事业者"）中，与此相对应，则分别是16.3%、48.8%、1.7%；而把教师当作专业的教师中，则没有一个人"很不舒畅"。此外，在与学生交朋友的问题上，"职业者"只有56.9%的人愿意与学生交朋友，"事业者"却有70.9%的人愿意；当与学生看法不一致时，只有55.9%的"职业者"很高兴，鼓励学生发表自己的看法，"事业者"却有72.2%；在教育教学活动中，"职业者"只有55.9%的人与学生商量，"事业者"却有65.9%；在关于是否能对学生适当体罚方面，"职业者"只有24.7%的人反对，"事业者"反对人数占比则达44.7%。从以上种种可以看出，教师对自己的工作认可与否，用心与否，投入与否，对他们的整个教育教学工作有极大的影响。

三、家教获得赞同，家访为何举步维艰？

不知从何时起，请家教现象在一些地方风起云涌，“家教”这个曾经有些奢侈的活动，现在也经常成为老百姓街谈巷议的话题，成为社会、家长关心的问题。在本次教师问卷调查中，教师对业余时间进行有偿家教表示“赞同的”或“可以理解的”达 83.6%，觉得学生请家教“很有帮助”和“有所帮助”的占 83%；与此相对应，在家长调查问卷中，90%的家长赞同和比较赞同家教；而在学生调查问卷中，关于请家教的原因，有 75%的学生告知是“父母强迫”或“父母要求”，但学生们并不乐意请家教，真正自己提出的只占 15%。而且越是贫困地区，教师乐意做家教的越多，比如“赞同”家教的老师，上海仅 36.7%，宁夏则达 62.4%；认为家教对学生“很有帮助”的，上海仅 5.2%，湖南和宁夏则分别为 15.9%和 14.9%。但与此相反的事实是，贫困地区学生请家教的情况比发达地区要少得多。如宁夏，“孩子从来没请过家教的”是 44.8%，上海是 31.5%；请家教“全班人数很多”或“一半以上的”，上海是 23.4%，湖南是 5.2%；完全赞同家教的家长湖南是 44.6%，上海是 35.5%。可见，越是贫困地区，教师越愿意做家教，因为这样做“既可以把升学率搞上去，又可以赚点钱补贴家用”。调查中，教师们袒露了自己的心迹。贫困地区的家长也更愿意让孩子接受家教，“望子成龙”之心比发达地区更甚，对家教的依赖程度也更高。出于经济等原因，实际上贫困地区学生接受家教的却较少，而发达地区学生接受家教的反而多。

对于家教，教师和家长都有要求，那么家访的情况又怎样呢？调查中，只有 1.1%的教师认为“没有必要进行家访”，但从学生问卷和家长问卷来看，教师的认识是一回事儿，实际行动又是另外一回事儿，事实上如今教师进行家访的很少。如有 62.3%的家长告诉我们“老师从来没有家访过”，对于教师与家长联系，80%的学生回答是“请家长到学校”或者“电话联系”。当年那种教师走家串户家访的景象只怕是一去不复返了。有人说，是飞速发展的电信事业和日益淡漠的人际关系使然；也有人说，是竞争的日益激烈和人们价值取向的日益多元化所致。一些教师不同意这种种说法。他们说：家访肯定得用业余时间，而这个时候，我们多用来备课、改作业。现在都说学生压力大，实际上教师更不轻松，这个考试那个检查的，每天把你搞得晕头转向，哪还有时间家访？而且现代社会人们也挺讲效率的，能打电话解决的事，何必非得跑一趟？

家访挺难的，那么做家教为什么又有时间和精力呢？有的还不惜跑很远的路，看来还是利益驱动在作怪。

四、教师让学生送礼、干私活等现象，为何不如人们所想象的那么严重？

“过节了，是不是给老师送点礼呢？”“你孩子要评‘三好’啊？可能得对老师表示表示。”也许许多家长有过这样的对话，于是有人说，现在的师生关系太讲物质利益了，但这次调查的结果却大大出乎我们的意料，三套问卷均显示：学生给教师送礼的并不多，教师以权谋私的也较少。如学生问卷，“对班主任或其他教师节假日或家有红白喜事的态度”，送礼的学生仅占 8.9%，55.6%的学生是“送卡片或口头慰问”；55.8%的学生认为老师“对有钱有权家长”是“一视同仁”的。与此同时，43.7%的教师“家里的事根本不让学生知道”，60.6%的教师认为对“家有背景”的学生应“一视同仁”。从家长问卷看，虽然有 77.4%的家长认为“孩子老师求您办私事”“应该帮忙”，但真要布置了的话，有 74.6%的家长也只是“看着办”。当然，也有 22.7%的家长“不敢打半点折扣”。以上情况说明，原来社会上的种种说法，如“不给老师送礼，孩子要吃亏”“老师喜欢有钱有权人家的孩子”等，并不是普遍现象；相反，还较少。

为什么人们会形成这种印象，事实上这种现象又不如人们所想象的那么严重呢？有个专门研究教育的家长跟我们解释：如今社会风气就这样，家长们难免有这样的想法，何况学校又不是真空地带，总有个别教师贪图小利“因小失大”，再加上“好事不出门，坏事传千里”，社会上一些人因此推断出学校也是个“太讲物质利益”的地方，事实上根本不是那么回事儿。“拿学生的东西，求学生给自己办事，我还怎么教育学生?”有教师这样解释自己的“拒礼”行为。

中小学师生关系是个复杂的话题，很多现象我们也无法解释清楚。也许，还得请专家从教育学、心理学、社会伦理学等方面进行理论上的分析与解答。

(原载《中国教育报》1999年9月2日第2版)

思考师生关系

——新时期中小学师生关系大调查（之三）

优化中小学师生关系是关系贯彻落实党的教育方针、深化教育改革、全面推进素质教育的大问题，对于提高教育质量、教学效益和促进学生成长具有重要意义。

——题记

究竟什么是师生关系？

这一从调查起始到现在一直盘踞我们心头的命题，或许可以有许多学术化的定义，但是最令我们心动的比喻还是小时候就知道的一个谜语：无色、无味、看不见、摸不着，但又无处不在，而人却一秒钟都无法离开它——空气。

确实，这次三个省份的中小学师生关系大调查，使我们对师生关系的重要性有了更深刻的认识。师生关系对于教育质量、教学效益和学生成长的重要意义，丝毫不亚于空气对人的价值。

面对调查得出的大量数据和个案访谈时校长、教师、家长、学生和科研人员的关切，尽管我们的思考还不成熟，研究尚未深入，但我们还是愿意把我们的所思所虑写在这里。

一、师生关系由相应的教育关系所决定，核心是教育观念

说这番话的是上海市闵行区教育局局长陈儒俊。

初闻此话，感觉颇有点刺耳，说得太重，但是随着调查的进行，事实让我们相信此话当真。一位女儿在寄宿制幼儿园的家长向我们讲述了一个真实的故事：周末他把女儿从幼儿园接回家，发现孩子把家中所有的布娃娃都整整齐齐地摆放在地板上，让娃娃们睡觉。4 岁的小女孩不时地用手指着这个娃娃狠狠地说："为什么还不把眼睛闭上！"一会儿用毛巾把娃娃从头到脚捂个严实："看你睡不睡！"该"起床"了，女孩不是骂这个动作慢，就是责怪那个讲话，动作语气非常成人化。家长说，4 岁的孩子，如此这般的言语和行动，真让他感到害怕。

在现实的生活中，学生小干部倒背着双手，对这个同学指指点点，对那个同龄人批评两句已是司空见惯的现象，如稍加注意，就会发现在他（她）的周围，必有一个这样的教师！

如果我们仅仅从上述事例本身来关注师生关系问题，显然是远远不够

的。《上海教育科研》杂志副主编张肇丰在接受记者采访时认为，调节和优化中小学师生关系，是关系到党中央、国务院提出的深化教育改革、全面推进素质教育这一跨世纪教育改革发展战略目标能否实现的大问题。

在调查过程中，我们注意到上海、湖南和宁夏三地，近年来教育经费投入增长较快。以上海为例，1998 年的教育经费已达 150 亿元左右，其中义务教育阶段学校的经费投入上百亿元，教育的基本设施和基础条件已得到根本性改善。与此同时，政府投入相当数量的经费用于培训教师，推进课程教材的改革，改善教师工作生活条件。但是在巨大的教育投入的同时，教育的效益或者说教育质量并没有如人们所预期的那样产生同比增长的效应。有专家分析认为，虽说人们的这种“期望”并不科学，因为教育的投入与产出是个非常复杂的理论问题，不能用简单的 1 元钱换一个茶叶蛋这样的算式计算，但仍有其合理的一面，因为增加教育投入的目的，就是提高教育质量和效益。这位专家认为，教育投入的“损耗”主要在于师生关系不和谐这一症结。

其实，在教育史上有无数的事例可以说明师生关系的重要性及其价值特性。抗战时期的西南联大，是我国现代教育史上办学条件最艰苦，而培养出的杰出人才最多的学校之一；学生由于崇拜自己的老师而走上与老师相同的科学探索道路的事例，更是不胜枚举。这一切，无不体现出教师人格、人品魅力对学生成才的深远影响。

现代教育不能没有教育条件和教学设施，但是优良的教育装备，并非必然产生高质量的教育。师生关系很有点像电路适配器，相同的教育条件、教育对象，通过一定的师生关系配置，或许能爆发出强劲的教育能量，产生积极的教育效益，或许完全相反，会产生短路，使学生厌学。

一定的师生关系，其实是由相应的教育关系所决定的，其核心是教育观念。《中共中央国务院关于深化教育改革全面推进素质教育的决定》中明确指出：“实施素质教育，就是全面贯彻党的教育方针，以提高国民素质为根本宗旨，以培养学生的创新精神和实践能力为重点，造就‘有理想、有道德、有文化、有纪律’的、德智体美等全面发展的社会主义事业建设者和接班人。”应试教育与素质教育作为两种完全不同的教育价值观，它对师生关系的要求是根本相反的。在应试教育背景下，师生关系是主从型的，因为无论从知识传授的方法、途径，还是从目的来分析，它只需要学生无条件地接受，学生在教育关系中只是储存知识的容器。而素质教育强调激发学生独立思考和创新的意识，让学生感受、理解知识产生和发展的过程，培养学生的科学精神和创新思维习惯，重视培养学生收集处理信息的能力、获取新知识的能力、分析和解决问题的能力、语言文字表达能力以及团结协作和社会活动的能力。因此，在全面推进素质教育的过程中，重视和研究师生关系问题，不仅有迫切的现实需求，更有深远的历史使命要求。

二、师生关系的内涵与外延都已发生了变化，我们有相应的对策吗？

毋庸讳言，对师生关系，社会时常有责难之声，即使在教师中间，自我评价也并不完全良好。我们这个调查的最初萌生，就是缘于一位教师“今不如昔”的感叹。他问道，为什么现在的教师在学生心目中的位置这么靠后？为什么现在的学生与20世纪五六十年代的孩子不一样，总爱在背后议论教师？为什么教师依然苦口婆心，而学生却我行我素？

通过这次三个省份的问卷调查和个案访谈，我们发现除了社会大环境的原因外，主要是时代的变化使师生关系的内涵和外延都发生了新的变化。

首先，20世纪五六十年代，教师群体是社会成员中文化知识水平最高、最集中的群体，家长和学生大都处于低文化层面，因而形成了对教师尊敬、尊重甚至是依赖的关系。而经过三四十年的发展，受教育人口逐渐增加，特别是改革开放二十年来，国内外文化交流机会大增，在大中型城市中家庭文化层次迅速提高，家长、学生对教师的依赖在减弱。同时，社会其他人群的文化层次迅速提高，相比之下，教师文化学历层次提高缓慢。

其次，现在学生与20世纪五六十年代的学生相比，其接收信息的渠道明显增多。有调查表明，现在学生接收信息的渠道首先是电视、广播、书籍、报刊等媒体，其次才是学校教师和教学。现实社会生活信息的丰富多彩与教学内容的艰深、抽象和相对封闭，使学生更乐于接受前者。与此同时，教师由于工作繁重等因素，社会生活信息量严重不足。我们在一所中等偏上质量学校调查时，教师坦率地承认在计算机技术应用能力、流行时尚及畅销书阅读等方面明显落后于学生。

最后，随着社会经济的发展，人民生活水平的提高，学生身心发育提前，各年龄段学生对教师的评价和交流需求差异明显。对小学生而言，他们关心教师对自己的关爱，特别是当众表扬、亲切地抚摸等言行表露；而中学生关注教师的外表形象和能力，如口齿伶俐、有幽默感、写一手好字、衣着得体等；高校学生则愿意与有才华的教师交往和交流。同时，各年龄段的学生无一例外地表现为独立性增强。

基于以上分析，上海市教育科学研究院的研究人员廖大海认为，建立符合时代要求，适应教育需要的新型师生关系，应该成为教育教学研究中的一项重要课题。这项既有很强的理论性，又有明显的实践性的研究课题，确实亟待有识之士“一马当先”地去承担。

优化新时期的师生关系，需要相关的理论研究成果的诞生，但是，这绝不表明教育行政管理部门和校长可以无所事事，相反，在教育管理和教育机制改革上大有文章可做。

在上海市新黄浦实验学校，我们了解到一个案例：一位青年教师在课内打了一个学生一记耳光，校领导在获知后的十分钟内立即赶到教室，进行现场调查和取证。确认事实后，校方立即与青年教师和学生家长取得联系，告之处理决定：首先送该教师去相关医疗机构做心理状况检查，如医生诊断发现有心理异常状况，则属“病”态范围，按疾病治疗处理，调离教学一线病休；如无心理异常，属严重违反校纪，立即开除。在校方人员和家长的共同陪同下，该青年教师前往医院检查，诊断结果为心理异常。

学校给予病假待遇，当劳动合同期满后，依法解除聘用关系。整个处理过程不满半个工作日，而双方当事人对处理程序无任何异议。

无独有偶，上海协和集团幼儿园对每一位教师都有一条规定，每天至少抚摸每一个小孩一次头。园长解释说，这会给孩子带来一种亲切感和愉悦感。

在温州的一所寄宿制学校里，校长告诉我们说最怕的是家长说孩子在校吃不饱，只要有这样一个电话，就会令他一周都心烦意乱。

以上三个案例都发生在民办学校。相比之下，相当一部分公办学校，只能慢慢地与教师交换意见，帮助提高思想认识，改正缺点错误，改掉体罚学生的恶习；只能空泛地要求教师去爱学生；只能对家长说“吃不饱你就别在学校搭伙”。

不是公办学校的校长缺少处理这类问题的魄力和思路，而是学校缺少了一种机制，一种管理教师队伍的机制，或者讲是校长的自主权。

推进教育系统的劳动人事制度改革，应该是校内管理体制改革的一项重要任务。一些社会反映强烈的师德问题，如教师向学生索取财物，随意处罚和体罚学生，为本班学生进行有偿家教，为升学率而随意剥夺学生的考试升学权，等等，只有靠严肃纪律、不留“下不为例”尾巴的处理才能真正根除。

当然，师生关系的调节和优化，更多地有赖于教师自身素质的不断提高、人格的不断健全和完善。

中国的未来，掌握在教育者手中。

（原载《中国教育报》1999 年 9 月 3 日第 2 版）

后　记

我们中华民族有着五千多年的悠久历史、灿烂辉煌的历史记录，构成了中华民族的文化记忆，是中华民族文化的“根”和“魂”，是凝聚中华民族生生不息的精神纽带，是中华文化源远流长的力量源泉。教育是国家和民族振兴发展的最根本事业，是国家和民族未来的希望。教育是一个全面系统的文化过程，文化过程就是历史过程。教育发展是一个国家和民族的文化记忆、历史记录，也是一个人全面发展的文化记忆、历史记录。中国共产党成立 100 年、中华人民共和国成立 70 多年来，中国教育事业发生了巨大变化，是党为中国人民谋幸福、为中华民族谋复兴的初心和使命的集中体现，是党高度重视教育事业发展，始终把教育放在优先发展战略地位，始终把教育与党在各个时期奋斗目标紧密联系，始终致力于人民教育事业发展，始终把人民接受教育作为重要任务，开展面向人民大众的教育实践的集中体现，也是中国教育改革发展的国家记忆、文化记忆和历史记忆。

新闻是对现实的报道，也是对历史的记录，更是留给未来的历史记忆。本书收录的是我做记者期间采访撰写的重大教育报告、报道，以及社会关注的教育热点问题的深度报道和调查报告。这其中，有为教育部主持编写的《教育大国的崛起》一书撰写的反映 20 世纪 70 年代以来中国改革开放带来的教育变革的报告、中国全民教育发展的历史进程的报告，以及《国家中长期教育改革和发展规划纲要（2010—2020 年）》制定诞生的报告；有党的教育方针百年演进及其思想光辉研究报告；有应教育部安排采写的从中国基本实现到全面实现“普及九年义务教育和扫除青壮年文盲”目标的报告；有以北京大学、清华大学、北京师范大学、交通大学为代表采写的中国高等教育发展的报道；有中国贫困生发展现状、中小学师生关系等社会关注的教育现象发生、发展情况的调查报告。这些报告、报道、调查都是中国教育改革发展历程的记录，是中国教育的历史记忆。

本书以报告文学的形式全面展示了中国普及义务教育之百年历程，从1904年清政府《奏定初等小学堂章程》的《学务纲要》中明确提出“初等小学堂为养正始基，各国均认为国家之义务教育”，到1986年《中华人民共和国义务教育法》颁布实施，到人类社会迈入21世纪门槛的历史时刻，公元2001年1月1日，中华人民共和国向全世界庄严宣布，中国实现了基本普及九年义务教育和基本扫除青壮年文盲的战略目标；在人类社会迈进21世纪第二个十年的历史时刻，公元2011年11月，中华人民共和国用事实向世界宣告，中国全面完成普及九年义务教育和扫除青壮年文盲的战略任务。百年梦圆，中国在九个发展中人口大国中率先实现全民教育目标，解决了世界上人口最多国家的义务教育问题，为全世界教育水平和人类发展水平的提高作出了卓越贡献，书写了人类教育史上的奇迹。北京大学历史是百年中国近现代史、教育史的缩影，也是中国走向现代化的历史进程、中国现代教育和现代高等教育历史进程的缩影。本书通过对北京大学、清华大学、北京师范大学、交通大学建校历史和发展报告，展示了中国高等教育发展的百年历程。本书展示了改革开放之初的中国百废待兴、百乱待治，在历史转折的关键时刻，中国改革开放的总设计师邓小平力挽狂澜，以科教领域拨乱反正为突破口，以恢复高考为开端，开启了中国波澜壮阔的改革开放新时代，以扩大派遣留学人员出国学习的战略决策，翻开了新时期我国出国留学工作崭新的历史。这正是书名为《中国教育的百年记忆》的应有之义。

衷心感谢著名教育家顾明远先生厚爱，在诸事繁忙之中审阅书稿并为拙作作序。衷心感谢教育科学出版社李东先生、郑豪杰先生的大力支持和帮助。感谢编辑为本书出版付出的精心、细致和辛勤的工作。本书在写作中还存在一定不足，诚请各位专家学者、教育工作者批评指正。

翟 博

2021 年 12 月 12 日

出 版 人　李　东
责任编辑　刘明堂
版式设计　郝晓红
责任校对　贾静芳
责任印制　叶小峰

图书在版编目(CIP)数据

中国教育的百年记忆 / 翟博著. —北京:教育科学出版社,2021.12(2022.9 重印)
ISBN 978-7-5191-2946-0

Ⅰ.①中…　Ⅱ.①翟…　Ⅲ.①教育史—研究—中国　Ⅳ.①G529

中国版本图书馆 CIP 数据核字(2021)第 268482 号

中国教育的百年记忆
ZHONGGUO JIAOYU DE BAINIAN JIYI

出版发行	教育科学出版社		
社　　址	北京·朝阳区安慧北里安园甲 9 号	**邮　　编**	100101
总编室电话	010-64981290	**编辑部电话**	010-64981167
出版部电话	010-64989487	**市场部电话**	010-64989009
传　　真	010-64891796	**网　　址**	http://www.esph.com.cn
经　　销	各地新华书店		
制　　作	北京金奥都图文制作中心		
印　　刷	唐山玺诚印务有限公司		
开　　本	720 毫米×1020 毫米　1/16	**版　　次**	2021 年 12 月第 1 版
印　　张	20.25	**印　　次**	2022 年 9 月第 3 次印刷
字　　数	269 千	**定　　价**	69.00 元